# 香山名人风采和民间传说

丁品森　编著

华龄出版社
HUALING PRESS

**图书在版编目（CIP）数据**

香山名人风采和民间传说 / 丁品森编著 . ‒‒ 北京：
华龄出版社，2023.8
ISBN 978-7-5169-2595-9

I. ①香… II. ①丁… III. ①名人—列传—张家港②
民间故事—作品集—张家港 IV. ① K820.853.3
② I277.3

中国国家版本馆 CIP 数据核字（2023）第 149568 号

| | | | | |
|---|---|---|---|---|
| 责任编辑 | 高志红 | | 责任印制 | 李未圻 |
| 书　名 | 香山名人风采和民间传说 | | 作　者 | 丁品森 |
| 出　版 | 华龄出版社 | | | |
| 发　行 | HUALING PRESS | | | |
| 社　址 | 北京市东城区安定门外大街甲 57 号 | | 邮　编 | 100011 |
| 发　行 | （010）58122255 | | 传　真 | （010）84049572 |
| 承　印 | 三河市九洲财鑫印刷有限公司 | | | |
| 版　次 | 2023 年 9 月第 1 版 | | 印　次 | 2023 年 9 月第 1 次印刷 |
| 规　格 | 710mm×1000mm | | 开　本 | 1/16 |
| 印　张 | 20 | | 字　数 | 233 千字 |
| 书　号 | ISBN 978-7-5169-2595-9 | | | |
| 定　价 | 45.00 元 | | | |

  香山，特指我家乡张家港市西北边陲，与江阴交界处的这一座香山。我是一个地地道道的香山人，就住在香山东麓的三甲里小镇上，故而从小就跟香山朝也相见，晚也碰面，朝夕相处在一起。而且，我一生的绝大部分时间，也一直是在香山身旁，由稚嫩，到青涩，再到渐趋成熟，一步步成长起来的。知恩图报乃是我们中国人的优良美德，我对香山也始终怀有深得难以见底、浓得化不开来的挚爱深情，时不时会在心底这样喃喃地叨念：香山，教我如何不想她！

  香山，她的最高处海拔仅为 136.6 米，占地也不过 4.37 平方千米，从外部形貌来看，她可以说是毫不起眼，根本就不值一提的一座小山丘而已。不过，她的地理位置却是相当优越：她北枕浩荡长江，长江几乎就在她的眼皮底下，在她的北山脚下，还有一条东西穿行的 346 国道，可通往国内南北东西的任何一个地方；她东临宽阔的张家港运河，既可以南抵苏州、上海，又能够北通长江和苏北；她南接广袤平畴，距在建的苏南沿江高铁，亦不过一箭之地；登上她的山巅，在晴朗日子里，可以东眺杨舍（张家港市市府所在地），西望江阴，放眼北边，则船只穿梭、巨轮泊岸、吊杆林立的张家港港口码头，皆可一览无遗；环视四野，万顷良田，幢幢高楼，以及诸多秀美的田园风光，也都能一一摄入眼底。一句话，她地理位置的优越，确实远非一般的山峦所能比匹。当然，外部条件的优越并不是最为重要的，最关键最硬气的还在于她自身条件的非比寻常：她体态妩媚，形貌温婉，风景秀丽，佳境迭出，且向以"香"这一最为显著的特点，而独领风骚，名噪华夏；同时，她还古迹众多，有史上诸多名人留下的串串足迹，她那至为深厚的人文底蕴，可以说时时都在撩拨着人们的心田，使每个曾一睹她芳容的人都对她念念不忘。正因如此，一直以来，她也就理所当然地赢得了江南名山之美誉。

"香山"，这当真是一个特别受人青睐的好名字。如若不然，全国各地，怎么会有 30 多座山，都竞相以"香山"命名呢？客观地说，就高度和体量来讲，与我国那些雄伟壮丽、气势磅礴的三山五岳相比，张家港市的香山可以说完全是个无足轻重、上不了台面的小不点儿；即使是跟国内其他 30 多座香山相较，她或许也大多无法与它们等量齐观，比肩而立。然而，正如俗话所说，"人不可貌相，海水不可斗量"，判别一座山的价值和影响，往往同样也不能完全以它的高度和体量来作为标准，而是首先得考量它悠久的历史和厚重的文化。

潜心探寻历史资料，广泛搜罗传说故事，结果我们特别欣喜地发现，张家港市的香山不仅是全国第一座以"香山"命名的山，而且还是唯一一座与"香"始终有着紧密关系，并以"香"为最显著特色的山。这也就是说，若是说起她这些非比寻常的来头，还当真足以让国内其余的 30 多座"香山"，都不得不瞠乎其后，自愧不如：

一是因为美女西施上山采香，在她的山腰间留下了一条"采香径"，这就使她最早与"香"紧密地挂起了钩来。公元前 5 世纪，吴国灭掉越国以后，一时称霸江南，春风得意的吴王夫差便携西施等人乘船溯江而上，去黄池会盟。途经她（当时她还不叫香山，而是叫香炉山）山脚下时，见她妩媚秀美，风光旖旎，便特意拢船靠岸，登临她的山头游玩，稍作逗留歇息。他们去到香山的山顶上，跨入禹王庙的庙门，庙中的智空长老便热情邀请吴王和西施一行去客厅小坐。几杯用香山茶冲泡的香茗献上，走渴了的西施啜饮了一口，顿觉齿颊留香，心中甚喜。正高兴着，她又闻得阵阵香风习习吹来，不由得更觉心旷神怡。言谈之间，方知此乃山上马蹄香（杜衡）散发出的浓郁香气，并得知马蹄香还有散寒止咳和祛风止痛的妙用。患有心痛病的西施闻听此言，自然就更是心中大喜，顿生去采摘马蹄香和香山茶之念，并立即采取了行动。而就因为这样，香山的山腰间便留下了一条声名远播，且一直流传至今的"采香径"。有关这一点，明代著名地理学家徐霞客曾有诗云："吴妃当日将香采，此地遗名遂千载。"清乾隆《江阴县志》（张家港市香山周边的一大片土地，原本皆属江阴管辖）也有这样的记载："由麓（指香山东南麓）而上，曲蹬盘行，攀萝扪石，足底云生，相传吴王尝遣美人采香其上，曰采香径。"

二是因秦始皇南巡途中，登上香山（当时她名叫香炉山）的山头追逐野兔时，发现了一株他从未见过的奇异香草，令他不由得越看越喜，越瞧越爱，于是便特将此山正式命名为香山。在《秦始皇赐名香山》这篇传说故事中，就有这样的叙写：秦始皇见老天爷今天特意赐给了他这样一株从未见过的，叶片又肥又嫩，碧油油，水灵灵，光闪闪，亮晶晶，犹如翡翠般剔透玲珑、异香扑鼻的奇草，心里就别提有多高兴了，于是便乐滋滋地对大家说："这山上长有此等奇异的香草，朕以为此山不该叫香炉山，必须叫'香山'才更为恰当！"皇帝金口一开，自然是一片热烈的应和之声："万岁言之有理，此山理当就该叫'香山'！"此事不胫而走，一传十，十传百，"香山"之名也就很快在当地的民众中广泛传播开来。从此以后，香炉山也就自然而然地被更名为香山了。

三是明代著名地理学家徐霞客曾多次登临香山的山头，并在《游小香山梅花堂序》中，既精要凝练又激情澎湃地写下了这样一段盛赞香山最重要的特色——"香"的文字："千年迹冷荒丘，一旦香生群玉，不特花香、境香、梦亦香……"徐霞客的这一段文字写得实在是太妙了，妙就妙在仅仅这短短的几句话，就警辟精绝地将香山最重要的特色——"香"，层次井然地充分凸显了出来：先是由点及面地说，即由"花香"扩展到"境香"，说明香山的"香"，绝不仅仅是单个的花香、草香，而是漫山遍野、铺天盖地的全境的香；接着是他思想的触角又进而延伸开去，由表及里地由香山的物质之香说到了精神之香，即由"花香""境香"，进一步拓展到了"梦亦香"，这就强调了香山的香，不仅仅是反映在物质的方面，而且还渗透到了精神的层面。徐霞客这样由点及面，由表及里，由物质到精神，一再突出香山的"香"，反复强调香山的"香"，这就使她最具特色的"香"，一下子穿透人们的肌肤，直入人们的肺腑，给人留下刻骨铭心、终生难忘的深刻印象。透过徐霞客这一篇遒劲有力、见地精到的序文，我们即可发现，他不仅手执可以为香山"香"这一特色增光添彩的如椽大笔，而且还握有能够使香山"香"这一特色提质升位的生花妙笔！

那么，身矮体小的香山，何以能在以"香"著称这一方面，力压群山，独占鳌头的呢？其实，在上面引述的那段序文的开头处，徐霞客已经为我们提供了极佳的答案，那就是："千年迹冷荒丘，一旦香生群玉，不特花香、境香、梦亦香……"何谓"群玉"？"群玉"本为传说中古帝王藏书册处，后用以称帝王珍藏图籍书画之所，我们若是再顺着这一思路稍加引申，不就也可以用它来指寻常百姓家珍藏图书的地方吗？试想，如果户户都将书藏到了家里，人人都将书装进了自己的脑子里，那么用书武装了头脑的人们，岂不就都能使山水顿改容颜，并各具其不尽相同的特色了吗？徐霞客的这一见解，即使是以现今的标准来加以评判，应该说也绝对可以处在相当前卫的行列之中。这就可见其眼光之高远前瞻，其理念之新颖独到，确实令我们这些晚于他400多年的后人，也不得不由衷叹服，备生敬仰。

古往今来，到过香山的人，可以说是千千万万，可对她这最突出的特点——"香"，却大多并未引起足够的重视，更没有留下一些文字的记载，而唯独徐霞客，以他独具的慧眼，不仅将香山的"香"视为了稀世珍宝，而且还别出心裁地对它做出了如此至为精准独到的高度评价，这该是多么的难能可贵，何等地值得嘉许啊！徐霞客，素来就享有"奇人"之美誉，对此，我们先前一直没有去认真细究，然而只要将他目光如炬地抓住香山的"香"大做文章的这一环节细作探究，即可见他"奇人"的称谓绝非是浪得虚名，而是货真价实的实至名归哟！

那么，徐霞客又因何能达到这样的境界呢？我们认为，关键就在于他不仅有着过人的犀利眼光，有着独到的深邃思想，而且更有着对所涉山水的至亲至爱的深挚感情。正是有基于此，所以我们可以毫不夸张地说，徐霞客以他的犀利眼光、深邃思想和深挚感情写下的这一段序文，就是他为香山精心定制的一张光彩闪耀、千金难买的名片。难怪此序一经推出，就越发惊艳了香山的众多崇拜者，使这座妩媚温婉、奇香袭人的江南名山，更加有如窗户里吹喇叭——格外的名声在外了。

当然，五帝中的舜、夏朝的第一位天子大禹王、商朝末年齐国的缔造者和西周的开国元勋姜尚、北宋的大文豪苏东坡、南宋的抗金名将丘崇、元末位于江浙一带的义军领袖张士诚、清代的乾隆皇帝等众多名人的先后登临，也同样为香山积攒了深厚的人文底蕴，使她在国人的心目中占有了一个他山无法替代的重要席位。

说起香山，显然也不能不提及清康熙《江阴县志》中对她所作的这一记述："香山突出平壤，高峻磅礴，甲于他山。"不过，我们却不能不实事求是地说，此中的"高峻磅礴"这四个字，很可能是编纂者那天三点水喝得太多了一点，以致在执笔为文时竟酒醉糊涂地写下了这一与香山完全不着边际的夸饰之语。谁都知道，江南的绝大部分山，特别是像香山这样的小山，与"高峻磅礴"这一称夸我国西部雄奇高山的词语，可以说连半毛钱关系都没有，而《江阴县志》的编纂者却硬将它戴到了香山的头上，这岂不也太过贻笑大方了么？不过，尽管香山与"高峻磅礴"全不搭界，她却照样拥有她"甲于他山"的独特资本——她那妩媚秀丽、温婉可爱的姿容，使她成为了一位令人惊鸿一瞥之后，便始终恋恋不舍，并永远难以忘怀的山中之"绝色美女"。

如按方位细察，香山的南坡和东坡，树木葱茏，绿荫如盖，繁花似锦，香草满坡，当真是美艳非凡，令人不由得不一步三回头，目不转睛地屏息凝望，简直很难再迈开前行的脚步。她的北坡呢，尽管从总体来看，要比东坡和南坡稍稍陡峭一些，且偶尔还可见几处裸露的岩石和断崖峭壁，但那绝不是她的原始状貌，而是20世纪七八十年代开山采石时留下的人为痕迹，再说经过较长时间的大力整治修复，现在也已大部分都被苍翠的绿色所覆盖，同样在以其悦目的秀色吸引游人的眼球了。香山的山顶之上，也全不像有些人想象的那样崎岖不平，行走艰难，而是平坦开阔，佳景迭出，可以任人有如闲庭信步似的，轻松自在地一一尽情观赏。而且，还有一些颇有来历的小池、小塘、小潭，几乎随处可见，比比皆是，诸如九龙池、藕香湖、拾春湖、圣清池、圣过潭、鹿女湖……一个个都含烟凝翠，奇秀无比，以它们各异的姿容和动人的传说，在恭候着游人的光临。

这也就是说，综观香山的整座山头，既鲜见林立的怪石，陡峭的山崖，也少有参天的古树，茂密的丛林，贯穿她全山的，主要就是那蜿蜒曲折的山道，潺潺流淌的山溪，随风摇曳的竹林，错落有致的亭台楼阁，耸立山巅的聆风宝塔，以及在空气中四处弥漫的沁人心脾的花香草香，和那些在树林间上下跳跃、在修竹间嬉戏追逐的鸟儿。对于这些鸟儿的灵动身影，有些游客或许并不十分在意，可实际上呢，有了它们的存在，山上才处处都飞流着斑斓眩目的色彩，时时都传递出清脆婉转的鸣声。而更为绝妙的是，那各具特色的各种鸟鸣声，跟道旁叮咚作响的溪水声互相应和着，还交织成了特别悦耳动听的天籁之音，简直让人百听不厌，痴迷沉醉，乃至于竟然留恋不已，乐而忘返。特别值得一提的是，我国著名民族音乐家刘天华，就是在香山著名景点之一的听松吟中，闻听了悦耳的鸟鸣声后，方思绪涌动，灵感勃发，写下了在乐界广为流传和备受称颂的《空山鸟语》这一名曲的。此曲生动呈现了深山幽谷中群鸟欢鸣、生机盎然的绝妙图景：时而喧闹，时而寂静，可又于静中似闻鸟鸣声，并因有声而更显山中静的奇妙特色。而正因为有了这样疏密有致、动静交替的精巧安排，全曲也就分外显得生机盎然，充满诗意，作者对大自然的赞颂及对美好生活的向往之情，也就都因此而得到了更强烈更出色的表达。

一方土地养一方人，香山人自然也就具有了出众的智慧和卓异的才情，他们深知香山是上苍厚赐给他们的无价之宝，香山的"香"更是其他的山望尘莫及的独有特色，所以他们对生养自己的这座宝山，对香山所独具的"香"这一特色，便都时时加以护爱，刻刻精心传承，即使是一旦在护爱和传承的过程中出现了差失，他们也能以极大的勇气及时纠偏，并以创新的精神想出巧妙的对策，在护爱香山的美景和赓续香山的特色方面，不断地谱写更新更美的篇章。

20世纪七八十年代，乡镇企业异军突起，蓬勃发展，大伙儿都铆足了劲儿，决心尽快挖掉穷根。在那大干快上、热火朝天的特殊氛围中，人们脱贫致富的心情也就不免过于急切，脑子也就多少有点儿发热，于是附近的山村就办起了多家化工厂，废弃物也不管不顾地任意排放。同时还办起了采石业，山上开山打炮之声成天不绝于耳。就这样，在不知不觉中，溪水变黑了，草木被毁了，空气污浊了，甚至连姣美无比的香山本身，也开始缺胳膊少腿了。面对这环境的渐趋恶化，人们终于惊醒了过来，感到了问题的严重，为了不让好端端的山水在自己的手中轻易被断送，香山人便当机立断，马上停办化工厂，当即关闭采石场，并采取了许多卓有成效的措施，使山水的原貌尽快得到了恢复。于是，葱笼的树木，夹道的修篁，吐芳的奇花，争艳的香草，一年四季又再度以她们特有的姿容展现在众人的面前：春有桃李芬芳，夏有竹林吐翠，秋有红叶漫山，冬有寒梅绕雪。至于香山的传统品牌项目——香山茶和马蹄香，自然是"外甥打灯笼——照旧（舅）"，依然保留和延续着它们既有的特色，在绵延不断地展现着她们绚丽的色彩和迷人的馨香。

近年来，在习近平总书记"绿水青山就是金山银山"理念的指引下，香山人就更是在环境保护方面下了更大更足的功夫，除大面积植树造林及全力修复植被外，更是努力拓宽视野，求异出新，在发扬香山的特色方面大做文章，做足了文章。他们巧思妙想，别出心裁，将香山脚下的一些废弃的旧石宕，一起加以挖深和拓宽，使它们一一成为具有一定规模的清粼粼的湖泊——明香湖、北香山湖（又称玉蟹池）和南香山湖。有了这些湖泊的加盟，香山也就在山水的相互映衬之中，显得越发的风姿绰约，秀美迷人了。这些湖，时而静得像一面面明晃晃的镜子，时而绿得像一块块无瑕的翡翠，时而又清得能看见鱼儿在湖中嬉水。去到湖边徜徉，看着白鹭戏水，鱼儿欢跃，听着虫儿鸣叫，鸟儿啁啾，闻着香风阵阵，扑鼻而来，自然就愈觉美不胜收，沁人心脾。此时此刻，相信谁都会顿生一种如临仙境、畅快淋漓的绝妙感觉。

而尤为让人惊喜不已的是，为了使香山最具特色的"香"，能够更加浓郁，更为弥漫，越发吸引世人的关注，香山人还匠心独具地在山上培植了梅花林、桃花林、樱花林、枫树林，在湖边广种了大片的香草园，让薰衣草、马鞭草、鲁冰花、格桑花、维多利亚、矢车菊、向日葵、粉黛、硫华菊、千屈菜、迷迭香以及月见草等各种名贵的香草，一年四季交替盛开，以让久慕香山美名而来的每一位游客，都能欣欣然为寻香而来，乐滋滋携带着一身香气而归，同时还能让每一位游客在悠然自得之余，情不自禁地吟诵起徐霞客"春随香草千年艳，人与梅花一样清"这一讴歌香山特色的绝美诗句来，这就使整个游程益显诗意浓郁，越发余韵袅袅了。如果徐霞客地下有知，见了此等情景的话，相信他也定会越发惊喜莫名，再一次提起他的如椽大笔，写出更为精妙绝伦的诗文来。

正因为聪慧善思的香山人在传承和发扬香山的特色方面这样奋力精进，不断创新，这就使香山越来越成为了真正意义上的"香"山，使她始终有如一块巨大的磁石一般，吸引着远远近近的人们争先恐后地蜂拥前来，在尽情观赏她的湖光山色和自然画卷的同时，更深刻地领悟她悠久历史的古老神韵，以及锦绣江南文化的灿烂辉煌。而每逢此时，人们也就定会一起发自肺腑地大声说道："香山，教我如何不想她！"

物华天宝钟灵秀，山水人文舞神韵。自古以来，香山肌体上的可餐秀色，吸引了来自天南地北的无数游客；香山四麓的大片宝地，孕育了众多本地区的俊彦英才；山上秀色和四麓宝地的携手合作，则更是为香山这座宝山积攒了丰博深厚的文化底蕴。而所有这一切，无疑都值得大书特书，以让它们永远载入史册。为使大家能更好地领略香山古今俊彦英才的卓越贡献和独特风采，一睹香山历朝历代众多先贤的精彩故事和熠熠光彩，为使大家能更多地了解香山文化底蕴的丰富深厚，我们也就势所必然地萌生了编写《香山名人风采和民间传说》这本书的意念。此书分为这样两大块，一块是"香山名人风采"，主要是记述香山地区古今俊彦英才的动人故事，展现他们的突出贡献和非凡才华；另一块是"香山民间传说"，着重通过对有关香山民间传说的介绍，来凸显香山诸多先贤的特有内涵和香山文化的深厚底蕴。

在一次全国宣传思想工作会议上，习近平总书记曾向我们提出了要"讲好中国故事，传播好中国声音"的重要指示，我们编写此书的目的，就是旨在很好地落实习近平总书记的这一指示精神，将讲好香山古今俊彦的动人故事和香山地区的民间传说作为切入点，来讲好中国故事，来传播好中国精神。不错，香山古今名人的耀眼风采和香山地区诱人的民间传说都只是个点，但由点可以及面，窥斑可以见豹，只要努力讲好了这点上的故事，也就是讲好了中国故事，也就能传播好中国声音，使之声震华夏，响彻全球，让全世界人民都由此而充分领略我们中华民族勤劳智慧、坚韧不拔、敢于斗争和勇于创造的宝贵精神。这样，不管是香山人抑或是非香山人，就都能经由这些名人和传说，对香山的现状和历史、对香山的人物和特质，有更深层的了解和领悟，并从中获取知识，汲取精神，开阔视野，提升境界。而对于每一个地道的香山人来说，就无疑能在更直接更切身的感受中，心灵受到更强烈的震撼，思想获取更良多的教益：对生养自己的香山宝地的炽热感情，就会更加浓烈，更为深挚，并随之增强为香山奉献的强烈意识，更凝聚为香山奋斗的巨大力量，从而驱使自己更好地发扬香山当今俊彦和历代先贤勇于奋斗、善于创新的精神，鞭策自己以更前瞻的目光，更时新的理念，更昂扬的斗志，更冲天的干劲，齐心协力地将发展和繁荣香山地区的宏伟事业，不断地推向一个又一个更新更高的层级和境界，以使隶属于苏州管辖的香山地区，当真能完全不负"上有天堂，下有苏杭"的美名，尽早名副其实地跻身于"人间天堂"的行列之中。

话说香山古今名人的耀眼光彩，讲述香山民间传说的动人情节，使命光荣，责任重大，确实令我们怦然心动，不胜神往。我们坚信，依靠众人之力排除障碍攻坚克难，我们就终将能在众人的推拥下达到我们预期的目标。对诸位惠赐的所有高见，我们都将虚心以待，广纳善言，博采众长，这一书稿能渐臻于完善，切实地为提升香山乃至更广大地区的人们的精神境界和人文素质，为推动香山乃至更广大地区社会经济和文化旅游事业的进一步飞速发展，发挥更积极的作用，产生更深远的影响。

# 目
# 录

## 香山名人风采

## 香山民间传说

香山名人风采

# 抗金宰辅丘文定

　　香山的中部顶峰有一景点，名为仰崇楼。何以取名为仰崇楼呢？原来，"仰"即敬仰、仰慕之意，"崇"乃是因为南宋有位抗金名将，姓丘名"崇"的缘故。这也就是说，仰崇楼是特意为纪念南宋抗金名将丘崇而建造的。

　　登上仰崇楼，我们思绪的野马就会自然而然地穿越时空的隧道，返回到丘崇生活的那一段令人难以忘怀的岁月。

　　丘崇（1135—1209 年），字宗卿，南宋时期江苏江阴县香山北麓邱家埭（现属张家港市金港街道山北村）丘氏族人的先祖。丘崇自幼丧父，家境贫寒，可母亲臧氏十分重视对他的教育，严格督促他勤学上进。丘崇深知母亲的一片良苦用心，读书十分用功，每天都要读至深夜方掩卷歇息。南宋隆兴元年（1163 年），28 岁的丘崇赴京参加会试，以优异成绩获得了一甲第三名（探花）。后出任建康府（今南京）推官，由于他工作认真，办事干练，严于律己，深得上司器重。此后，丘崇便一路扶摇直上，官至南宋枢密院同知宰辅，并成为一代抗金名将。丘崇为官 40 年，励精图治，推行新政，呕心沥血，革除积弊，一心为国，实诚为民，政绩卓著，口碑极佳。他在处境艰难中领导的抗金斗争，更是对南宋政权的稳定起到了至为重要的保障作用。

其时，宋王朝蒙受了"靖康之耻"，对金国一直俯首称臣，宋高宗赵构更是不得不迁都临安，偏安于一隅。正是在这样一种特定的背境下，"仪状魁杰，机神英悟"的丘崈，怀揣着"生无以报国，死愿为猛将以灭敌"的爱国之心，踏上了风云激变的政治舞台。当皇帝考问他治国安邦之策时，他做出了这样响亮的回答："恢复之志不可忘，恢复之事未易举，应该选拔人才，励精图治，遵养十年，方可商议北伐大计。"当时的丞相虞允文奇其才，奏请提升丘崈为国子博士，并把他推荐为自己的接班人。

南宋隆兴年间（1164 年），宋孝宗拟派范成大出使金国，请求迁回先帝陵寝。丘崈直言劝阻，认为"泛使（指派往他国临时办理事务的一般使节）亟遣（急迫派遣），无益大计，徒以骄敌"。然而孝宗不听，仍派范成大出使金国。双方会面之后，金人倨傲无礼，范成大忍无可忍，据理力争，结果触犯了金人，险些被金人所杀。

倚仗着雄厚的军事实力，金国在与南宋交往时，根本不把南宋放在眼里，态度极为傲慢。淳熙八年（1181 年），宋孝宗生日大庆时，金国虽也派使者假惺惺地前来祝贺，可因南北历法不一，预定的寿诞正日在金国历法上是个不吉利的日子，金国使者便不愿在那天向宋孝宗拜寿。事情突然出现了这样的尴尬情况，该如何才能迈过这道坎呢？当时负责接待金使的主要官员正好是丘崈，他以其过人的机敏和出众的口才，没经几个回合，就在谈笑之间，彻底冲垮了金使的心理防线，使他不得不放下那趾高气扬的臭架子，服服贴贴地听从了南宋方面的安排。事后，宋孝宗龙颜大悦，一个劲儿地夸赞丘崈道："这次金人听命成礼而还，卿尽显智慧才情，实乃居功至伟啊！"

绍熙年间（约 1191 年），丘崇出任四川安抚制置使，兼成都知府。他上任以后的所思所想，所作所为，全都以稳定政治大局和维护百姓利益为优先考虑方向。其时，蜀地由吴氏世代执掌兵权，由于蜀道险阻之隔，手握重权者极易反叛，丘崇对此十分忧虑，时刻思考着应对的良策。不久，主将吴挺沉疴不起，丘崇便密奏朝廷，建议趁此机会削除吴氏兵权，废除子孙沿袭父辈官职的惯例，另选他将以代之，四川各路、州、府的主将，也应同时重行调配。这一奏疏得到了采纳，吴挺死后，朝廷即派张治为主将，李仁广副之，并相应调整了蜀内路、州的主将，终于革除了川地世将之患。可惜十几年后，权臣韩侂胄出于私心，竟推翻原有决策，又将四川兵权交给了吴挺长子吴曦。心里窝了十余年气的吴曦，见兵权终于重又握在了自己的手中，便发动疯狂反扑，公然接受金国诏封，自称蜀王，公然走上了反叛朝廷的道路。这一事件的发生，使众多有识之士越发钦佩丘崇眼光独到的先见之明。

开僖年间（1206 年），权臣韩侂胄一心要立"盖世功名"，以巩固自己的政治地位，在准备不足的情况下，便决意要北伐讨金。丘崇与另一抗金名将辛弃疾，均预感到如此轻率举兵，必败无疑，故辛弃疾在《送乡达丘宗卿·调寄永遇乐》一词中有"元嘉草草，封狼居胥，赢得仓皇北顾"的诗句。丘崇也当面警示韩侂胄："中原沦陷将近百年，我们自然一天都不能忘记，但是兵器为凶，作战危险，如果首先倡导这不同寻常的行动，战争起来胜败不可预料，那么首先倡导的祸患，谁能来承担呢？这里必然有夸大荒诞贪功好进之人，只是侥幸希图万一得手的馅饼能砸到自己的头上。对于这一种人，我们必须严厉斥责，并坚决弃绝。如若不然，那就必定会贻误国家。"然而，韩侂胄不听忠言，仍一意孤行，结果兵败师溃，反引得金国大军自涡口直逼江淮。这就使南宋政权再一次陷入严重的危机之中。

值此国家急难的紧要关头，丘崇挺身而出，临危受命，出任行使镇守江淮军事统帅之职的江淮宣抚使，全权担负起了抵御来犯金兵和保卫南宋大后方的重任。当时，来犯的金兵有十万之众，而江淮守军则不足五万，双方兵力甚为悬殊，形势相当吃紧，一些部属见情势如此危急，便力劝丘崇放弃庐州、和州，退守至长江南岸，以凭借长江天堑来阻挡南侵的金兵。可丘崇坚决不同意，他朗声说道："如果放弃淮南，则与敌国共长江之险了，所以我将誓与淮南共存亡！"为此，他一方面增拨兵马，加强防御，并亲自督阵，奋力抗敌，另一方面又发动民众捐粮献草，以解决后勤供应的不足，确保士兵能恒久以高昂的斗志投入对敌的斗争。而尤为难能可贵的是，在整个防御战中，丘崇始终身先士卒，冒着金兵飞蝗一般袭来的矢石，亲临一线果断决策指挥。这样，尽管敌众我寡，情势不利，但由于丘崇率先垂范，指挥英明，守军将士个个以一当十，无往不胜，使貌似强大的金兵一直未能越江淮防线一步，最后不得不无奈地退兵北返。江淮这一战，不仅充分显示了丘崇坚定的爱国精神和卓越的军事才能，同时也在宋朝的抗金史上，写下了浓墨重彩的一页。

此后，有韩元靖自北面来，告知两国交兵，皆因韩侂胄挑起。丘崇获悉后即派人调查核实，俟搞清事情的真相后，即奏请朝廷暂免韩侂胄太师之职。韩侂胄闻言大怒，便利用手中握有的大权，惯使其颠倒是非黑白的伎俩，削去了丘崇的职务。然而，正义虽然有时候会暂时缺席，却终将会赢得胜利来临的高光时刻，韩侂胄最终还是没有能逃脱因罪而被诛的可悲下场。韩侂胄垮台后，宁宗又重新起用丘崇为江淮制置使兼建康府（南京）知府、淮南运使，丘崇遂招集边民两万，组建了一支"雄淮军"，淮西之地即由此而得以保持安宁。

丘崇不仅是一位爱国的名将，而且也是一位爱民的好官。原苏、湖（指江苏苏州和浙江湖州）一带，因海堤失修，海潮倒灌，许多农田饱受盐碱之害，百姓生活痛苦不堪。丘崇受朝廷之命，担任秀州华亭县（今松江）知县，他上任伊始，即亲临海滨实地踏勘调查，发现捍海堤堰已失修废弃近百年之久，致使海潮涨落毫无阻拦，于是他决心重新修筑捍海大堤。在奏得朝廷同意之后，丘崇即亲自规划画图，带领民工车推肩挑，垒堤筑堰。经过三个月的餐风露宿，百里捍海大堤终于筑成，秀州、苏州、湖州的盐碱地得到彻底治理，成为了万顷良田。就这样，苏、湖一带一举赢得了"苏湖熟，天下足"的美名，成了人人称夸的鱼米之乡。在任平江（今苏州）知府时，丘崇还通过深入地调查研究，就钱币的流通问题及时向朝廷提出了宝贵的建议，朝廷诏纳其言，并使之成为定法。新方案实施后，很快就大见成效，市场由此而得以稳定，民心随之而得以安定，南宋的经济也因此而在一定程度上得到了发展。丘崇在任江淮制置使兼建康府（南京）知府时，对淮南边境二万民工的管理方法也大胆进行了改革，彻底改变了原来"月廪（古代每月发给官吏的禄米）不继、公肆剽劫（公然大肆抢劫）"的状况，每月节省钱28万缗（缗，音mín，穿铜钱的绳子，引申为成串的铜钱。古代一千文为一缗），米3万4千石。正因为这样，后来这支边民队伍在淮南、淮西屯垦戍边中，都发挥了极为重要作用。

丘崇除了是名将、是好官以外，还是一位在文学上颇有造诣的诗人，他与当时的诗词名家辛弃疾、杨万里、范成大等，都有密切的交往，他们在政治理想上互激互励，在诗歌创作上互唱互酬，可谓是情深意笃的贴心朋友。辛弃疾就曾将自己的词作《永遇乐·京口北固亭怀古》书赠丘崇，内中抒发自己驰骋疆场、横扫金兵的名句"金戈铁马，气吞万里如虎"，既是对自己的自励，亦是与丘崇的互勉。杨万里在丘崇赴蜀任四川安抚置制使兼成都知府时，特意写了《送丘宗卿帅蜀》七律一首，内中有"人似隆中汉卧龙"之句，更是将丘崇喻作为运筹帷幄、决胜千里的诸葛亮。你可别以为这是普通朋友间的泛泛应酬和相互抬举，不，绝不是的，这既是杨万里对丘崇发自肺腑的由衷赞美，也是广大民众对丘崇杰出军事才能高度评价的客观表述。

丘崇的诗词作品淡雅流畅、含蓄蕴籍，在南宋文坛上也有着一定的地位。《善本书室藏书志》称其"骈体鸿丽工整……词亦清转华妙……""其歌词长调亦颇豪气，如《水调歌头·登赏心亭怀古》《水调歌头·秋日登浮远堂作》等篇，家国之恨，身世之感，并入笔端。"现特录丘崇的两首诗词于此，以飨距丘崇已近千年的当今时代的读者：《七律·浮远堂》："西来江水浮天远，卧看飞鸿入杳冥。云过有山皆点点，潮迴无地忽青青。风光浩荡连淮海，气象高寒转日星。形势不禁东望眼，敧山如黛涕先零。"《水调歌头》："一叶下林表，秋色满衡皋。江风吹雨初过，天宇一何高。蜡屐遥来堂上，倚仗修然长啸，万里看云涛。逸兴浩无际，安得驾灵鳌。叹吾生，天地里，一秋毫，江山如博，古来阅几英豪。回首人今何在，举目依然风景，此意属吾曹。欲去重惆怅，松径冷萧骚。"窥一斑可见全豹，相信诸位由此即可一睹丘崇诗词作品的斐然文采。读其诗词，想其为人，虽复千载之下，犹可令我们不禁顿生对丘崇的敬仰之情。丘崇的作品今存《文定公词》一卷，有《彊村丛书》本。《全宋词》第三册录其词八十一首。《全宋诗》卷二五〇一录其诗十三首。另，《丘文定集》十卷中对丘崇的诗文作了这样的评价："其文慷慨有气，而以吏能显，故其文不彰。"这也就是说，因为丘崇既具备领兵打仗稳操胜券的本领，又持有做官理政卓越不凡的能耐，所以他写诗作文的名声，也就显得不那么闪亮耀眼了。应该说，这样的评价还是较为客观公允的。

宋宁宗嘉定年间（约 1208 年），丘崇以病乞归，拜同知枢密院事（相当于古代的副宰相）。74 岁时，丘崇驾鹤西去，卒于家乡，墓葬于江阴由里山，朝廷谥其"文定"（一说"忠定"）。《文渊阁四库全书氏族大全卷十一》曾这样称颂丘崇："卿，三朝（指其仕宋孝宗、光宗、宁宗三朝）旧德，一代伟人也。封魏国，谥文定。子寿隽，刑部尚书；次子寿迈，司农卿。孙汲，桂阳太守。俱以名德见称。汲生必恭，必恭生定夫，定夫生基，基生元钟，历代名宦。"

悠悠岁月如滔滔江水，无情地洗刷了难以数计的陈年旧事，可只要登上仰崇楼头，南宋抗金名将丘崇的诸多杰出贡献，就依然会有如汩汩清泉一般，直涌我们的心头，使我们顿觉思绪万千，不由自主地对他顿生无限的仰慕之情。当然，在这无限仰慕的同时，我们也定然会为张家港历史上曾经出现过这样的英杰而感到无比的自豪。所以，倘若你有机会游览香山的话，可一定要亲去登临仰崇楼，以便见景生情，在更真切的情境之中，忆想丘崇当年勃发的英姿和非凡的功绩哟！这样，我们就可以更好地从中吸收营养，获取力量，让自己得到更长足的进步，从而为中华民族的伟大复兴做出更多更大的贡献！

# 弃官名医吴翊之

　　七房庄吴氏为江阴东门外的地方望族（香山东麓的七房庄，历史上长期隶属江阴县管辖，直到20世纪60年代才从江阴县划出，成为新建的沙洲县的一个组成部分，至90年代撤县建市，沙洲县又更名为张家港市），吴氏先贤皆德高望重，可谓是远乡近邻学习的楷模。延陵（即常州，江阴县本归常州郡管辖）吴氏第八十九世裔孙吴翊之出世后，更是成了常州郡名重一时、广积善德的香山名医，特别为世人所推崇。

　　吴翊之，字之屏，生于嘉庆十二年（1808年），乃吴氏八十八世先甲（翰庭）之三子，其上有维宗、更生二兄，下有宝泗、宝珠二弟，及一姐妹。吴翊之从小就聪颖过人，沉静好学，读书时只要阅过一遍，往往就能流利背出，还真有那过目不忘之才。稍长，即在父亲指导下学写文章，一字一句从他的笔端流出，全都文从字顺，意义明了，令父亲的脸上常常溢满了笑意。后他有幸考上大清国国立学校学习。在那里他如鱼得水，更是勤奋苦学，加之老师又教授有方，他的学业自然也就更见长进。国立学校毕业后，按当时大清例律，他本应获从六品官职，但由于他品学兼优，益显出类拔萃，所以被朝廷诰授浙江某州的候补州官（从五品散官），被破格提升了二级。

不过，吴翊之并没有走从政之路，而是遵从父命，弃官从医，潜心研读父亲的各种医书，悉心探究父亲的行医奥秘。"行得春风有夏雨，苦心孤诣学有成"，经过数年刻苦钻研，吴翊之的医术终于日趋精湛，而且疗效都特别得好，所以前来求医者络绎不绝。一时间，他声名鹊起，成为闻名遐迩响当当的名医。吴翊之不仅医术高超，而且医德也极为高尚，在行医时他从不收受患者的谢礼，对贫穷者还常送钱、送药，因此在群众中口碑极佳，颇得好评。

吴翊之品行之高尚，同时还表现在他对父母的孝顺，对兄弟的友爱上。母亲生病时，他天天都细心服侍，甚至一连几个月晚上都不脱衣睡觉。母亲去世后，他至为哀痛，常常在梦中不断地呼唤母亲。后来，父亲给他们兄弟分家时，他将自己分到的房子让给宝泗、宝珠二兄弟，自己则到本庄巷路南另建房屋居住。因怜悯五弟早亡，他还将自己名下的巫山二十亩沙田让给了侄子。父亲亡故后，所有丧葬费用概不用二弟承担，全由他一人设法解决。

道光、咸丰年间，本地区水旱灾害频发，吴翊之就积极倡导地方富户平价卖米，并开设粥厂，每天施粥给饥民食用。他自己更是先后捐出了四百多石大米，分文不取地送给了广大灾民。在平时，他也常捐资修桥补路，以方便大家出行。逢年过节时，他还总是给穷人发放棉衣、食品和大米，帮助他们渡过难关。他的种种善行，可以说是不胜枚举，所以也就为远邻近舍交口称赞。

有一次，吴翊之去扬州行医归来，途经长江欲乘船过江。来到江边时，见大家正向同一条渡船走去，他便也想跟随众人一起，登上那一条船。可就在这时，旁边不远处的另一条船上，忽然传来了一位老船妇的哀泣之声："因为我家的船比较简陋，人们都不愿来搭乘我家的船，所以我家也就没有了收入，已经三天没吃东西了……"吴翊之一见其可怜情状，顿生了同情恻隐之心，便立即叫随从将行李搬到老船妇的船上，搭乘她那只较为简陋的船过江。只是老船妇因还想再多载些人，所以并没有马上开船。而吴翊之先前想乘的那条渡船，此时已开到了江心。谁知就在这一刻，忽然狂风大作，巨浪滔天，顷刻间就将那条船连船带客一起卷入了江中，而且转眼就完全不见了踪影。吴翊之和老船妇等人见了，个个都面如土色，连连惊呼，可又全都束手无策，无计可施，唯有仰天长叹，徒唤奈何了。说来也奇，不一会儿，江面却又风平浪静，好像什么事也没有发生过似的，吴翊之也因此得以逃过一劫，平安过江，安然返回了家中。人们得知此事后，各种传说纷至沓来，而且都说得有鼻子有眼，活灵活现。而其中说得最多的是，吴翊之一直关爱百姓，广积善德，他的这种精神感动了玉皇大帝，所以在关键时刻，他就派了天上的神灵前来保护，使吴翊之得以逢凶化吉，渡过了难关。此说虽然多少带有一点迷信色彩，但实际上也在一定程度上道出了这样一个客观真理：正如俗话所说，人在做，天在看，只要平时多积善德，关键时刻必有好报。再说，在这一次乘船渡江的过程中，要不是吴翊之体恤贫困船户，甘坐简陋渡船，他岂不也将遭遇葬身鱼腹之难么？这就可见，即便是偶然之中，其实也常常藏着必然的道理。同时，那种种不同的传说，也无一不充分说明广大民众对向以积德行善著称的吴翊之的无比敬重之情。

医者仁心，吴翊之不但以其高超的医术悬壶济世，而且还一心替百姓着想，处处为桑梓造福。咸丰六年（1856年），尽管灾情严重，百姓缺吃少穿，可官府每年的赋税还是照征不误，而且听说这一年的指标已早就定了下来。吴翊之得知这一消息后，觉得从长远来看，此举于国于民都极为不利，于是他就去找好友章佩卿（章时任县书吏，并为县令陈茂蔼所信任和倚重），跟他推心置腹地说道："你常说一个人要积善积德，现在时机来了，就看你是不是真想这么做了。"章急问其详，吴翊之便说："今年遭遇大饥荒，而官府却还要征收赋税，这不是存心让老百姓雪上加霜吗？老百姓还怎么能活得下去呢？若是百姓生命受到威胁，就必然会加剧社会矛盾，激起民变，那后果就将不堪设想啊！所以，你一定要将此事如实向上禀报，恳请政府免除赋税，做一件于国于民都十分有利的大好事！"在吴翊之的一再劝导下，章佩卿终于认同了吴翊之的说法，将此事向陈县令作了禀报。陈县令听后，起始面有难色，章佩卿就据理力争，反复直陈利弊，最后终于使陈县令痛下决心：即使这官不做，也要为老百姓请命说情！陈县令将报告呈上去后，很快便被上司驳回，可在吴翊之和章佩卿的大力协助下，陈县令又随即将报告再呈了上去。最后，报告终于得到了上司的同意，并经朝廷审核，免去了常州一郡七县的赋税。就这样，常州一郡七县的老百姓享到了陈县令、章佩卿的福，实际上也是享到了吴翊之的福，只是当时大家对整个内情都并不怎么清楚而已。后来，当朝廷得知此事实乃吴翊之主导后，觉得他作为一介平民，能够这样胸怀天下，做出如此于国于民都有极大利益的义举，确实是至为不易，于是便特追封吴翊之"三代诰命四轴"（此乃大清朝最高荣誉奖赏），并给吴翊之恩赐了许多粮食布匹。喜讯传来，全乡大宴，众乡亲全都赶来致贺，时任江苏学政的龙芝生更是赏吴翊之"庆谊德门"四字匾额一块，这就使吴家愈显满室生辉，分外荣耀。

吴翊之医术高明，济世救人，仁民爱物，德高望重，所以上天赐他长寿。他90华诞时，上门祝福的人比肩接踵，济济一堂，各地名流所赠诗词寿联多达一百余首，可谓是盛况空前，鲜有比匹。

吴翊之一生最仰慕范文正（北宋大诗人范仲淹，官至宰相）的为人，一直想设立一个义庄捐钱献粮，来帮助赡养族中的贫困百姓。直到光绪二十三年（1898年），他犹以此举未成而深感遗憾。临终前，他环顾床前诸多子孙，殷殷嘱咐他们中的贤能者能够不负所望，尽力办到。语毕，他便溘然长辞，享年91岁。

吴翊之虽然因年迈而仙逝了，但他的美名却不仅在他的家乡，同时也在江南极为广大的地区流传了开来，即使是到了今天这一全新的时代，依然受到人们由衷地称颂。

（此文为吴剑峰所作，丁品森修改润色）

# 文化闯将刘半农

刘半农（1891—1934 年），原名寿彭，后名复，初字半侬，后改半农，晚号曲庵。江苏江阴澄江镇西横街人，祖籍是江阴南沙香山东麓的殷家埭（原属江阴，现属张家港市金港街道柏林村）。著名音乐家刘天华和刘北茂，都是他的胞弟。刘半农既是声名赫赫的新文化运动的闯将和斗士，又是我国著名的诗人、小说家、杂文家、翻译家、语言学家、文物保护专家，以及我国民歌收集和创作的主要倡导者和实践者、现代实验语言学的开创者、摄影理论的奠基人。他多才多艺，头脑灵，点子多，不管是什么他都能插上一手，不管做什么他又都能搞出点名堂来，所以当时居于北京的鲁迅先生，曾称他为"上海来的才子"（因为刘半农是先去上海打拼，后来才去北京立足的）。

## 连中三元的少年才俊

刘半农身上可以说有说不完的劝人故事，这里先说说他连中三元，崭露头角的事儿。

刘半农 11 岁进入由他父亲刘宝珊跟另一人合办的江阴翰墨

林小学就读，正式开始了他的读书学习生活。翰墨林小学是一所处于由旧式教育向新式教育转型期的学校，所以在特别重视中国传统经典学习的同时，还非常重视英文教育。刘半农聪慧过人，成绩总是特别冒尖，国文和英语更是尤为出众，这两项特长也因此成了他一生事业的根基。在读书学习的过程中，他为当时的教材没有句读而颇感奇怪和不满，不由写下了这样一副对联："狗屁连天其中固有点，一语千金难道没得么？"语虽鄙俚，却初步展露了他敢于挑战传统的性格，同时也暗合了他日后事业的发展方向。

17岁那年，刘半农从翰墨林小学毕业，随后即以江阴考生第一名的骄人成绩，考取了由八县联办著名的常州府中学堂。刘半农天资聪颖，又勤奋好学，每次考试各科成绩平均都在90分以上，因此备受学监（校长）屠元博的喜爱。一次，刘半农去屠家拜访屠元博，无意间结识了屠父屠敬山。屠敬山是位闻名遐迩学识渊博的史学家，在跟刘天华的交谈之中，他发现眼前这个少年学子才识双全，是个可堪造就之材，于是便破例将他收为弟子。此事一经传开，在当地便成为一时佳话。可是，"木秀于林，风必摧之；堆出于岸，流必湍之；行高于人，众必非之"，一些人出于嫉妒心理，害起了红眼病，便说刘半农其实并没有什么真本事，不过是善于奉迎拍马，取巧钻营而已。耳闻了这些闲言碎语，才情满腹、心气高昂的刘半农心里自然很不是滋味，但聪明的他深知辩白和反击都无济于事，弄不好反会遭来更多的非议，唯一的办法就只有瞅准机会，用过硬的实力来进一步证明自己超乎常人的学识和能力。

没过多久，机会终于给他盼来了。一次，知府前来学堂视察，临时出了一道命题作文，想实地考察一下学生的语文水平。结果，刘半农握笔在手，如得神助，洋洋洒洒地一挥而就，又以第一名的优异成绩再次夺魁，并得到知府的亲自嘉奖。这样一来，谣言不攻自破，连原先那些嫉妒他的人也不得不心服口服，甘拜下风。进入常州府中学堂的第一年，刘半农每次考试几乎都名列第一，被学校"列入最优等"。一时声名大噪，校内无人不知少年才俊刘半农的大名。跟刘半农同期录取常州府中学堂，后来斐声海内外的国学大师钱穆，对这段往事就一直记忆犹新，他曾这样动情地回忆说："不三月，寿彭连中三元，同学争以一识刘寿彭为荣。"

## 小说新秀惊动上海滩

在常州府学堂毕业前一年，出于对学校保守的教育体制的不满和失望，刘半农做出了一个令父亲和乡亲们都意想不到也难以接受的决定：放弃眼看就要到手的大好前程，毅然从学校退学。这件事在家乡引起了一场轩然大波。

1911 年，辛亥革命爆发，革命浪潮很快波及江阴，20 岁的刘半农在其影响之下，一时雄心勃发，几乎"天天说北伐，日日道讨满"，要去当革命党，但父亲坚决反对。为向家人表示自己投身革命的决心，刘半农不吃饭，不说话，夜里就躺在一方大石板上不回卧室睡觉。父亲拗不过他，只得应允了。刘半农终于去苏北清江投了革命军。到了那里，他在一个作战旅中担任书牍、翻译工作，转战于泗淮之间。岂料没过多久，形势骤变，袁世凯夺权，极度失望的刘半农不得不"一肩行李，踽踽南旋"，返回故乡。随后，他便转头去到上海闯荡。初到上海，他做过短期杂工，又做过开明剧社的编辑，最后经人介绍，到中华书局编辑部做了编译员。

1913年10月，刘半农在《时事新报》上发表了一篇百字小说《秋声》，揭露辫帅张勋镇压二次革命，荼毒地方百姓的罪行，荣获该报悬赏的一等奖。这给了他很大的激励，从此便一发而不可收，走上了一条以文谋生的道路。

刘半农所写的作品大多发表在《时事新报》《小说月报》《中华小说界》《小说海》和《礼拜六》等后来被刘半农本人讥为"鸳鸯蝴蝶派"的刊物上，他本人亦与鸳鸯蝴蝶派的代表人物包天笑、张恨水、严独鹤、程小青、周瘦鹃等交往甚密。然而尽管如此，刘半农却并没有成为"鸳鸯蝴蝶派"，他的作品与鸳鸯蝴蝶派还是有着明显区别的。众所周知，鸳鸯蝴蝶派作家惯于用文言文描写才子佳人、风花雪月之类的言情小说，"卅六鸳鸯同命鸟，一双蝴蝶可怜虫"，乃是这派作家笔下的永恒主题。但是，刘半农的作品却很少涉及这类题材，自有其独特的品相风貌。他写小说，几乎每一篇都弄出一个新名堂；他搞翻译，重在具有吸引力，所以尤多侦探小说。从翻译的作品来看，刘半农翻译的多半是英国狄更斯、俄国托尔斯泰和苏联高尔基、丹麦安徒生、日本德富芦花和美国华盛顿·欧文等人的作品，大多是具有进步意义的世界名著。这些作品跟鸳鸯蝴蝶派的风格取向迥异，对开拓国人视野，启迪民众智慧，对针砭各种时弊，讨伐封建腐朽，都有着不可低估的作用。从创作的小说来说，也同样与鸳鸯蝴蝶派小说格调各别。譬如他的《稗史罪言》，就深刻揭示了当时"官遇老百姓胜，老百姓畏官也；洋鬼子遇官胜，官畏洋鬼子也；老百姓遇洋鬼子胜，洋鬼子畏老百姓之毁教也"的阶级关系和社会现实。又如他的《催租叟》，更是通过巧妙的安排和强烈的对比，狠狠鞭笞了为富不仁者，热情讴歌了劳苦的工人形象。像这样诅咒旧社会昏庸黑暗，同情劳苦大众贫困生活的作品，在鸳鸯蝴蝶派作家的作品中是根本无以得见的。

诚然，为了迎合读者的口味，刘半农也给自己起了几个艳俗的名字，如半侬、寒星、范瑞奴等，而用得最多的笔名就是半侬。就当时的情势来说，这样做应该说也是完全可以理解的。由于国文功底好，悟性高，再加上勤奋努力，五年间他先后发表了翻译及创作小说40多部，累计百万余字，很快就成为上海滩文坛上一个十分活跃的小说新秀，受到许多读者的追捧。通过不畏艰难的勤苦奋斗，刘半农终于用一支生花妙笔在上海打拼出了一片属于自己的新天地，赢得了"江阴才子"和"文坛魁首"等美名。

## 新文化运动的闯将

1917年夏，刘半农从上海返回江阴，一方面在家中赋闲，一方面则在思考自己未来的人生道路究竟该怎么走。正在这时，忽然接到一封北京大学蔡元培校长寄来的聘书，正式聘请他担任北京大学预科国文教授。一个连中学都没有毕业的人突然接到全国最高学府的聘书，不仅妻子颇为起疑，连他自己也不敢置信。想了半天，他才想到不久前在上海与《新青年》主编陈独秀的一次难忘的会面，看来眼前的一切或许与那次会面有着很大的关系。事实也正是如此，陈独秀慧眼识珠，在那次会面时不仅看出刘半农身上的锐气，更看出他是一个可以造就之才，于是在应蔡元培之邀至北大任文科学长后，便向不拘一格选人才的蔡元培作了鼎力推荐。就这样，一个中学都未毕业的乡村青年，获得了一个鲤鱼跃龙门的大好机会，一下子跨入了全国最高学府的门槛。同时至北京大学执教的还有钱玄同、周作人、胡适等人。刘半农虽然连中学都没有毕业，然而他国学功底并不逊于其他人，而且阅读广泛，长于写作，上课又总是认真准备，所以不久就站稳了脚跟，得到了学生的认可，很快便人人都知道，北大来了一个中学肄业的国文教授刘半农。

到了北大以后，一个偶然的机会，醉心于通俗小说创作的刘半农在《新青年》杂志上看到了胡适的《文学改良刍议》，大受震动，决定与旧文学决裂，投奔到新文学的大旗之下。从1918年起，他开始向《新青年》杂志投稿，表达自己热心文学改革的强烈愿望。署名时，他斟酌再三，觉得自己以前所用的那种香艳媚俗的笔名"半侬"实在太不可取，便毅然去掉偏旁，改为"半农"，以示与过去自我的彻底决裂，决心不再写那些"吴侬软语"般的缠绵悱恻之作，而要贴近下层人民，做广大民众的忠实代言人。

刘半农到北大任教后，开始新诗写作，主张诗歌应真实地表达思想感情、白话诗须在格律上求得解放，并大力搜集整理民间歌谣，创造性地将方言与民歌体引入诗歌创作。作家马力先生曾说："新文化运动发生，鲁迅志在铸造国民的新灵魂，刘半农志在建设读写的新形式。一个缔构精神，一个创建工具；一个是道，一个是器。'五四'以降的许多人，接受了鲁迅，心灵气象为之大变；接受了刘半农，思想表达产生了自由的跃进。"著名学者张中行是刘半农的学生，他在《刘半农》中回忆说："他对世事很关心，甚至有路见不平、拔刀相助的肝胆。写文章，说话，都爱憎分明，对于他所厌恶的腐朽势力，常常语中带刺……大概是一九三二或三三年吧，办《世界日报》的成舍我跟他说：'怎么老不给我们写文章？'他说：'我写文章就是骂人，你敢登吗？'成说：'你敢写我就敢登。'半农先生就真写了一篇，题目是'阿弥陀佛戴传贤'，是讽刺考试院长戴传贤只念佛不干事的，《世界日报》收到，就在第一版正中间发表了。为此，《世界日报》受到封门三天的报应。"对刘半农，胡适亦曾作如此评价："半农先生为人，有一种莫名其妙之'热'处。其做事素极认真，其对于学术之兴趣极广博，故彼卒能成为歌谣收集家、语言学家、音乐专家、俗字编辑家，彼之成功，完全由于一'勤'字……"

北大是新文化运动的发祥地，也是新文化思想的中心，进入北大后，刘半农在《新青年》和陈独秀等人的影响下，很快就成了新文化运动的急先锋。他觉得仅在《新青年》杂志上写写文章还不过瘾，渴望着能与复古守旧派来一次刺刀见红的决战，以给他们迎头的痛击。具体该怎么着手呢？因在上海时他曾在剧团做过编剧，所以他首先想到了双簧戏，他觉得这是一个十分理想的形式，于是便把自己的想法告诉了好友钱玄同，提议跟他一起合演一出双簧戏，一个扮演顽固的复古分子，封建文化的守旧者，一个扮演新文化的革命者，以记者身份对守旧者的论调进行逐一驳斥。他认为只有用这种形式把正反两个阵营的观点一起亮出来，双方展开激烈对攻，才易于引起全社会的浓烈兴趣和高度关注。一开始，钱玄同觉得主意虽然不错，但手法有些不入流，不愿参加。但刘半农坚持说，非常时期只有采取非常手段，才能达到目的。经不住刘半农的反复动员，最后钱玄同终于慨然应允，决定与他一起披挂出征。

1918年3月15日，《新青年》杂志第四卷三号上，发表了一篇写给《新青年》杂志编辑部的公开信《给＜新青年＞编者的一封信》，署名"王敬轩"。信是用文言写的，全信4000多字，不用新式标点，以一个封建思想和封建文化卫道者的形象，例数《新青年》和新文化运动的所有罪状，极尽谩骂攻击之能事。而就在同一期上，发表了另一篇以杂志社记者半农之名写的观点与之针锋相对的文章《复王敬轩书》，全信洋洋万余言，对王敬轩的观点逐一狠加批驳。刘半农的文章，本就以幽默、诙谐的文风，流利畅达、泼辣尖锐的语言深受人们的喜爱，在这封信里，他的这一风格得到了更为淋漓尽致的充分表现。他高屋建瓴，旁征博引，雄辩滔滔，势如劈竹，每一个字都切中要害，每一句话都打在七寸，于嬉笑怒骂之中，痛快淋漓地将王敬轩代表的封建文化、封建思想和封建国粹派一伙人的谬论批驳得体无完肤。且请看其中的两个精彩片段："知识如此鄙陋，记者惟请先生去读了三年外国书，再来同记者说话；如先生以为读外国书是'工于媚外，惟强是从'，不愿下这个功夫；那么，先生！便到了你'墓木拱矣'的时候，还是个不明白。""记者则以为处于现在的时代，非富于新知，具有远大眼光者，断断没有研究旧学的资格。否则弄得好些，也不过造就出几个'抱残守缺'的学究来，犹如乡下老妈子，死抱了一件红大布的嫁时棉袄，说它是世界间最美的衣服，却没有见过绫罗锦缎的面；请问这等陋物，有何用处？"在这等风生水起、文采飞扬的议论面前，对手可以说是连招架之功都没有了，哪还再能有什么还手之力呢？难怪有人要对

《复王敬轩书》做出"嬉笑怒骂，恢宏潇洒"的高度赞誉了。

因为这一期《新青年》的出版，新旧双方的旗帜鲜明化了，其结果是"旧式文人的丑算是出尽，新派则获得压倒性的辉煌胜利"，对新文化运动的划时代意义有清醒认识的人更加多了起来，连一些原来还在犹豫的人也都开始倾向新文化了。所以，刘半农的这篇战斗檄文，在推动"五四"新文化运动和文学革命的进程中，确实是起到了难以估量的积极作用。

在伟大的新文化运动中，满腹才情、满腔热情的刘半农始终在斗争的前沿阵地上冲锋陷阵，勇斗顽敌，处处都表现出他闯将和斗士的本色。他积极为《新青年》撰稿，并参与《新青年》的编辑工作。"五四运动"爆发，北大学生上街游行的当日，他"坐守北大指挥部"，争取各方声援。6月3日，千余学生被捕，作为北大教授会干事负责人的他，更是积极活动，组织社会支持。陈独秀被捕入狱后，他又在《新青年》上发表近一百行的长诗《D——！》，鼓励战友，揭露敌人，高唱牺牲的赞歌。面对"三·一八惨案"，他思绪万千，怒火中烧，掌灯时分在书桌上摊开稿纸，边写边吟边击拍，挥泪写下那首战斗诗篇《呜呼三月一十八——敬献于死于是日者之灵》，发表后在社会上引起巨大反响。"三·一八惨案"发生后，军阀当局又连下通缉令，准备逮捕这次爱国行动的有关带头人与发动者，首当其冲的当然是李大钊，而刘半农与其挚友《世界日报》的进步记者成舍我亦在通缉之列，他俩只好东躲西藏，一时有家也归不得。为了中国的明天，刘半农这一回当真是做了一个正视淋漓鲜血的战斗的猛士。李大钊遇害以后，刘半农还曾与钱玄同、蒋梦麟、沈尹默等12人联名发起为李大钊举行公葬的募款活动，并不畏白色恐怖，受李大钊众友人公推为李大钊撰写碑文，文中有一段这样写道："君温良长厚，处己以约，接物以诚，为学不疲，诲人不倦，是以从游日众，名满域中。会张作霖自称大元帅于北京，政出武夫，儒冠可溺，遂逮君及同游六十余众，而今何丰林（时任安国军政府军事部长、'党人案'军法会审审判长）按其狱。君与路友于、张伯华、邓文晖等二十人遂同罹于难。风凄雨横，摧此英贤，呜呼哀哉。"然而，即便是这样一篇措辞较为委婉含蓄的碑文，在风凄雨横的 1933 年也还是不能公开采用。刘半农不得已，只得又改用工整遒劲的唐人写经体书法分别给李大钊烈士及其夫人写了仅有死者姓名、籍贯、生卒年月日和五个遗孤姓名的两块墓碑。在那风雨如磐的险恶环境中，刘半农竟是这样的义薄云天，敢作敢当，实在是太可敬可佩，太难能可贵了！

有关刘半农在新文化运动中所作的贡献，著名作家苏雪林曾发表过这样的见解："虽不足与陈、胡（指陈独秀和胡适）方驾，却可与'二周'（指鲁迅和周作人）并驱。事实上，他对新文学所尽的气力，比之鲁迅兄弟只有多，不会少。"人们也许会觉得，这样的评价未免过高了，可说来有趣的是，原本对刘半农的学历颇有微词的胡适，在刘半农作古后所送的挽联中竟也这样写道："守常（即李大钊，字守常）惨死独秀幽囚新青年旧友而今又弱一个；打油风趣幽默情怀当年知己者无人不哭半农。"你看，胡适不也让刘半农跟李大钊、陈独秀比肩而立了吗？这就可见，刘半农确实是新文化运动中一名功勋卓著、骁勇善战的猛将。

## 异国撰诗抒发爱国情

刘半农到了北大以后，虽说凭着非凡的聪颖和加倍的努力，很快就赢得了学生的认可，牢牢地站稳了脚跟，但在北大这个学院派占统治地位的地方，像他这样一个连中学都没有毕业的大学教授，还是免不了会被一些人视为"下里巴人"，这对心气极高的刘半农来说，无疑始终是难以释怀的一块心病。于是，在征得了蔡元培的同意之后，他通过考试取得了公费赴英留学的资格，并于1920年2月7日携妻带女踏上了出国留学的征程。

刘半农人虽去到了英伦，可作为一个热血男儿，他的心却依然时时在系念着灾难深重的祖国。绵绵深情，郁积于胸，久而久之，终于再也压抑不住，于是便在一首题为《教我如何不想她》的诗歌中喷涌而出：

天上飘着些微云，地上吹着些微风。啊！微风吹动了我头发，教我如何不想她？

月光恋爱着海洋，海洋恋爱着月光。啊！这般蜜也似的银夜，教我如何不想她？

水面落花慢慢流，水底鱼儿慢慢游。啊！燕子你说些什么话？教我如何不想她？

枯树在冷风里摇，野火在暮色中烧。啊！西天还有些儿残霞，教我如何不想她？

全诗共分四节，每节四句，中间外加一个语气词"啊"，节与节虽说大体匀齐，却又在匀齐中见参差错综之致，在整饬中显变化灵动之美。每节诗的开头都选择了容易引发思念的景物来起兴，从浮云微风，写到月光海洋，写到落花游鱼，再写到枯树野火，全都采用蒙太奇手法巧加组接，从而突破了时空的限制，扩大了视野的范围，将丰富多彩、绚丽夺目的众多画面一一呈现了出来。景物的描写既就之后，紧接着用一"啊"字，由写景转入抒情，显得舒缓自如，巧妙得体。最后是直抒胸臆，发出一声深情的感叹："教我如何不想她！"整首诗一气呵成，自然流转，且于往复回环之中将自己浓烈真挚的感情一步步向前推进，直到最后掀起让人怦然心动的高潮，致使我们捧读时不得不反复咏唱，爱不释手。这种形式结构和比兴手法的精巧运用，既是对《诗经》传统的遥远回应，又是对民歌技法的虚心借鉴，同时也表现出了诗人可贵的创新精神。

诗中的"她"，是诗人抒情的直接对象，也是诗歌寓意之所在。那么，这个"她"究竟是指的谁呢？我们认为，根据其时其地的特定写作背景来看，"她"应该是指客居异国他乡的游子刘半农所苦苦思念的祖国。诗人将祖国呼作"她"，实际上也就是把祖国喻作为生他养他的母亲，这就更能凸现他对祖国至深至爱的眷眷深情。试想，倘若这样去理解，整首诗岂不就尤显寓意深远了么？不过，也有人认为，这个"她"，也可能是刘半农朝思暮想的"故乡"，包括故乡的山水故乡的人。因为当时的半农身处国外，那个"她"，一定还有"故乡"的影子。当然，这个"她"，还有人会认为，乃是指向往"红袖添香夜读书"的诗人所深深爱慕的女子。他们觉得这样去理解，抑或更可见深情绵邈。面对这各异的见解，究竟该如何对待呢？其实"诗无达诂"，一首诗的主旨，尽可以根据欣赏者的不同生活经验和不同审美情趣，进行不同的探求，做出不同的理解，这样往往反倒可以使诗的内涵得到更深层的挖掘，使诗的意蕴得到更充分的展现。情况既然是这样，以上三说就应该都有可以成立的理由，我们也就大可不必过于偏执一词了；更何况，香草美人与家国之思的合二为一，在我国的诗学传统中本就源远流长！正因为这首诗意蕴如此丰富，情感如此动人，故而同在伦敦留学的博学多才的音乐家赵元任一眼就相中了它，马上将它谱成了歌曲。诗歌谱上了曲子，这就等于是鸟儿插上了翅膀，自然也就不胫而走，飞速在国内传唱开来，并且一直流行至今，经久而不衰。

有关这首诗，还有一点不得不特别一提，那就是诗中的"她"字，乃是刘半农的首创。汉字中的"他"，本无男女之分，因此在翻译外国作品和自行创作时，都感到十分不便。起初，人们便用"伊"字来作为女性之"他"，如鲁迅的早期小说《阿Q正传》和《祝福》等，就都用"伊"字来代替女性之"他"。然而，"他"与"伊"毕竟是截然不同的两个字，且又带有方言色彩，用起来仍然有不少麻烦。刘半农考虑及此，经过反复琢磨，终于首创了"她"字，并将它用之于自己的诗作之中。随着《教我如何不想她》在千百万读者和歌者中的不断传播，"她"字也就飞速地流行和推广开来。此后虽还有一些守旧者坚持拒绝使用"她"字，但大势所趋，人心所向，"她"的前进脚步已经是任何人都阻挡不了了，"她"不仅悄然地走进了广大民众的心里，而且还堂而皇之地走进了字典之中，成为第三人称女性的专用代词。对刘半农"她"字的首创之功，鲁迅就曾给予过高度评价："他（指刘半农）活泼，勇敢，很打了几次大仗。譬如，答王敬轩的双簧信，'她'字和'它'字的创造，就都是的。这两件，现在看起来，自然是琐屑得很，但那是十多年前，单是提倡新式标点，就会有一大群人'如丧考妣'，恨不得'食肉寝皮'的时候，所以的确是'大仗'。"这就可见，"她"字的创造乃是何等的不易。然而，围绕着这个"她"字，还有件更为有意思的事情呢：美国方言学会曾于 2000 年 1 月举行过一次有趣的"世纪之字"评选活动，获得提名的"世纪之字"有"自由""正义""科学""政府""自然""OK""书""她"……而进入决赛的只有"科学"和"她"。到了最后，"她"竟以 35 对 27 的选票战胜了"科学"，从而成为"21 世纪最重要的一个字"。这一点，恐怕是刘半农创造"她"字的时候，无论如何也意想不到的。

## 诸多方面卓有建树

刘半农原本是搞文学创作的，而且取得了非常出色的成绩。他的小说风靡上海滩，赢得了许多粉丝，连著名作家苏雪林都说他的小说"滑稽突梯，令人绝倒"。他的诗歌也同样有许多追捧者乃至发烧友，著名作家周作人就给了诗人刘半农很高的评价："那时作新诗的人实在不少，但据我看来，容我不客气地说，只有两个人具有诗人的天分，一个是尹默，一个就是刘半农。"他的杂文则更是享有盛名，能成一家之言，在新文化运动中发挥过无比威力。他还从事翻译，出版过《茶花女》《国外民歌译》及《法国短篇小说集》等译作。

可他去英、法留学（他是先去英国，后因一家老小生活难以为继，而不得不转去花费较少的法国），学的却是汉语语言和语音实验，这跟他原来搞的文学创作可以说是并不怎么搭界的两码事。特别是语音实验，乃是门枯燥的学问，可他一旦进入这一领域，照样劲头十足，学得津津有味，同时还照样舞文弄墨，诗人本色，时不时在文坛弄出一点趣事来。凭着才情，靠着勤奋，他硬是在生活极端窘困的情况下，苦学过关，获得了法国国家博士学位，所著《汉语字声实验录》，还荣获了法国康士坦丁·伏尔内语言学专奖。学成归国后，他更是成为中国实验语音学的创始人，把自南北朝以来历史悠久的中国音韵学推进成现代科学。

刘半农当真是个"才子"，是个兴趣十分广泛的聪明人，除了上面所说的在文学和语言学方面的成就外，他还在以下许多方面广泛涉足：喜欢摄影，出过专著《半农谈影》，他也因此被誉为中国现代摄影理论的开拓者和奠基者之一；喜欢书法，常临一种很冷门的帖；喜欢编书，既编古书，也编时髦的副刊；因为弟弟刘天华是著名的音乐家，所以他也会一点音乐，曾为《梅兰芳歌曲谱》作过序，他的强项则是填歌词，以致他逝世以后，赵元任不胜伤感地送上了这样一副挽联："十载凑双簧，无词今后难成曲；数人弱一人，教我如何不想他。"对于文物考古，他也具有浓厚的兴趣，在巴黎学习期间，他就利用业余时间抄录了法国国家图书馆所藏的敦煌文献104件，辑成中国敦煌学发展史上一部具有划时代意义的著作《敦煌掇琐》。学成归国后他继续在北京大学任教，并从此开始了保护西北文物的事业，在此期间，他多次与那些企图劫掠我国珍贵文物的境外窃贼进行了坚决的斗争，为保护国家文物立下了汗马功劳。

要说刘半农的兴趣爱好和突出成就，还不能不特别说一说他在民歌的采集、整理和大胆创新上所做出的特殊贡献。刘半农是我国第一个对民歌进行学术调查的先驱者，同时也是我国首先创作地道的民歌体新诗的著名诗人。早在1918年，他就草拟了一份《北京大学征集歌谣简章》，在蔡元培校长的支持下发表在《北京大学日刊》上，发起了我国近代史上第一次征集歌谣、研究民俗文学的运动。同时，他还利用三次回祖籍老家的机会，进行了三次采集民歌的活动。一回到祖籍老家，他就探耕者，访渔夫，察风俗，观民情，在跟父老乡亲们叙谈离情别意和话说家常趣事的过程中，见缝插针地采集家乡的民间歌谣，甚至还把民间说唱艺人请到家中，酒饭相敬，待若上宾，虚心向他们请教，从他们口中记录下宝贵的歌谣作品。后来这些民歌被编为《瓦釜集》。一部《瓦釜集》，全用江阴最流行的"四句头山歌"和方言来写作，句式长短参差，是一种"乱山歌"，生动活泼，在中国诗歌史上开辟了一个新的境界。刘半农之所以如此重视民歌的采集和整理，是因为他对民歌的高度艺术价值有着深刻的认识，他认为要写好白话新诗，就非要在学习民歌的基础上方可自造新体。事实上，从内容到形式，他都确确实实向民歌学习到了许多东西，并由此而创作了《相隔一层纸》《学徒苦》《铁匠》《敲冰》等许多脍炙人口的好诗，出版了内容上反对封建，形式上着力模仿民歌的诗集《扬鞭集》。有人称誉他为"在中国文学上用方言俚调创作诗歌的第一人，同时也是第一个成功者"，对于此，应该说他是当之无愧的。1934年，永不停息的他又开始了归绥之行。一路上，他脚踩黄土，头顶烈日，全然不顾旅途劳顿，用最新的科学方法——记录沿途的歌谣土风。谁知就在这大有收获之时，他却患上了回归热病，且因施救不及而不幸英年早逝。人们常说"战士死于疆场，学者死于课堂"，而刘半农这个学者却也是死在疆场之上的，他可真是新文化运动中一位名副其实的闯将斗士啊！

刘半农多方涉足，广有建树，这是有目共睹、无可置疑的。然而，因为兴趣太广，四处出击，他也就难以在专精方面下更多的功夫，加上他又是个直心直肚肠的率真之人，说话从不藏藏掖掖，做事向来爽爽脆脆，所以有时也就难免给有些人以"浅"的感觉。然而这某些人眼中的所谓的"浅"，果真就那么值得垢病么？回答当然是否定的。刘半农自己就对某些人的讥议很不以为意，他在写《中国文法通论序》时，就曾坦然自若地说："我情愿人家说我'浅陋'。"鲁迅在《忆刘半农君》一文中，则更是对刘半农的所谓"浅"，做出了卓具识见的高度评价："但他的浅，却如一条清溪，澄澈见底，纵有多少沉渣和腐草，也不掩其大体的清。倘使装的是烂泥，一时就看不出它的深浅来了；如果是烂泥的深渊呢，那就更不如浅一点的好。"同时，鲁迅还曾说过："我佩服陈、胡（指陈独秀和胡适），却亲近半农。"这就可见，即便是有些人认为刘半农"浅"，也断然无损于他以其聪明才智所建树的非凡功绩和所做出的卓越贡献。

刘半农还是个极重情义的人，他虽曾去上海闯荡过，后又长期在北京驻足，可他的心中，却总是时时系念着他的祖籍南沙（原属江阴县，现归张家港市金港街道柏林村管辖）。南沙有座香山，因传说春秋时吴王夫差遣美人上山采香而得名，文人墨客来此观光赏游，可以说代不乏人。苏东坡游香山时曾为梅花堂题匾额，徐霞客则多次登上香山，并留下诗文。而刘半农呢，也始终对香山梦牵魂萦，不仅多次登临，而且还特意为香山写诗抒怀，在1918年《新青年》4期第2卷上，就发表了他的《游香山纪事诗》8首。现在此择其中的四首与大家一起分享：其一："扬鞭出北门（指江阴城的北门），/心在香山麓。/朝阳烛马头，/残露湿马足。"其二："古墓傍小桥，/桥上苔如洗。/牵马饮清流，/人在清流底。"其六："白云如温絮，/广覆香山巅。/横亘数十里，/上接苍冥天。/今年秋风厉，/棉价倍往年。/愿得天上云，/化作地上棉。/举世悉温饱，/乐土在眼前！"其八："公差捕老农，/牵人如牵狗。/老农喘且嘘，/负病不能走。/公差勃然怒，/叫嚣如虎吼。/农或求稍停，/挥鞭击其手。/问农犯何罪？/欠租才五斗。"这些诗，或叙沿途美景，或写游赏心境，或抒忧民之情，或斥公差暴行，虽然全都写得短小精悍、朴实无华，但刘半农这个敢爱敢恨的性情中人，却一下子就活脱脱地站立在了我们的面前，他对祖籍香山和香山人民的一片绵绵深情，对凶暴地残害百姓的反动政府走卒的无比憎恨之情，便全都显现出了动我们心魄、感我们肺腑的无穷魅力。

# 民乐宗师刘天华

刘天华（1895—1932 年），原名寿椿，刘半农的胞弟，江苏江阴澄江镇西横街人，祖籍南沙香山东麓的殷家埭（现属张家港市金港街道柏林村，其父刘宝珊即出生于殷家埭）。刘天华是"中西兼擅，理艺并长，而又会通其间"的中国现代民族音乐事业的开拓者，优秀的民族乐器作曲家、演奏家、音乐教育家，被国人誉为中国现代民族音乐的一代宗师。

## 社会动荡业无定，钟爱民乐根基深

刘天华幼时就读于他父亲与人合办的江阴翰墨林小学，从小就对音乐具有异常浓厚的兴趣。他家住涌塔庵和孔庙附近，每逢僧家佛事或春秋丁祭，他经常会不请自至，到现场聆听钟鼓、管弦之声，而且每次都会沉醉于其中，乐而忘返。刘天华自小就喜欢乐器，少年时即到集市上买了个竹筒当二胡玩耍，而且几乎达到了如痴如醉的程度，因此遭到了父亲刘宝珊的禁止。后经兄长刘半农向父亲求情，说是保证不影响学业，父亲这才允许他继续对二胡的爱好。

一天去到街上，刘天华偶见一家店里有二胡出售，便花两毛钱买了一把。那时的二胡，在众多人眼里只不过是民间艺人用来糊口的一种工具而已，根本就派不上什么大的用场，有人甚至干脆就称它是"叫花子胡琴"，这就可见二胡在时人心目中的地位之低。可刘天华却并不这么看，他反倒凭借其独特的眼光，预见二胡必将大有发展的广阔前景。没有音乐学校教二胡，他就自个儿钻研学习，在反复的苦练之中，不断提高自己拉二胡的水平。刘天华不仅天资颖悟，而且因受到其兄长刘半农的影响，不管做什么事情，都具有"热"和"勤"这两大特点。他白天四处拜师学艺，只要是会二胡的人，他就不管其是何身份，都会主动登门请教。到了晚上，他就端坐在院子里老井旁的石鼓墩上，一遍又一遍不厌其烦地刻苦练习。在炎热的夏天，他卧室里最显眼的就是旧式木床上的那顶蚊帐，一直静静地挂在那儿。一天晚上，有位学生前来探访刘天华，进屋后只听见声声琴响，却不见拉胡琴的人。他循声找去，这才发现为了躲避蚊虫的干扰，刘天华正躲在蚊帐里练琴，尽管浑身上下汗流如注，可他却浑然不觉，仿佛已完全陶醉在了琴声里。在刘天华女儿刘育和所写的一篇题为《父亲的琴声》的文章中，就有一段文字，真实生动地记录了当年刘天华勤学苦练各种乐器的情景："过去在每天的晚上，一直到很晚，父亲总是不停地拉着提琴，或弄着别种乐器。在那万籁无声的时候，只有父亲的琴声在空中颤动着，每天总是一样。"

就是这样，通过向人求教和刻苦自学，刘天华渐渐地掌握了演奏二胡的一些基本技巧，并在耳濡目染之间，对当地的民间音乐，尤其是对在江浙一带流行的江南丝竹，有了远超常人的一些独到认识，开始走上了一条研究中国民族音乐的道路。

1909 年，刘天华从江阴翰墨林小学毕业，考入常州中学，业余参加学校军乐队，学习吹号及军笛。1911 年辛亥革命时期，他回到江阴参加"反满青年团"军乐队。宣统三年，武昌起义，学堂停办，他辍学回家。民国元年（1912 年），十七岁的刘天华，随兄长刘半农去到上海，考进了上海开明剧社的乐队，业余还加入万国音乐队学习。开明剧社是一个演新式话剧的剧团，在那里，他有机会更广泛地学习了各种西洋乐器，除了原本所学的管乐器外，又学习了钢琴和小提琴等，并对西洋作曲理论开始有所接触。1914 年，开明剧社解散，刘天华失业返乡，先后在华墅华澄小学和城区澄西小学任音乐教员，由此开始了他的音乐教学生涯。期间，他曾拜顾山丝竹高手周少梅为师，学习二胡、琵琶演奏技艺。1915 年春，他父亲去世，他自己又失业在家，在贫病交迫之中，他便每日以拉二胡打发时光，并借此抒发其内心的忧愤和抱负，他的成名之作《病中吟》的旋律初稿，就是在这时候诞生的。

1915 年秋，刘天华任教常州母校，1916 年，刘天华又被江苏省立五中聘为音乐教员。在这两所学校任职期间，他都建立了军乐队与丝竹合奏团，并经常率领乐队至常州街头演出，颇受广大市民欢迎，引起了整个常州城的不小轰动。在此期间，他除了继续向江南民间音乐家周少梅学习二胡外，还向沈肇洲学习崇明派琵琶，甚至利用暑期，不远千里跑到河南向高人学习古琴，沿途他还一路寻访民间艺人，采集各处民间音乐。后来只是因为染上了其痒无比的癣疥，才不得不负病而归。至此，刘天华终于比较深入地认识了中国传统音乐精致典雅的一面。在此期间，他对各种传统民间音乐也作了进一步的学习，譬如他就经常跟熟悉音乐的好友澂尘和尚一起探索研究民间音乐及佛教音乐。同时，他还利用暑假返回江阴的机会，约请音乐爱好者组织国乐研究会，切磋江南丝竹和吹打乐，并邀周少梅、黄致君、澂尘和尚等国乐名家数十人举行公开演奏会，可谓是极一时之盛。总而言之，刘天华在学习音乐的过程中，特别善于通过各种途径、采用各种方法，随时随地以能者为师，与各式人等在一起相互切磋，探讨研究，以求得共同的进步和提高。应该说，刘天华在学习音乐过程中这种虚心求教、不耻下问的精神，在当时的音乐界中，可以说罕有人能够与之相比匹。

## 二胡登上大学讲堂，演奏折服中外听众

1922 年，北京大学附设音乐传习所成立，刘天华应北京大学之聘，来到北大任教。当时北大给刘天华的聘书上写的是"教授琵琶"。后来在北大音乐传习所开设二胡课程，完全是刘天华努力争取的结果。那时候，人们都把二胡视为"贩夫走卒"的玩物。自唐宋至明清，古琴、琵琶、三弦、管箫、笛、鼓等传统民族器乐的演奏日臻完善，逐渐被人们广泛接受，唯有二胡因其"胡"性而受到排斥，又因其结构简单，仍处于原始状态，所以人们多视其为"粗鄙淫荡，不足登大雅之堂"之物。正因如此，北大音乐传习所在筹划与组建时期，教务主任萧友梅其实本不赞同开设二胡课程。但刘天华自幼与二胡接触，对二胡有着特殊的感情，且经过在家乡苦学二胡的成功实践，特别是二胡独奏曲《病中吟》初稿的诞生，不仅倍增了他对二胡的热爱之情，而且使他更确认了二胡发展的广阔前景，这也就成为了刘天华开设二

胡课程的重要动因。他决心以实际行动来改变人们对二胡根深蒂固的偏见，于是便"力陈萧友梅（北大教务主任），上书蔡元培（北大校长）"，以其非凡的努力，终于促使北大音乐传习所在给刘天华的聘书上，正式注明了"教授琵琶、二胡两种乐器"。从此，二胡这种先前被人们不屑一顾的低微乐器，终于昂首在高等院校中占有了一席之地。

为从根本上改变当时人们对二胡的态度，刘天华觉得最好的办法应该是从中西方乐器的比照中，找出中西方乐器各自的特长与优点，并着眼于洋为中用，努力借鉴西方乐器的长处，不断提升二胡的品位。于是，1923年，刘天华以28岁的"高龄"开始学习被认为乐器中最难之一的小提琴。尽管其间所遇到的困难不言而喻，但刘天华还是义无反顾地勇往直前。他儿子刘育毅的相关回忆就很能说明这一点："虽然课时负担重，但是父亲每日仍然保持五六小时的练琴时间。有时候就那么将冷菜稍稍加热的几分钟，他也不肯坐下歇息。一手提着琴匣，一手就开始解长衫的扣子。走到书房，扣子刚好解完，衣服一脱马上就开始练琴。"刘天华先是师从托诺夫学习小提琴，同时悉心钻研西洋音乐理论。对小提琴的学习，给了他对胡琴的改进十分大的启发，因此他又对西洋作曲方式，尤其西方和声学作了进一步的研习。1927年，因托诺夫去天津，刘天华又改从欧罗伯学习。6月，欧罗伯离京，刘天华才不得不暂停对西洋音乐的学习。1930年3月，刘天华又继续师从托诺夫学习，直至罹病，从未间断。这就可见，刘天华学习小提琴，绝不是为的摆摆样子，装装门面，而是货真价实地为了洋为中用，使二胡的教学和创作都当真能取长补短，大放异彩。所以，很多音乐史家都认为，刘天华的二胡教学体系，正是从 1922 年才开始形成的。他上述的这些努力，使他的二胡教学取得了显著成果，他的弟子谌亚新就曾这样回忆说："当时（30 年代）先生的著名弟子蒋风之先生经常在协和礼堂举办二胡独奏音乐会，每场演出必然满座。那时候观众的热情，已然达到了高峰，真是盛极一时。"到 30—40 年代，以刘天华弟子为代表的一群青年音乐家们更是组成了较强的二胡的创作队伍，如陈振铎、储师竹等人，都纷纷活跃在二胡表演创作的舞台上。

在悉心教育学生学习二胡和自己潜心学习小提琴的过程中，刘天华自身的演奏技艺，无疑也同时有了更长足的进步。1930 年冬天的一个晚上，北京饭店门口停着多辆小轿车，那是一些外国人来听刘天华演奏会的。他们原本认为，中国不可能有什么真正的音乐，只是闲来无事，抱着姑妄听之的心态而来的。在这次演奏会上，刘天华演奏的是自己写的二胡曲和琵琶曲，有《病中吟》《月夜》《空山鸟语》《良宵》《光明行》等曲。演奏一开始，外国人便听得大气不敢出，一个个都惊呆了。演出结束后，他们更是蜂拥走上后台，争先恐后地与刘天华握手，并把他团团围住。他们好奇地看着和摸着二胡，说："小提琴有四根弦，它音色柔美，表现力强，能拉出表达各种思想感情的乐曲；二胡只有两根弦，音色也这么美，表现力也这么强，曲调变化之多亦不亚于小提琴，真是神奇！"他们又看看摸摸琵琶，问道："这两种乐器构造、音色和演奏技巧都不同，刘先生，你怎么两件乐器都这么娴熟？在我们国家，很少有一个演奏家能这么熟练地演奏两种乐器的！"一位德国人更是颇为感慨地说："没有刘天华，我还不知道中国有音乐。"当有人告诉他们"刘天华还教学生拉小提琴；还在萧友梅创办并亲自指挥的中国第一支管弦乐队中吹小号"时，众多外国人更是睁大了眼睛，高声喊道："奇才！"

1931 年 1 月 9 日，北平更是发生了一件轰动乐坛的大事。中华青年会的任致荣、高伯雄等人发起在北京饭店举办了一次"国际音乐大会"，参加演奏的大多是当时名扬世界的音乐家，其中有著名的外国钢琴家、小提琴家和声乐家，当时，北平的报纸就连续做了多次报道。音乐会的听众大多是当时的知名人士，如北京大学校长蒋梦麟、诗人徐志摩、刘半农等著名学者和社会名流，外国听众中有各国驻华使节和夫人、来华讲学的学者和商界人士及其眷属，其中还有一位研究东方文化史的德国著名汉学家雷兴教授。刘天华、郑颖孙和魏子龙三位中国音乐家，也应邀参加了那场音乐会。以致刘天华在北京大学音乐传习所执教民乐时，校方开始也只是以琵琶教师的名义聘请他。正因为这样，参加这场音乐会的多数听众，原本主要是为听外国演奏家的演出而来的，而对音乐会安排中国的民族乐器演奏曲目，则颇不以为然：有人认为这是画蛇添足，多此一举；有人认为这只是点缀而已；还有人甚至认为这是故意让国乐出丑等。就连一些支持国乐的人士，也都为刘天华捏了一把汗。就这样，音乐会的大厅里，开始时一直被一种怀疑、不屑，甚至轻蔑的气氛笼罩着。

在外国音乐家演奏了一些乐曲后，一位身穿中国旗袍、仪态端庄的女士将刘天华的演奏曲目介绍给听众，这位女士就是刘天华的学生曹安和。当她介绍完第一个曲目《病中吟》后，刘天华在二胡那两根神秘的琴弦上，便像变魔术般地发出了凄楚、幽怨而扣人心弦的乐音，一下子就把听众带入了哀伤愁苦的意境之中。大厅里静极了，人们的思绪随着他的琴声而跌宕起伏，产生了强烈的共鸣，不少女士不仅眼睛里含着泪水，而且还紧紧地咬住了嘴唇。当乐曲结束时，在片刻的宁静后，猛然爆发出热烈的掌声和欢呼声，一阵高过一阵，经久不息。可以说这是第一次，刘天华用这样的中国"土话"，让世界听懂了中国人的情感。也可以说这是第一次，刘天华让世界安静地坐下来，聆听中国民族音乐的声音。那场音乐会所留下的记忆，就这样在整个中国音乐界回荡了半个多世纪。一把胡琴，拉动的不仅仅是奔涌的情感，也拉近了中西方文化的距离，拉动了后来中国民族音乐的发展。

随后，刘天华演奏了《空山鸟语》，听众又被带入一个苍山翠谷、鸟语花香的境界。刘天华还演奏了《十面埋伏》《霸王卸甲》等琵琶曲。当刘天华演奏完最后一曲时，欢呼声、鼓掌声此起彼伏。刘天华一次次返场答谢，可热烈的掌声仍在大厅里回荡。在场的外国人也非常激动，他们无论如何都没想到，中国会有这样美妙神奇的音乐。特别是雷兴教授，更是赞叹不已，他还特意留下来等候刘天华，和他紧紧握手，向刘天华表示最诚挚的祝贺和感谢。这本来是一次国际音乐盛会，而刘天华却意外地成了音乐会最耀眼的主角。当曲终人散时，依然有不少中外人士到台上跟刘天华热烈握手，表示祝贺。难怪曹安和后来在回忆中误将那次音乐会称为刘天华的"独奏音乐会"。音乐会后，雷兴教授还特意拜访了刘天华，并向高亭唱片公司推荐，为刘天华灌制了两张唱片。从此，二胡音乐就大踏步地登上了乐坛的"大雅之堂"。

正当中外人士纷纷盛赞刘天华非凡音乐才华的话语不绝于耳，余音袅袅时，1932年6月1日刘天华赴天桥收集锣鼓谱，竟突染猩红热，且罹病仅一个星期后，便于6月8日晨5时20分瞌然逝世，享年37岁。这位德艺双馨、才华横溢的民乐大师生命，就这样止于英年，这真可谓是天妒英才，实在是太不公道，栋梁摧折，确令人锥心疼痛！若再假之以二十年、三十年的寿命，那么，凭他的过人之智，以及他愈趋成熟的丰富经验，刘天华还将会创造出多少让人难以估量的卓越成果啊！不过，刘天华的生命虽然过早地戛然而止了，但是他所创作的民族音乐，却流成了大河，永远地流进了人们的心里。自他以后，中国民族器乐就此开始了真正的光明行。

## 业绩煌煌说不尽，国乐宗师受无愧

在"五四"新文化运动的影响下，刘天华确立了顺应时代潮流的正确音乐观，他主张音乐要普及于大众，要能激励人心，以振国家民族。刘天华认为，音乐的重要目的，便是在表达人的感情，以使听者感动。但这些目的，必须是普及于大众的，而不是"以音乐为贵族们的玩具"。同时，他还主张音乐要能激励人心，以振国家民族，希望有一种"能唤醒一民族灵魂的音乐"，这就充分表达了他拳拳的爱国和爱民之心。

在"五四"新文化运动的影响下，刘天华还极具改革创新的精神。他认为不论复古守旧或全盘西化，都是不可取的，因此他竭力主张"必须一方面采取本国固有精粹，一方面容纳外来潮流，从中西的调合与合作中打出一条新路来，然后才能说得进步两个字"。他中西兼擅，理艺并长、而又能会通其间，这就确保了他能在兼收并蓄、洋为中用方面下异常刻苦的功夫，并收获累累的音乐硕果。他选择二胡作为改革国乐的突破口，既借鉴了小提琴的大段落颤弓等技法和西洋器乐创作手法，又融合了琵琶的轮指按音、古琴的泛音演奏等技巧，并由此确立和运用了多把位演奏法，这就使二胡从乐曲到演奏都增添了艺术表现的深刻性，使这一原本并不受人重视的民间乐器，升格为富于独特艺术魅力的独奏乐器，成为中国民乐的主角和代表，并在高等乐府专业教学的讲坛上牢牢地站稳了脚跟。

在民族乐器改革和演奏技艺的创新上，他也是一个勇于开拓的革新家，他改进二胡的制造规格和记谱法，明确固定音高的定弦，并吸收了提琴的某些演奏方法，大幅提高了二胡的演奏水平。这样，他创作和演奏的作品就深受人民大众的喜爱，成为中国民族音乐宝库中的珍品。记谱法的改进，也是刘天华相当重视的一个环节，他大力推广五线谱用于中国音乐之上，如在1930年，为助力京剧名家梅兰芳赴美国演出，他花了3个月时间以听写记谱方式，完成了五线谱的《梅兰芳歌曲谱》，可谓是功不可没。

在收集、整理我国民间音乐方面，刘天华也付出了艰巨的劳动，乃至于直到生命的终结。他在"国乐改进社"的文件中制定了严格而完整的方案，如在各地招收致力于民间音乐的社员，调查各地域民间音乐的种类、形式、结构特点；了解各地对国乐和国乐改进的意见及各地学校对中、西乐教学的态度；向社会征集各种民间传统的乐谱、乐器、书籍、文章；计划成立国乐征集图书馆、器乐博物馆等。他自己也经常到民间艺人聚集地（如北京天桥杂耍场等），收集记录各类民间音乐，并因此而染过多种疾病。他还经常把民间吹打的、街头卖艺的、耍猴的民间艺人请到家中，同他们一起演奏并记录他们的音乐。刘天华一生收集了大量的民间音乐手稿，其中有《佛曲集》《安次县吵子会乐谱》《瀛

州古调》《梅兰芳歌曲集》以及大量的民间锣鼓乐谱、吹打乐谱
和民间小曲乐谱。

此外，他还发起并参与组织国乐研究会、乐友社、爱美乐
社、国乐改进社等音乐社团，创办《音乐杂志》。所有这些，也
都对当时民族音乐的发展与传播，产生了很大的影响。同时，刘
天华毕生为民族音乐创作与教育而奋斗，还培养了蒋风之、陈振
铎等一批著名演奏家、理论家和教育家。

诚然，提起刘天华，人们最为关注和最感兴趣的，还在于他
在音乐创作方面，尤其是在民族器乐曲方面所取得的巨大成就。
刘天华共创作二胡独奏曲 10 首、琵琶独奏曲 3 首、民族乐器合
奏曲 2 首。1918 年，他在贫病中完成了二胡曲《病中吟》初稿，
抒发了他对社会的不满和生活不见出路时的愤懑心情。其后，他
创作的《苦闷之讴》（1926 年）、《悲歌》（1927 年）、《闲居吟》
（1928 年）以及《独弦操》（又名《忧心曲》，1932 年）等二胡曲，
以委婉动人的旋律，或忧伤压抑，或悲愤激越，表现了知识分子
在黑暗社会中苦闷、徬徨和挣扎、奋斗的心情。二胡曲《良宵》
（又名《除夜小唱》，1928 年）、《光明行》（1931 年）和琵琶曲《改
进操》（1927 年），音乐清新明朗、乐观向上，表达了作者憧憬美
好未来的喜悦心情。《光明行》（1931 年）运用了西洋音乐中大三
和的弦琶音进行和转调手法，《改进操》吸收了古琴上绰、注手
法与三度和音的旋律特点，并利用双弦拉奏复音，显示了国乐改
进的新成果。此外，二胡曲《空山鸟语》（1918—1928 年）吸取
民间单弦拉戏模拟自然音响的手法，音乐活泼生动。《烛影摇红》
（1932 年）则是运用三拍子和变奏曲式的结构原则写成的一首优
美抒情的二胡曲。刘天华掌握了民族器乐的创作规律，又大胆地

吸取西洋音乐的技法，使作品既具有中国传统的音调，又有新颖独特的表现特点，至今仍保持着很强的艺术生命力。

刘天华的十首二胡曲《病中吟》《月夜》《苦闷之讴》《悲歌》《空山鸟语》《闲居吟》《良宵》《光明行》《独弦操》和《烛影摇红》，尤为人们所津津乐道，当刘天华逝世时，在纪念会上就有人用这十大二胡名曲标题的首位字，联成过这样一副既便于记忆，又颇有意境的挽联："良月苦独病，烛光悲空闲。"人们对这十首二胡曲的挚爱之情，由此即可以想见。这些名曲，除了《病中吟》是在 1918 年创作并流传的以外，其余都是在 1926 年任教于北京大学音乐传习所、北京女子高等师范学校和北京艺术专科学校 3 所大学教授二胡、琵琶期间，以及 1927 年 8 月，在蔡元培、萧友梅、赵元任等人支持下创办"国乐改进社"之后，或创作、或修改定稿后得以传世的，至今仍是每个二胡学习者的必修经典。这些名曲，都是刘天华以其中西融通的深厚艺术修养和丰富想象力的艺术灵感，精心创作而成的，它们既是刘天华一生最重要的创作成果，也是我国民族器乐宝库中的艺术瑰宝，迄今仍广为流传，长盛不衰，其中《病中吟》《空山鸟语》和《良宵》这三首作品，还被评为"20 世纪中华音乐经典"曲目，那就更可谓是我国民族器乐宝库中不朽的艺术珍品。

正因为刘天华在以上诸多方面呕心沥血，大胆进行了改革创新，并取得了有口皆碑的煌煌业绩，所以刘天华就成了我国近现代民族音乐发展的开拓者、奠基者，成了二胡鼻祖，成了民族音乐的一代宗师。当代中国的二胡演奏艺术，可以说无一不受刘天华理论与风格的影响。

## 于妻于弟于乡亲，重情重义重德行

刘天华不仅在民族音乐的领域里业绩煌煌，卓然超群，而且其人品也颇为出众，于妻于弟于乡亲，全都重情重义重德行。

刘天华的妻子名叫殷尚珍，是他的启蒙老师殷可久先生的长女。殷尚珍是个识字不多的农村姑娘，并没有什么花容月貌，还缠着一双并不怎么雅观的小脚。不过，她的善良温柔，她的贤淑知礼，却是名满乡里的。刘天华天资聪颖，且又勤奋好学，甚得可久先生的喜爱。一个爱生，一个敬师，刘天华便常去可久先生家走动，先生家有什么事儿，他也总是热心前去帮忙相助。一来二去的，刘天华和殷尚珍也就由相识，到相知，到最终相亲相爱，结成夫妻。

婚后数年，殷尚珍在家中纺纱织布，采桑养蚕，成天辛勤劳作，开源节流，把个清寒的家庭整治得井井有条，完全解除了刘天华生活上的后顾之忧，并在各个方面给了刘天华无微不至的悉心照料，使他得以一心操琴，埋首于自己所钟爱的音乐事业，并由此而很快就叩开了成功的大门。1922年，声名鹊起的刘天华受荐去到了北京，备受著名教育家蔡元培先生的器重，同时兼任了北京大学、女子师范大学和艺术学院三所大学的音乐教授，成了驰誉中外乐坛的知名音乐家。

当时的国立北平女子文理学院，学生大多是年轻漂亮的名门闺秀，对刘天华仰慕倾心者可以说大有其人，因此便有人在私下议论，说是刘天华恐怕不久就要撇下糟糠之妻，另觅佳偶了。可刘天华却丝毫没有因此而心猿意马，他对尚珍的爱是忠贞不二，坚如磐石的。为了表明自己的心迹，有一天，他特意在自己的寓所宴请了几位同事和学生。客人们入席以后，见刘天华身旁还空着一个席位，便问还有哪位贵宾没有驾到。这时，只见刘天华郑重起立，欣欣然举起酒杯说："今天是我妻子尚珍的生日，现在她虽远在千里之外的江苏江阴，但是她的心却始终和我连在一块，敬请诸位首先跟我一起向她遥致生日的祝贺！"满座宾客闻言，惊讶之余，不由对刘天华的品格更增高山仰止之情。而这一消息一传开，先前的那些无端议论也就全都自然而然地销声匿迹了。

不久，刘天华又专程返里将妻子殷尚珍接到了北京，并专门延聘了一位小学教员教尚珍识字读书。这样过了3年，尚珍不仅粗通了文墨，而且还懂得了更多为人处世的道理，从而也就对丈夫的事业有了更深刻的理解，并给予了更积极热情的支持。不过，处在北京这样一个文化名城之中，尚珍也并没有能完全摆脱中国农村妇女身上的那种自卑心理。一次，她随刘天华一起去参观一位女画家的画展，看着看着，她忽然深感自己学识和才情的不足，不由对刘天华叹道："你是有名的音乐家，你的夫人也应该是一位有学问、懂艺术的人，譬如像这位女画家一样的人，才配得上你啊！"刘天华一听，急忙伸手按住了尚珍的嘴，连连说道："不，不！弹琴，画画，凭你这样的灵性，只要下功夫去学，那是很容易学会的；而像你这样高尚的品格，善良的心地，贤淑的性情，旁人却是很难具备的啊！"言毕，两人久久相对凝视，全都发出了会心的微笑。自此以后，他俩的夫妻之情也就更是愈益深笃了。

刘天华重情重义的品格，同时也表现在他对幼弟刘北茂的爱护和照顾上。刘天华15岁丧母，19岁丧父，家境之困难是可想而知的。而正是这样艰难困苦的家境，使刘天华跟他的哥哥刘半农、弟弟刘北茂更为休戚相关，患难与共，并由此共同谱写了一曲曲至深兄弟情的动人篇章。父亲去世以后，为了生计，同时也为了跟哥哥半农一起分担抚养比自己年幼8岁的弟弟北茂的重任，刘天华16岁便开始走上了小学教育工作的岗位。当时的小学教师，工薪微薄，待遇极差，故民间广泛流传"家有三斗粮，不做孩子王"之说。在那样的境况之中，刘天华的生活可真是艰苦极了，他常常鞋帽不周，衣服勉强图个囫囵，午餐也常用咸菜、萝卜干下饭。总之，他是极尽所能地掐着算着，千方百计省下一些钱来供弟弟北茂上学读书，以使北茂能早日成为有用之人。每逢星期天和节假日，刘天华又总是不顾劳累，步行数十里返回家中，照料北茂的生活，检查北茂的功课，并为北茂解除思想上的疙瘩和学习中的疑难。有一次他听说弟弟身子不适，硬是顶风冒雨，连夜赶回家中，结果浑身上下都湿了个透，以致自己也受了风寒，病了好几天。他们兄弟情义之深厚，邻里有口皆碑，人人称夸不已。刘北茂对此自然有着更为深切的感受，所以即便是到了晚年，他对天华对自己的悉心关爱依然念念不忘，一次就曾这样回忆起孩提时天华教他读诗的动人情景："在假期中他（指天华）不仅自己勤学苦练，还经常教我识字，讲些通俗的诗歌之类，记得我六七岁光景，二兄天华曾教我一首小诗：'一去二三里，烟村四五家。亭台六七座，八九十枝花。'这首小诗虽然浅显而平淡，但二兄当时给我讲解时那种爱抚的神态和音容笑貌，令我永远难忘；七十余年过去了，这件往事依然萦怀在我的心头，童年时代和二兄天华在一起的日子，'现在化作了生平最美的梦'。追忆往事，感慨万端，有时不禁令我潸然泪下，但一想起天华先生生前奋斗与追求的种种动人情景，又使我增添了无穷的力量。"在《纪念长兄半农先生》一文中，刘北茂更是满怀深情地这样写道："我家兄弟三人。长兄半农先生长我12岁，二先兄天华先生长我8岁，我7岁丧母，11岁丧父，全靠两兄抚养成人，手足感情之深，非一般兄弟可比。"

刘天华重情重义的这一宝贵品格，还表现在他对祖籍乡亲们的厚爱深情上。1915年春，刘天华的父亲宝珊先生仙逝，他自己也积劳成疾，因此不得不重返祖籍，在香山东麓的柏林庵中调养身体。一方水土养一方人，刘天华对祖籍有着特别深厚的感情，所以即便是在此养病期间，他也不忘答谢故乡对他的养育之恩，特意在柏林庵内办起了国乐演奏社，吸收三甲里、七房庄等地的十余名音乐爱好者参加，热情地对他们进行具体的指点，悉心为家乡培养了一批音乐人才。同时，他还抱着有病之躯，在香山东麓念桥小学的操场上为乡亲们举办了几次大规模的民族器乐演奏会。他的二胡演奏，有珠落玉盘似的抖弓，有苍劲深沉的长弓和浪弓，有妙入毫颠的滑音、回滑音，速度快而不紊乱，情意真而不肤浅，技巧高而不流俗，爆发力强而不火爆，那优美的乐声，将人们带入了一个又一个意境深远的艺术境界之中，令人如痴如醉，使人乐而忘返。刘天华的精湛技艺，使乡亲们大开眼界，刘天华的反哺深情，更使乡亲们五内俱感。故乡人民精心培育了人民自己的音乐家，人民自己的音乐家又把他的绝技无私奉献给了故乡人民，演奏会上盛况空前，群情激昂，不时响起阵阵山呼海啸般的热烈掌声。前些年谢世的蒋贻谷老先生，当年曾亲聆过刘天华的演奏，忆想那时的情景，蒋老先生激动不已，感慨万千地说："天华先生不仅演技高超，使我们似听仙乐，他的人品更是十分高尚，使乡亲们无不异常钦佩。他没有一点大音乐家的架子，他把自己对故乡人民的忠诚和热爱，全都倾注在那美妙动人的乐曲之中了。天华先生虽然早已作古，可是香山东麓的父老乡亲，将永远不会忘记他对故乡人民的一片挚爱深情。"是的，那流逝的岁月，至今也没有抹去刘天华对家乡人民的深重情义，以及故乡人民对刘天华的深切怀念。1994 年，张家港市南沙镇人民政府特意在香山东麓建造了一座音乐喷泉，环形拱壁上特意塑有刘氏三兄弟的三幅雕像，刘天华那清秀的面庞，那炯炯的双目，尤其给人以深刻难忘的印象，并引发人们绵绵不断的思绪，以及由衷的敬仰之情。岁月无情人有情，才情横溢而又重情重义的刘天华，将永远活在故乡人民的心中。

## 二胡大师刘北茂

刘北茂（1903—1981年），原名寿慈，刘半农和刘天华的小弟，江阴城内西横街人，祖籍是张家港市香山东麓的殷家埭（现属张家港市金港街道柏林村，其父刘宝珊即出生在殷家埭）。刘北茂是我国现代著名的二胡演奏家、作曲家、教育家，刘天华事业的忠实继承者和发展者。

从1岁到6岁的孩提时代，刘北茂经常在母亲蒋氏的双膝上听她唱动听的民歌、童谣，听她讲有趣的民间故事，他的智慧和才情都因此在不经意间得到了开发，他对音乐的兴趣也因此在无意之中得到了培养。同时，父兄们认真读书和研究学问的特殊氛围，也使他从小就受到了良好的熏陶，特别是成天操弄音乐的二哥天华，跟他的关系尤其密切，对他的影响也就更为巨大。

1912年，刘北茂进入他父亲刘宝珊与另一人合办的江阴翰墨林小学读书。在学校里，他不仅喜欢英语，也酷爱音乐。他酷爱音乐不只是因为学校开设了音乐课程，更是因为受了二哥天华的感染和浸润。他上三年级时，天华虽失业和生病在家，然而仍在极度的困顿中以坚毅不屈的精神，创作了二胡独奏曲《病中吟》，这给他留下了终身难以磨灭的深刻印象，并对他后来的人生取向产生了极为重大的影响。

1918 年，刘北茂也跟他的二位兄长一样，考进了常州府中学堂。说来也巧，这时二兄天华正在常州府中学堂任教（他是因为当时在音乐的诸多方面已取得了较为突出的成绩，并在 1915 年创作二胡曲《病中吟》取得了成功，而被聘回母校执教的）。在天华的直接指导下，他对音乐的兴趣越发浓烈，学习起来也格外来劲，他的课余时间大部分都用于参加天华指导的军乐队和丝竹乐队。除跟天华学习二胡、琵琶、竹笛和小号、长笛、黑管等乐器的演奏外，他还兴味盎然地初步学习了西洋乐理。所有这些，都为他后来从事音乐专业教育工作，奠定了坚实的理论与实践基础。

除对音乐的酷爱外，刘北茂在常州府中学堂的外语学习也有了长足的进步，他记忆力好，模仿力强，他的英语成绩一直在全校名列前茅，所以在常州府中学堂高中部学习时，他已经破例在本校的初中部执教英语了。1923 年中学毕业后，他便以优异的成绩考入东吴大学英文系深造。不过，因为当时长兄刘半农已出国攻读博士，二兄刘天华已应北京大学之聘去音乐传习所任国乐导师，故而他只在东吴大学读了半年，第二学期便插班考入了燕京大学英文系。进入该校之后，他的英语成绩更是突飞猛进，很快就成为英文专业的高材生。在两位兄长的全力资助下，他于 1927 年即从燕京大学英文系毕业。同年，他与江阴教育界的教育家郁咏春长女郁祖珍（后改名南华）结婚。尔后，他先任教于上海暨南大学，不久便受聘北京大学及北平大学女子文理学院，教授英语和英国文学，从事《莎士比亚作品选读》《诗学》《作文指导》等专业英语的教学与研究。29 岁时，他在执教英语方面就得到了广大师生的一致好评，并已成为名重一时的莎士比亚研究专家。

就这样，在 20 世纪 20 年代末、30 年代初，就出现了刘氏三兄弟同时在北大任教的空前盛况。长兄刘半农是赫赫有名的诗人、作家、学者，二哥刘天华是蜚声乐坛的国乐大师，三弟刘北茂则是校中英文系中风头正劲、极受欢迎的青年讲师和翻译家，他们组成了我国现代文化史上一道独特的风景，备受人们的瞩目和尊敬，一时间"刘氏三兄弟"就被大家广为传颂。

正当刘北茂想着在自己所擅长的英语领域振翅高飞，大显身手的时候，孰料 1932 年 6 月 8 日上午，他的二哥——开宗立派的一代国乐大师刘天华，不幸因病而英年早逝，撒手人寰。天华一向身强体壮，且还未到不惑之年，所以他的去世使家人备受打击，而北茂则更是悲痛。北茂 7 岁丧母，12 岁丧父，家中唯一常在身边的亲人就是二兄天华（长兄半农先在上海当编辑和翻译，后去北大教书，此后又转赴欧洲留学），同时他在常州府中学堂读书的 5 年中（1918—1923 年），有近 4 年时间都是天华陪伴在他的身旁（天华于 1922 年去北大）。在那 4 个年头中，北茂不但是天华的至亲小弟，而且是天华的优秀学生，兄弟深情再加师生厚谊，两人朝夕相处，形影不离，可谓是心心相印，密不可分。正因如此，刘天华去世后的几日内，刘北茂终日思如乱麻，心若刀绞，泣不成声，形容枯槁。长兄刘半农见性格本就内向的北茂此时更加沉默寡言，甚至眼睛都有点呆滞，怕他因悲伤过度而弄坏了身子，便竭力加以劝导，掏心掏肺地跟他说道："人死不能复生，你终日以泪洗面是无济于事的，眼下你二哥的子女尚幼，学生争气的也不多，看来你要考虑如何继承你二哥的事业了。"

长兄刘半农的一番肺腑之言，强烈地触动了刘北茂，不仅使他从悲痛中振作了起来，而且引起了他深沉的思索和联翩的浮想，一件件往事就像潮水一般直涌上他的心头：他想起了从小到大，天华始终像母亲一般对自己悉心关爱，冷了给自己添衣，饿了给自己煮饭，空了教自己识字读书，夜晚还教自己练习二胡，自己几乎每一天都在天华温馨的话语和优美的琴声中度过；想起了在1911—1915年的短短几年中，天华接连遭受了失学、失业、贫困、生病和丧父的重重打击，有时虽也不免迷惘困惑，发出"人生何适"的愤懑感叹，但他没有消沉，没有退却，一直在顽强不屈地左冲右突，上求下索；想起了天华终于在贫病交迫中破茧而出，写就了处女作《病中吟》，并得到了母校校长的赏识，被聘回母校任教，兄弟俩因此而紧紧相拥，喜极而泣；想起了天华被聘去北大任教时，自己和同学们一起用军乐队为天华送行，去火车站的沿途市民争相围观，轰动了整个常州城；想起了得知天华在北大教授二胡大获成功的消息后，自己竟然兴奋得在睡梦中笑醒了过来，并对天华的非凡才华更增添了无限的敬仰之情；想起了自己就读燕京大学后，耳闻目睹天华在国乐改革中经受了"西化派"和"复古派"两大势力的双面夹击，以及张作霖下令查封北京大学音乐传习所后，天华又一次遭遇了失业之苦，兄弟俩四目相对，久久无言语，双手紧相握，不言意自明；想起了到上海暨南大学任教后，获悉天华创办"国乐改进社"和《音乐杂志》双双告捷的喜讯，自己激动得情感失控，好几天夜不能寐；想起了执教于北大英文系后，为庆贺天华在北京饭店演出的成功，为分享天华给他们带来的欢乐，自己与长兄半农一起斟酒举杯，开怀畅饮……

越思越想，他越觉得自己从小就是在天华所营造的音乐天地里一步步成长起来的，在天华音乐艺术的长期熏染下，他成了天华《病中吟》《月夜》《空山鸟语》等作品的第一知情人，对天华乐曲的创作背景、创作思想和创作经历，他都了如指掌，感同身受，甚至可以说自己一直是用眼睛和心灵在陪伴天华进行着艰苦的创作。多少年来，天华的挫折也就是他的挫折，天华的忧伤也就是他的忧伤，天华的成功也就是他的成功，天华的快乐也就是他的快乐，不管是在思想情感上，抑或是在志趣爱好上，他与天华可以说已经是你中有我，我中有你，完全地融为一体了。可眼下呢，就是这个与自己痛痒相关、休戚与共的二哥天华，却偏偏英年早逝，大业未竟，这叫自己怎能不肝肠寸断，欲哭无泪呢？然而，毕竟还是大哥说得对，自己老这么悲悲戚戚，久陷于哀伤之中，绝对算不上是对天华的真知和真爱；一定要振奋精神，挺起腰杆，化悲痛为力量，去继承天华的事业，去实现天华的宏愿，这才是对二哥的最好回报。长兄半农的一番话语好比是立竿见影的催化剂，往事的久长回忆则犹如那促人奋进的响亮号角，让刘北茂终于由此而陡增了从哀伤中遽然奋起的勇气，萌生了改治音乐的强烈愿望和传承天华事业的坚强决心。

方向业已明确，道路既已选定，刘北茂也就在教学之余见缝插针，发愤练琴，以便为改治音乐做好足够的准备。同时，他还特意请当年为天华制作二胡的制琴名师精心为自己制作了一把二胡，每天都声声不息地刻苦练习。1935年5月，由国乐界和天华诸弟子积极筹办的刘天华先生逝世三周年纪念音乐会"刘天华遗作演奏会"在协和礼堂举行，刘北茂也应邀参加，得到了一次登台亮相，一展自己二胡才艺的极好机会。他虽然是首次公开演出，但他的多年苦练以及自幼在天华指导下所积累的深厚功底，都足以使他厚积薄发，技惊四座，充分"展现出与天华一脉相承的大家风范，受到与会听众的交口称赞"（刘北茂次子刘育熙语）。协和礼堂首演的成功，给刘北茂带来了更巨大的勇气，也更坚定了他传承二哥大业的信心，他由此而越发坚信：只要像天华那样勤学苦练，持恒不懈，就必然会取得更大的收获，完成二哥未竟的宏大事业。不久，他又在清华大学礼堂成功地演奏了天华的绝笔之作《烛影摇红》。信念产生力量，力量催发行动，他的演奏活动从此一发而不可收，改治音乐的决心亦随之而一天天愈益增强了。

1937 年"卢沟桥事变"后，有人特意上门邀请刘北茂去伪教育部任高级秘书，并称如有顾忌，可改名换姓，然而当即就遭到他的厉声怒斥，他声明坚决不为日本人做事，并称病不再去上课，充分表现了华夏子孙宁折不弯的民族气节和爱国主义情操。

后来，他历尽艰辛，绕道香港、云南等地，奔赴西北抗日文化的重要阵地——陕西城固，应鲁迅挚友许寿裳先生之邀，到西北联合大学教授"莎士比亚研究"等课程，课余除了不断提高二胡演奏水平外，还开始了音乐创作的尝试。西北联合大学的所在地城固，在县郊有条汉江，刘北茂为了排遣当时痛苦的心绪，经常去江边散步。深秋的一天，他孤坐在江边，凝望着秋水，只见西天残阳如血，身旁草木凋零，耳畔江涛阵阵，不由顿觉心潮澎湃，思绪万千，音乐的情思也有如泉涌一般，汩汩而出。他一时情难自抑，便迅即赶回家中，彻夜挥笔，写成二胡曲《汉江潮》，他的处女作就此而问世。此曲通过扣人心弦的旋律和铿锵有力的节奏，淋漓尽致地表达了他对日本侵略者的无比仇恨，对饱受战乱之苦的黎民百姓的深切同情，很快就成为现代中国音乐史上一首里程碑式的名作。1941 年秋，他又创作出了他的第二首力作——二胡独奏进行曲《前进操》。作品以激昂奋进的旋律和铿锵有力的节奏，表达了团结一心、勇往直前抗击日本侵略者的必胜信念。1942 年，他的第三首二胡名曲《漂流者之歌》又诞生了。该曲如泣如诉，生动刻画了一个在抗日战争中离乡背井的盲艺人的不屈形象，此曲的内容实际上也是当时他自己思想和生活的真实写照。这三首作品，既继承了其二哥刘天华的艺术精华，又体现了他自己的独创精神，还表达了当时广大人民的共同心声，所以很快就在国内流传开来。在创作这些作品的过程中，他始终坚持刘天华倡导的现实主义手法，因此这些作品都真实地反映了民族危亡时期抗日战争的时代风云，强烈地抒发了正直的知识分子的爱国情怀，具有极强的时代精神。正因如此，这三首乐曲就被人们称为"抗战三部曲"。刘北茂自己对这三首乐曲也十分珍惜，他不仅将它们视为向二哥天华学习的汇报成果，更把它们看作向天华"十年祭"奉献的一份厚礼。国民党元老于右任视察西北时，刘北茂就满怀激情地演奏了这些作品。于右任听罢，神情激昂，赞赏有加，即席挥毫题词道："民族的伟力、人格的光辉，都要从艰险危难中表现出来。"应该说，这是对刘北茂三首乐曲至为恰当的评价。

1942 年 6 月 8 日，是天华逝世 10 周年的忌日，哀思绵绵不绝的刘北茂，此时已决意完全舍弃自己所主攻的英文专业，全身心地走上改治音乐的道路。心诚志坚之人，往往连上苍都会为之感动，为之开路，为之格外开恩，赐给他圆梦的极好良机。就在这时，刘天华的生前挚友、时任青木关国立音乐学院院长的杨仲子忽然发来邀请函，特聘刘北茂前往该院任教。这份邀请函给准备了 10 年之久的刘北茂带来了莫大的喜悦，他顿即便毅然决然地放弃了待遇优厚的英文教席，放弃了行将在莎士比亚研究领域取得巨大成果的美好前景，告别了执教 13 年的北京大学（包括抗战中的西北联大），去到了条件远不如西北联大的青木关国立音乐学院。刘北茂对于青木关的选择，乃是他从青年时期就开始的对人生思考的自然延伸和必然结果，也是他将理想变为现实的一个至关重要的转折点。从此以后，他就义无反顾地沿着二哥天华的足迹，踏上天华未走完的道路，勇往直前地去完成天华那未竟的大业了。

刘北茂去到青木关国立音乐学院之后，一路之上其实走得并不顺畅。一是他的长子突然夭折，给了他精神上很大的打击。二是他去后经济收入大不如从前，家中甚至几乎陷入了衣食不周的窘境之中。但他是一个意志极为坚强的人，精神上依然保持着积极乐观的心态，始终从容应对着，并在 1943 年初，挥笔写就了《小花鼓》一曲。此曲面世后，当即便不胫而走，成为当时民众中最耳熟能详的一首乐曲，后来更是成为了世所公认的百年名曲。

解放战争后期，南京国民党反动政权风雨飘摇，但它仍不甘心退出历史舞台，反而变本加厉地对广大人民实行残酷的统治。在这种情况下，刘北茂无畏地支持并积极参加进步师生排演人民音乐家聂耳的民乐大合奏《翠湖春晓》，用进步的革命的乐曲一扫当时南京乐界的靡靡之音，同时给斗争中的人民以巨大的精神鼓舞。同年 4 月，南京发生了"四·一惨案"，国民党反动政权对进步学生的革命行动进行了残酷的镇压。刘北茂大义凛然，不顾个人安危，只身前往被驱逐离校的进步学生住地，跟他们一一握手致意，并对他们进行了慰问演出。他这么做，绝不是出于一时的冲动，而是他继承大哥半农、二哥天华的思想志趣，始终憎恶黑暗统治、不断追求光明进步的必然结果。

在憎恶国民党反动统治的同时，刘北茂对中国共产党及其领导的革命事业表现出了由衷的热爱。早在解放战争胜利前夕，他就憧憬中国的普罗米修斯，对中国共产党和中国革命的必然胜利充满了热切的向往和无比的信心。

在两位兄长的教育和影响下，刘北茂毕生追求真理，努力上进，严谨治学，勇于创新。新中国成立后，刘北茂更是因躬逢盛世而欢欣鼓舞，他的音乐创作、二胡演奏和音乐教育工作都更上了一层楼。他用自己炽热的爱心和杰出的艺术才华，歌颂中国共产党，歌颂新中国，歌颂革命和建设事业，歌颂勤劳、智慧的中国人民。在出任中央音乐学院教授时，他特别注重对中国民族民间文化遗产的学习，曾潜心学习北方民间音乐与戏曲，并把学习心得浓缩在一本以河北梆子为素材改编而成的《河北梆子二胡曲集》中。

1955—1957年，他临时任教于中国盲人训练班，1958年以后，他又被借调到安徽省艺术学院和安徽师范大学任教，为培养音乐新人和发展我国的民族音乐事业而呕心沥血，竭尽己力。他不仅培养了被称为"当代阿炳"的新中国第一代盲人二胡演奏家甘柏林，而且还培育了张强、杨仆轩、童文忠等一大批二胡演奏家和教育人才。张韶、闵惠芬、王国潼、唐毓斌、周耀锟等一批国内知名二胡演奏家，他们虽并非刘北茂的入门弟子，但也都把他当作自己的良师益友，称颂他为"我国音乐界的一代楷模"。在安徽任教期间，正是三年经济困难时期，刘北茂不仅悉心教育学生，还经常给学生以衣食补助，资助学生购置必需的器乐材料，以解除学生们学习中的燃眉之急。他还常常拖着带病的身体，手扶拐杖，在校园里寻找学生到他家上课，使很多学生感动得愧悔交加，从此发愤努力，后来都成为优秀的音乐人才。正因如此，安徽音乐界一直念念不忘刘北茂先生对安徽民族音乐呕心沥血的巨大贡献，称他为"安徽民族音乐的开拓者和奠基人"。目前，安徽正在积极筹建"刘北茂艺术馆"，以作为对他永久的纪念。

在"文革"期间，刘北茂也表现出了高尚的人格和可贵的品质。一方面，他拒绝揭发领导和同事的所谓"问题"；另一方面，尽管他自身也受到冲击、迫害，但他仍坚信乌云是遮不住太阳的，当时的社会状况只是暂时现象，社会稳定的光明前景一定会到来。他坚信党，坚信人民，绝不因自己一时遭遇困境就怨天尤人，就灰心失意，而是始终以"不畏浮云遮望眼，只缘身在最高层"的精神境界来勉励和鞭策自己。就这样，尽管当时自己的处境极为艰困，但他仍然以极大的热情和坚强的毅力，写下了深切怀念老一辈无产阶级革命家的曲子《缅怀》，写下了由衷赞颂敬爱的周恩来总理的《流芳曲》，以及热情歌颂"四化"建设的《迎朝晖》等，其精神境界之高尚，意志品质之坚强，实令人不得不由衷地敬佩。

刘北茂是 位音乐教育家，他一生教乐育人，爱生如子，不仅给学生以艺术熏陶，更注重对学生的人格塑造。他教育学生时，不仅着眼言传，更注重身教，总是在与学生情感交融、心心相印的氛围中，潜移默化地培育出一届又一届的音乐教育、研究和演奏人才。他从事音乐教育 30 年，先后培养了大批优秀的音乐人才，特别是培养了如甘柏林、颜少璋这些盲人音乐家。他教育学生，重在以情感人，以理化人，以艺塑人。每教一首乐曲，他都特别注意讲明乐曲的背景、主题、旋律、特色和技法等，以加深学生对乐曲的理解。而在学生练习和回课时，他又总是耐心指导，循循善诱，以使学生们能一步一个脚印，踏踏实实地练好基本功，并努力培养他们的创新精神。

刘北茂对业余的音乐爱好者也是有求必应，关怀备至，结交和培养了一大批音乐爱好者，有的人甚至在他的培养下成为了专业的音乐工作者。特别值得称道的是，刘北茂经常利用节假日给学生加课或补课，或是对业余音乐爱好者进行指导，但他不仅从来都分文不取，而且还常常为他们提供茶水、糖果和饭食。刘北茂教育出来的学生不计其数，他们有的已成为我国音乐事业的学术带头人和中坚力量，更多的则成为了群众文化活动的组织者和辅导员。有了这么一些人，就确保了我国民族音乐事业发展的后继有人和厚积薄发，得以走向繁荣和兴旺。

到了晚年，刘北茂不幸双腿瘫痪，但他仍以百折不挠的精神坚持音乐创作。在 40 年的辛勤创作过程中，他始终秉承二兄天华的遗志，坚持继承民族音乐的优秀传统，创造性地发展了二胡的演奏技法，其中在二兄天华常用的两种弦式外，他又拓展出四种弦式，填补了二胡调性的空白，给予了二胡音乐创作更大的空间，使二胡的演奏更显丰富多彩，更为优美动听。他是一位多产的作曲家，一生写下了百余首二胡曲，这些作品不仅具有鲜明的民族风格，而且体现了独特的创新精神，较为著名的有《汉江潮》《前进操》《漂泊者之歌》《乘风破浪》《小花鼓》《太阳照耀着祖国边疆》《欢乐舞曲》《独弦曲》《欢送》《千里淮北赛江南》《缅怀》《迎朝晖》《流芳曲》等，其中不少作品成了二胡经典乐曲，久演而不衰。《缅怀》一曲，后来又在他的指导下，由其子刘育熙改编为小提琴独奏曲《哀思》，并在纪念周总理等老一辈革命家音乐作品比赛中荣获创作和演出一等奖。刘北茂的作品，开创了以民族器乐表现重大历史题材的先河，人们都称赞他的作品"既是音诗，又是史诗"，评论界更是普遍认为，刘北茂是刘天华事业最优秀的继承者。正因如此，他本人也获得了"民族音乐大师"的美誉。

跟他的两位兄长一样，刘北茂对他们的祖籍香山大地，也"情眷眷而怀归"，曾数度回归故籍，去田塍间采风，为乡亲们演奏，跟乡亲们一直保持着难以割舍的厚重情义。

1981年，刘北茂不幸与世长辞。次年，中央人民广播电台文艺部、北京二胡研究会、北京乐器学会等单位，为纪念刘北茂逝世一周年，联合举办了"刘北茂作品广播音乐会"，介绍了他创作的15首二胡独奏曲和4首民乐合奏曲，以表示对他的深深怀念。

大凡为人民做过好事，做过贡献的人，人民永远都记着他们，怀念他们，赞颂他们。1992年，文化部、广电部、中国作协、中国音乐家协会、北京大学等诸多单位，联合举办了纪念"刘氏三杰"的国家级纪念活动，使"刘氏三杰"的业绩在国内得到了广泛传播。2003年，为纪念刘北茂先生诞生一百周年，北京大学、中央音乐学院、中国音乐家协会等单位又联合举办了两场纪念活动，开了学术研究会，有二百多位著名音乐家参加了演出，这就更扩大了"刘氏三杰"的影响，使之成为了一个在中国几乎家喻户晓的响亮名号。

中央音乐学院教授、著名音乐史家寥辅叔曾这样说过："历史上兄弟齐名的人物是不少的，家喻户晓的当推晋朝的陆机、陆云，宋朝的苏轼、苏辙。但是三兄弟齐名的却不多见……因此，像刘半农、刘天华、刘北茂那样三兄弟各有千秋的，也许是江东挺秀，独此一家了。"凭着出众的先天禀赋，靠着过人的勤奋刻苦，藉着相互的倾心扶助，刘氏三兄弟在他们各自从事的领域里全都独领风骚，卓然成家，乃至被世人誉为"刘氏三杰"，确实是至为不易，难能可贵。这是他们兄弟三人的骄傲，也是江阴人民和我们张家港人民的光荣！

# 倾家兴学殷念乔

一方水土养一方人，自古及今，在香山四麓这块风光旖旎、钟灵毓秀的宝地上，不知涌现了多少出类拔萃的优秀人物，著名的民众教育家殷念乔即是其中非常突出的一位。

殷念乔生于 1890 年，江苏江阴县南沙香山东麓三甲里（现属张家港市金港街道柏林村）人，原名贻孙。他少有大志，1912 年考入江阴乙种师范讲习所学习后，即自起笔名"亦苏"，意谓自己业已觉悟苏醒，明确了今后应该走的道路——教育救国。他跟在校同学孙逊群等，课余饭后常在一起读报学习，议论时政，畅谈理想。他对北洋政府的腐败统治极为不满，对灾难深重的中华民族深感忧虑，立志要走教育救国之路，为改造老旧落后的中国而奋斗一生。同时，他也深深知道，要实现教育救国的理想，必须有真才实学，有过硬本领，否则就势将沦为空谈。所以，他在学习上就非常刻苦用功，总是孜孜以求，常常会比其他同学花费更多的时间和精力。除了认真学好课本上的东西以外，学校图书馆也是他经常去光顾的地方。一到那里，他就像一头饥肠辘辘的小牛，一下子闯进了长满鲜嫩蔬菜的园子那样，捧起书报和杂志就狂吞猛嚼起来，而且往往会因此而忘记了时间的早晚。由于课内课外都做出了加倍的努力，所以他的学习成绩也就总是名列前茅。

1915 年，从江阴乙种师范讲习所毕业后，殷念乔即至大南乡立第二初级小学（现张家港市南沙小学的前身）任校长，他的同学和挚友孙逊群也一起来到了这里，成为了他的绝佳搭档。当时该校仅有学生三四十人，租用了 4 间民房作为校舍，设备也甚是简陋。殷念乔出任校长后，立即走家串户，动员民众送子女入学。由于发动深入，引导得法，学生人数激增，原有校舍根本就无法容纳，殷念乔便设法将近旁的慧宁庵佛殿改作课堂。尼姑们见佛殿被人占去，如丧考妣，大哭大叫，直闹得沸反盈天。她们的后台土豪劣绅殷子荣等也同时发难，散布种种流言，恶毒攻击殷念乔。然而，殷念乔为民办学心切志坚，丝毫不为所动，他在挚友孙逊群和众多地方群众的鼎力帮助下，终于击退了那些恶势力的联合进攻，使扩校计划得以如愿实现。1924 年夏，学校又有了进一步的发展，高小班开设在即，为了解决教室问题，殷念乔又决定将学校西侧的猛将殿改作课堂。在一个雷雨交加的夜晚，他跟孙逊群一起，率领校内进步师生将猛将菩萨的雕像扔进了校外的粪坑里。这在封建迷信盛行的旧社会，不啻是个惊世骇俗的壮举。所以此举一出，舆论哗然，摇头者有之，咋舌者有之，横眉怒目、猛烈攻击者也不乏其人。可殷念乔硬是以他义无反顾的精神和卓有成效的工作，驱散了种种妖风迷雾，使广大民众看到了"大南二小"的光明前景，从而更赢得了大家的信任和尊敬。

殷念乔出任大南二小校长 10 多年，将自己的聪明才智和全部心血都倾注在了教育事业上。当时办学，上方少有拨款，下面又几无支持，经济是相当困难。为了培育人才，为了以教育拯救国家，殷念乔便不惜倾家兴学，将自家的 18 亩祖产田全部出售，并将所得之资悉数捐出来建校办学。在那个几乎没有什么工业和副业的时代，田地可以说就是人们的生存之根，活命之本，18 亩祖产田，这可是他祖上几辈人辛辛苦苦好不容易积攒下来的全部财产，也是他一家人当时赖以生存的命根子，可是为了办学育才，殷念乔竟然连眼睛都不眨一眨，就一下子将它们全都卖了，并全部捐了。试想，这是何等宽广的襟怀，何等高尚的境界啊！无怪此等义举，不仅在当时有口皆碑，令人肃然起敬，即使是时至今日，亦依然令我们这些后人叨念不已，由衷叹服。

在殷念乔的苦心操持下，一座破败不堪的庙宇经过改造和扩建，终于变成了一所颇具规模的新型学校。学生人数由起始的三四十人逐渐增加到 360 余人，教室也由 1 间扩展为 8 间，同时还建造了大礼堂、办公室以及学生宿舍、膳堂，大礼堂前还建起了美丽的校园，教室北面更是辟成了宽阔的操场，学校的面貌可以说是彻底改变了模样，真可谓是"呕心沥血见成效，惨淡经营生巨变"。

殷念乔以"诚勤"作为校训，治校严谨，且又满腔热忱地关心和爱护学生，倾心尽力地培育他们健康成长。他既给学生传授科学文化知识，又教学生为人处世应具的道德品质，还使学生在德、智、体、美、劳等诸多方面都得到全面的发展。所有这一切，在他亲自撰写的校歌中就得到了充分的体现："香镇横连石头流（指杳山和镇山东西相连，石头港南北贯穿），山川灵秀似画图。古院名慧宁（即学校原为慧宁庵），而今果惠人（如今成果已惠及百姓）。禅钟、课铃，新声应旧声。哥弟姐妹来此究何为？学德育、智育、体育、群美。莫谓幼小，社会事业建设、改造，责任尽在吾曹。"这首校歌，内涵丰富，构思精巧，先说学校环境的优美，接说办学条件的改善，然后着重强调办学的宗旨和目的，最后则是对所有学子提出殷切希望，期盼他们能担负起社会事业建设和改造的重任。整首校歌不仅条理分明，章法浑成，而且主旨鲜明，立意高远，不仅值得所有的师生反复体味，切实践行，而且亦可以使所有的局外人都大开眼界，深受启发和教益。即便是以现今的眼光来看，殷念乔的教育理念亦依然显得相当前卫，比起那些只顾抓学生考分而不管学生全面发展的校长和老师来，应该说要不知高明多少倍。

由于殷念乔既有先进的办学理念，又有治校的切实良方，所以学校面貌日新，声誉日隆，许多有志有识的教师争相来到大南二小执教讲学，同心合力为培养莘莘学子而勤奋工作。正因为这样，仅仅几年工夫，不论是教师阵营之强大，抑或是教育质量之优异，大南二小在当时江阴县的乡村小学中，就已经名冠全县，享有盛誉了。

殷念乔不仅一生热心教育事业，而且始终以天下为己任，不断求索救国救民的真理。后来，在同窗挚友、共产党员孙逊群的影响下，他的思想认识更是有了质的飞跃。他积极投入了孙逊群领导的农民革命运动，并在其中发挥了极为重要的作用，做出了许多重大的贡献。1926 年 4 月，经中共上海区委荐送，孙逊群去广州参加由毛泽东同志主办的第六届农民运动讲习所学习，临行前他与殷念乔在灯下话别，两人互相勉励，互道珍重，决定在孙逊群学成归来后，一起将香山以东广大地区的农民运动，推向一个更新的高潮。

正当殷念乔胸怀大志，意欲跨进党的大门，大展宏图的时

候，谁料一场毁灭性的灾祸意外地降临到了他的头上。1926 年
6 月，他去无锡送考回来，突然患上了当时根本无法救治的霍乱
病。在病情十分危急的时候，他先前的得意门生瞿芭丰来到病榻
前探望，殷念乔便喃喃嘱咐道："我死以后，你辞去原职，回三
甲里继任母校校长。这个学校还有许多事业，有待你和大家一起
去完成啊！"言毕泪水盈眶，瞑目而逝。他一息尚存之际，依旧
念念不忘生前事业的这种宝贵精神，感动得所有在场的人都泣不
成声，悲痛不已。

殷念乔去世时年仅 36 岁，英年早逝，使人倍感哀痛。出殡
时，在正蒙堂（正蒙，即订正蒙昧之意，故学校以"正蒙"作为
大礼堂的名称）灵柩前举行了悼念仪式，各界人士和乡民千余人
纷纷自动前来为这位民众教育家吊唁送殡。灵堂两侧悬挂着许多
挽联挽幛，充分表达了香山地区人民对殷念乔校长的无比崇敬和
深切悼念之情：

全乡挥泪，英名留后世；
满校举哀，师生尽含悲。

为教育尽瘁，虽死犹生；
做世人楷模，浩气长存。

悲痛化为千钧力；
继承自有后来人。

毁家兴学，国之有赖；
英才命短，天胡不仁？

是年 9 月，孙逊群从广州返回故里，惊悉殷念乔不幸英年病逝，不由捶胸顿足，痛哭流涕。遵恩师殷念乔之嘱接任大南二小校长的瞿苣丰（瞿后曾任苏州市实验小学校长，还在农工党苏州市第一至第六届委员会上连续 6 次当选为主任委员，并曾任苏州市政协副主席），深知孙逊群跟殷念乔非比寻常的手足之情，于是便在正蒙堂再次举行悼念大会。会上，孙逊群泪流满面地做了深情的讲话，既深切地追述了他和殷念乔之间亲密无间的革命情谊，又充分地表达了自己为革命事业奋斗终身的坚强决心。他对往日工作的总结精准到位，对未来事业的展望高瞻远瞩，可谓是字字情真，句句意切，每一句话都强烈地震撼了所有与会者的心灵，这对促进学校工作的进一步发展，对推动全县农民运动掀起更新的高潮，可以说都起到了至关重要的作用。

岁月的流逝割不断人们对殷念乔的深切怀念，1933 年，当时的省教育厅专员前来大南二小视察，应广大民众的强烈要求，终于将大南二小更名为"念乔小学"，以作为对这位深孚众望的民众教育家的永久纪念。

殷念乔在世时，在全身心搞好学校教育工作的同时，对自己孩子的家教也抓得很紧，且颇见成效。他有四个儿子，长子殷露、二子殷序、三子殷仁和四子殷琏。因长期受殷念乔循循善诱、言传身教的熏陶和影响，他四个儿子都从小就树立了为国为民做贡献的宏大志愿，所以后来长子殷露去上海参加了中国左翼作家联盟，积极从事革命文艺活动。二子殷序、三子殷仁和四子殷琏，则先后奔赴革命圣地延安，参加了中国共产党领导的抗日战争以及随后的解放战争，为祖国的独立和人民的解放奉献了他们的毕生精力。这就真可谓是"子承父志显身手，青出于蓝胜于蓝"。

长子殷露，1932 年奔赴上海参加了中国左翼作家联盟（亦称"左联"）。"左联"是中国共产党于 20 世纪 30 年代在上海创建的一个文学组织，鲁迅是这一组织的一面鲜亮旗帜。当时正值第一次国内革命战争失败的严峻形势下，国民党反动派一方面对革命根据地进行军事围剿，另一方面又对国统区实行文化"围剿"，这就迫切要求上海的左翼作家们团结起来，共同与国民党反动派进行英勇的斗争。在中国共产党的领导下，"左联"面对凶残的国民党反动派顽强战斗了 6 个年头（1936 年，为了建立文艺界抗日民族统一战线，"左联"自动解散），粉碎了国民党当局的文化"围剿"，有力地配合了中央苏区军事上的反"围剿"斗争，并培养了一支坚强的革命文艺大军，为抗日战争时期、解放战争时期，甚至新中国成立以后的人民文艺事业准备了一批骨干人才。所以，虽然"左联"的历史不过短短 6 年，但是它以在当时的巨大作用以及对后世的深远影响，成为了中国革命文学史上的一座丰碑。切不要以为加入左联，就是在亭子间里摇摇笔杆、写写文章那么简单的事情，而是要肩负起发展革命文艺和与国民党文化"围剿"作坚决斗争的艰巨任务，而且还要冒着被国民党反动派疯狂镇压的巨大风险，如"左联"五烈士柔石、殷夫、胡也频、冯铿、李伟森，就用自己的鲜血浇灌了社会主义文艺之花，即便是像鲁迅这样的著名作家，也一再遭到被通缉的残酷迫害。所以，殷露加入"左联"，首先得有坚定的革命信念，坚强的革命意志，以及勇于斗争的革命精神，这才能坚毅执着地在极端严峻的形势和极为复杂的环境中，经受住反复的考验和锤炼，才得以逐渐成长为一位真正的革命文艺战士，为革命文艺事业的发展做出他应有的贡献。"左联"解散后，殷露便转行从事教育工作，曾出任复旦大学教授，并取得了不俗的成绩，只是在1957年被错划为右派，直到1978年才得以平反。如若不然，他或许能为国为民奉献更多更大的力量。

二子殷序（1915—1980年），又名殷鲁直，早年就读于江苏省立第四师范、江阴县立师范。后任教于家乡袁家桥小学、占文桥小学。1932年8月侨居马来西亚从事教育工作。抗日战争爆发后，他为爱国热情所驱，放弃在马来西亚高薪和优渥的生活待遇，毅然回国奔赴革命圣地延安，历任抗大总校一大队学员，抗大三分校政治部、边区保卫团政治处、边区警卫旅政治处宣传干事，新十一旅政治部、陕甘宁边区三边军分区政治部宣传科副科长，警三旅八团一营教导员，四军十一师三十三团政治处主任。1949年9月以后，历任甘肃省高台县县长、酒泉地委宣传部长、中共甘肃省委党校第一副校长、省干休所所长、省供销合作社副主任兼监察组长。

三子殷仁，1916年生，号质诚，又名殷铁铭。他早年就读于三甲里小学、无锡洛社师范。后在无锡、江阴、南京等地担任小学教师。1937年"卢沟桥事变"后，他积极投身抗日救亡运动。1937年11月到苏北泰兴偕同学一起奔赴延安。先在鲁迅艺术学院音乐系读书，1939年初任鲁艺宣传科科长和政治协理员。1942年进"抗大"俄文大队学习俄语并参加整风和大生产运动。1945年11月任绥蒙区党委宣传干事。1946年6月任晋绥实验学校校长。1947年至1949年8月任雁南地委委员和崞县县委书记。1949年改任北京俄文专修学校党委书记。1953年经高教部批准为马列主义教授。1956年8月调武汉大学，先后任哲学系、政治系、历史系教授。1980年，已身为国家六级干部的他，回家乡三甲里进行社会调查，白天他去乡村、工厂、机关作调研，夜晚就住在南沙中学的简陋平房里。他不吃小灶吃食堂，买饭排队不插队，而且不接受政府的住宿安排，更不接受任何单位的宴请。人们见了他，全都竖起大拇指称夸说：从您的身上，我们真真切切地看到了延安老八路的风范！

四子殷琏，1921年生，号野琏。1935年考入江苏南菁中学。1937年家乡沦陷前去泰兴，随三哥殷铁铭打算奔赴陕北，途经徐州时，暂留下做抗日救亡工作。1939年3月，经八路军重庆办事处介绍前往延安。同年5月到"抗大"总校四大队学习并工作。1939年随"抗大"总校开赴敌后抗日根据地，1940年7月任"抗大"二团宣传干事。1941年4月调入八路军总部军工政治部担任宣传干事、秘书，继任军工部秘书、副科长、办公室主任。1948年调到华北人民政府，参加太原军事接管工作。1950年调中央重工业部钢铁工业管理局任秘书长，继任重工业部直属第二处处长。1955年6月起先后在东北工学院、北京钢铁学院特别班学习大专课程。1959年10月毕业后任太原钢铁公司副经理。1966年调包头钢铁公司任第一副经理。1978年任冶金部副局长、副司长。1983年离休后，仍被聘任冶金部连铸协调组组长、连铸学会副理事长、名誉理事长等，一直坚持工作，直到2006年4月。

张家港籍的抗大学员，可谓是凤毛麟角，鲜有所见，而殷氏一门，竟然就占据了三个席位，这在中国革命史上也可以算得上是一段值得一书的佳话，所以也理所当然应该是我们所有张家港人共同的光荣和骄傲。

# 孙逊群与广州农讲所

习近平总书记曾说："理想之光不灭，信念之光不灭。我们一定要铭记烈士们的遗愿，永志不忘他们为之流血牺牲的伟大理想。"纪念先烈，学习先烈，这对我们来说，无疑是永远常青的一门课题，但从以往的实际情况来看，对先烈的学习，人们往往只是注重学习他们勇斗顽敌、视死如归的无畏精神和浩然正气，而对他们发愤读书、认真学习的情况，一般则较少提及。而其实呢，先烈们在发愤读书和认真学习方面，也同样为我们树立了光辉榜样，值得我们好好效法。譬如大革命时期中共江阴独立支部（中共上海区委所属的 15 个独立支部之一）第一任支部书记、江南农民运动当时的著名领导人孙逊群（又名孙选，化名王津民，1897 年出生于江苏江阴县香山东麓的中兴乡大德村木桩潭埭，现属张家港市金港街道），1926 年 4 月被中共上海区委选派，到广州参加毛泽东主办的第六期农民运动讲习所学习期间，他读书学习的那种认真刻苦精神，就达到了常人所难以企及的高度，即使是在将近百年后的今天看来，也依然令我们钦敬不已。在农讲所学习期间，孙逊群不仅认真聆听了毛泽东、周恩来、彭湃、萧楚女、恽代英、李立三、邓中夏和阮啸仙等著名共产党人的讲课，而且对讲习所编印的《农民问题丛刊》，特别是其中的《革命政府对于农民运动宣言》《湖南农民运动目前的策略》《农民全作概论》《列宁论农民》《农民国际》《中国农民问题研究》《土地与农民》等重要著作，他都作了刻苦的攻读和精心的研究，并写下了不少读书笔记。在农讲所学习期间，他与毛泽东、萧楚女、彭湃等老师过从最密，从中的获益自然也就最多。现特将孙逊群在农讲所虚心向毛泽东、萧楚女和彭湃求教的相关资料辑录在这里，以让大家能由此了解孙逊群当年发愤读书和认真学习的情况，并从中汲取宝贵的精神力量，从而在新长征路上更好地读书学习，不断提升自己的能力和水平，为建设更富更强的伟大祖国做出自己的最大贡献。

## 受教毛泽东

毛泽东那时还很清瘦，身材高高的，留着中分头，经常穿着一身竹布大褂和一双布鞋。他讲课时语速慢慢的，一句接一句，声音并不高，但即使是坐在最后一排，也能听得一清二楚。他讲的第一堂课是《中国农民问题》。他从人口、生产、革命力量和革命目的等各个方面，说明农民问题与中国革命的密切关系，论证农民问题是国民革命中最主要的问题，最后做出了这样的结论："国民革命的目标是要解决工农商学兵的各阶级问题，设不能解决农民问题，则各阶级问题也无由解决，故国民革命的大部分是解决农民问题，其余问题皆不如农民问题的重要，可以说中国国民革命是农民问题。"他的讲述，环环相扣，层层深入，具有无可辩驳的说服力，孙逊群和学员们都听得有滋有味，连连点头称是，可以说完全被他的讲述征服了。

在讲课时，毛泽东还特别善于联系实际对现实社会进行深入透彻的分析，因此总能见人之所未曾见，道人之所不能道。他在给学员们讲阶级分析的时候，谈了谁是我们的敌人、谁是我们的朋友之后，接着指出：农民在我们中国人口中的人数最多，他们是我们革命的最广大、最可靠的朋友，应该团结他们一道反对我们的敌人。最后他还特别强调：那些没有土地的农民才最有革命性，他们要求吃饱穿暖，参加革命很坚决，他们才是我们革命的真正朋友，革命就应该团结、依靠他们。听了毛泽东的讲述，孙逊群禁不住想：自己也生活在农村，而且就出生在农民家庭，可自己为什么对农民问题就没有看得那么深，想得那么透，搞得那么清楚明白呢？这么着边听边想，他对毛泽东独具慧眼的真知灼见，也就不由得更为由衷叹服了。

毛泽东讲课，还往往能信手拈来，用形象的比喻来阐明深刻的道理，这也就更增强了他讲课的生动性和说服力。他在讲授《中国社会各阶级分析》的内容时，就在黑板上当堂画了一座多层的塔。他指着塔跟大家说："你们看，在最下层是塔基，有工人，农民，还有小资产阶级，人数最多，受压迫和剥削最深，生活最苦；压在他们上面的一层是地主阶级、买办阶级，人数不多；再上一层是贪官污吏，土豪劣绅，人数更少；更高一层是军阀；塔顶是帝国主义。"稍稍停顿了片刻，他又接着说，"剥削阶级虽然很凶，但人数很少，只要大家一条心，团结紧，劳苦大众联合起来斗争，压在工农身上的几重大山就都可以推翻。人心齐，泰山移，何愁塔之不倒乎！"见学员们全都眼睛一眨不眨地在凝神倾听着，毛泽东又趁机问了一句："你们说是不是啊？"

大家都齐声回答："是！"孙逊群更是情不自禁地大声说道："讲得形象生动，鞭辟入里，实在是太精彩了！"顿时，整个讲堂里便响起了一片会心的欢笑声和热烈的鼓掌声。

毛泽东不仅在课堂上时时与学员们进行互动交流，课后也经常和学员一起在前院的石拱桥和泮池边散步、谈心，借此了解大家对课堂教学的反映，以及各地农民运动的具体情况。有时候，毛泽东甚至还将学员们请到他的宿舍兼办公室里进行座谈。1926年6月底的一天，所里一位工作人员就来到江苏籍学员的宿舍里，通知大家说："毛所长请你们去做客。"孙逊群和其他几位江苏籍的学员听了，心里就别提有多么激动了，便都一起快步来到毛所长住的东耳房。走到那里时，毛泽东已经迎在门口等候学员的到来了。见面以后，他又让大家坐下，亲自给大家倒水，并且拿出香烟来，问学员会不会，然后才自己点上一支，坐在桌后的木圈椅上开始跟大家交谈。住宿兼办公用的东耳房很狭小，室内是用两条凳子架成的木板床，床上铺着草席和白被单，放一条军毯，架一顶蚊帐，床头有一对盛衣物用的具有湖南特色的方形竹篓，上面还放着一些报刊。室内还有几张木椅和一张办公桌，桌上放着笔、墨、纸和砚台之类的文具。除此之外，也就别无他物了。当时，毛泽东是中共中央委员，在国民党中央也担负着重要工作，而且又是生活在大城市里，但他的生活却依然如此俭朴，身上穿的也仍然是粗布衫，这就使大家对他更是不由得不肃然起敬。无拘无束的座谈开始了，大家你一言我一语，讲述了家乡的阶级状况，讲述了地主老财如何剥削农民，军阀官吏如何压迫百姓，以及土匪肆虐和灾害频仍的种种情况，把家乡贫苦农民挣扎在水深火热之中的诸多苦难全都倾诉了出来。孙逊群发言时，首先述说了江阴沙洲地区（现属张家港市）农民遭受土豪劣绅严酷剥削，常年过着食不果腹、衣不遮体的痛苦生活，到了青黄不接之时，更有许多人家吃了上顿没下顿，有一些人家甚至断米断炊，无以为生，不得不活活饿死，或是走上自刎绝路的惨状。在座的人听了，全都不胜唏嘘，毛所长的神情也异常凝重。随后，孙逊群更是以十分沉痛和满怀义愤的语调，详细讲述了江阴顾山镇周水平因领导农民反抗地主的剥削，而遭受土豪劣绅诬陷，最终被反动当局凶残杀害的悲惨经历，使所有的在座者都切齿痛恨，怒火中烧。孙逊群接着又以激昂的声音说，面对土豪劣绅和反动当局的凶残杀害，广大农民并没有被吓倒，他们依然在发出这样的怒吼："周先生是为我们死的，我们要为他报仇！"毛泽东听了这些汇报后，为大家作了这样极为精到的总结：不光你们江苏，我们中华民族几万万各族同胞，都生活在这种任人宰割的凄惨境地。现在你们来农讲所学习，就是要学会革命道理，提高觉悟，回去组织广大农民投入革命，掌握自己的命运。当大家进一步问到究竟该如何行动时，毛泽东语重心长地为大家指明了行动的方向：要立刻下决心，去做那组织农民的浩大工作，要立刻下决心，把农民问题开始研究起来，要立刻下决心，向党里要到命令，跑到你那熟悉的或不熟悉的乡村中间去，夏天晒着酷热的太阳，冬天冒着严寒的风雪，搀着农民的手，问他们痛苦些什么，问他们要些什么，从他们的痛苦与需要中，引导他们组织起来，引导他们跟土豪劣绅斗争，引导他们与城市的工人、学生、中小商人合作，建立起联合战线，引导他们参与反帝国主义反军阀的国民革命运动。具体来说，各地应根据不同的情况，有针对性地采取一些不同的策略，像江阴就应该瞅准眼前的时机，更好地做好组织和发动农民的工作，进一步激发他们对土豪劣绅的仇恨情绪，齐心合力地为周水平平反，为周水平复仇。同时，你们还应多读一些书，以提高自己的理论水平，并尽可能多写一些文章，更好地宣传群众，发动群众，为他们指明奋斗的方向。只有这样，才能使农民运动的烈火再次燃烧起来，掀起一个前所未有的革命新高潮。听了毛泽东的这一席话，孙逊群感到心里暖暖的，浑身热热的，恨不得立马插上翅膀，飞回自己的家乡，马上投入那既艰苦卓绝却又光荣伟大的斗争中去。

毛泽东可真是一个善于思考和长于研究的人，他通过与江苏和浙江籍学员的座谈，了解到了"太平富庶之区"江浙一带的农村阶级矛盾和斗争情况后，很快便撰写了《江浙农民痛苦及其反抗运动》一文，此文后来在《向导》周报上发表。文中有一节文字，就是专门谈江阴农民运动情况的，而这些内容就都来自孙逊群在农讲所的那次座谈会上所作的汇报。见毛泽东对自己汇报的情况如此重视，且将它精心提炼成如此有份量的文章，这就使孙逊群越发感到了从事理论研究的极端重要性，同时也使他更深切地感悟到：毛泽东有的是强烈的求知欲望，有的是甘当小学生的谦虚态度，有的是超群绝伦的高远眼光，有的是高瞻远瞩的对敌良策，"农运权威"之称，他确实是当之无愧的。一句话，孙逊群已经完全被毛泽东那思想深邃、见解独到的领袖风采所倾倒了。

岁月如白驹过隙，一转眼5个月的学习就结束了。当孙逊群等10名江苏籍学员结业离所时，毛泽东特意把他们送到学宫门外，眼神中既流露出对大家的不胜依恋，又饱含着对大家的殷切期望。跟大家握别时，他不仅嘱咐大家回去后要马上成立农民协会，尽快掀起农民运动的新高潮，而且还情真意切地跟大家说："将来有机会，我和楚女同志一定去你们那儿看一看。"那依依惜别的场景，那掏心掏肺的话语，感动得每一个在场的人一时都不知说什么是好，最后大家都迸发出了这样一个共同的声音："请毛所长放心，我们一定不会辜负您的一片深情厚意！"

在农讲所学习的五个月时间里，孙逊群不时地聆听着毛泽东的谆谆教诲，感受着毛泽东的非凡人格魅力，在毛泽东的指引和影响下，他的心更明了，眼更亮了，志更坚了，他决心按毛泽东的指示，回乡后多读书，多学习，多深入群众，放开手脚大干一场，开创江阴农民运动的全新局面。

## 师友萧楚女

乍看起来，世界很大，可有时候呢，世界又确实很小。1925年5月，萧楚女曾以中国共产主义青年团中央委员和协助恽代英参加团中央工作和编辑《中国青年》的身份，特地从上海去到江阴云亭小学孙逊群处，具体了解江阴农民运动的有关情况，两人晤谈的时间虽然不是很长，但都给对方留下了极为深刻的印象，并由此不时地对对方产生了一份隐隐的念想。老天似乎还真是善解人意，时隔一年之后的1926年5月，在广州农讲所里，原本天各一方的孙逊群竟然又一次与萧楚女相会了，而且一会就是五个月的时间。这一次相会时，两人的身份都已有所不同：孙逊群是被中共上海区委荐送至农讲所读书学习的学员，萧楚女则是受毛泽东之聘至农讲所授课的教员。萧楚女是在1926年初，受中共党组织的委派奔赴广州的，在国民党中央宣传部任干事，协助毛泽东工作，并成为国民党中央机关报广州《民国日报》社论和政论的主要作者，这就使该报成为了一面彻底反帝反封建的革命旗帜。1926年2月，在中国共产党的倡议下，国民党中央改组了农民运动委员会，萧楚女任国民党中央农民运动委员会委员。毛泽东担任第六届农民运动讲习所的所长之后，又特聘萧楚女为专职教员，负责基础理论的教学和学员的思想政治工作。正是这样的机缘巧合，使孙逊群和萧楚女又一次重逢了，四目对视，内心欣喜莫名，双手紧握，周身热流涌动，其情其景，可真令孙逊群血脉偾张，刻骨铭心。

作为一个专职教员，萧楚女至为称职，颇受好评，不仅深得学员们的拥戴，而且也备受所长毛泽东的青睐。直到1964年的初夏，毛泽东在一次关于教育问题的谈话中，还曾忆想起当年在广州农民运动讲习所任专职教员的萧楚女，并满怀深情地说道："我是很喜欢他的，农民运动讲习所的教书，主要靠他。"当时，萧楚女办公的教务室开设在廊檐下，能蔽日却不能遮风，里边仅有一块小黑板，几张简易木桌。尽管工作条件十分艰苦，可他对教学工作的认真负责态度，却鲜有人可以与之比匹。每次授课前，萧楚女都在案前灯下精心备课，在查阅大量资料的基础上，写下详细的讲授大纲。譬如在写《帝国主义讲授大纲》时，即便当时的资料搜集相当困难，他还是引用了列宁著作及二十余种进步刊物的相关资料，其用功之精深，由此可见一斑。正因为在备课时下了这么切实的功夫，所以他在讲课时也就能手挥琴瑟，目送归鸿，显得特别的游刃有余，得心应手。加之他的文学功底又异常深厚，讲课时总是出口成章，妙语连珠，学员们经常一个个听得两眼一眨不眨，如痴如醉一般。

萧楚女异常出采的讲课固然令孙逊群仰慕不已，而他甘愿奉献自己的一切，全身心投入工作的忘我精神，更是让孙逊群无限敬服。农讲所的教学工作十分繁重，军事化的生活又异常紧张，身体本就不十分硬朗的萧楚女渐显日益消瘦，后来他的肺病终于复发了。一次，他在讲述帝国主义对我国的肆意侵略时，由于情绪过于激愤，突然一口鲜血从他的口中喷涌而出。学员们见了，全都大惊失色，十分焦急地劝他赶快回宿舍休息。可为了不耽误给学员上课，萧楚女仍坚持继续讲课。孙逊群只好马上搬来一张椅子请他坐下，并给他递上了一杯热开水。稍事歇息，略略平静之后，萧楚女便对学员们说："你们劝我休息，谢谢你们的关怀，可是我不能休息，我不上一小时课，就要浪费你们许多时间啊！"稍停片刻后，他又继续说道，"你们想一想，蜡烛不是燃烧了才能放光明吗？我们要像蜡烛一样，要在有限的一生中，有一分热就发一分光，给人以光明，给人以温暖。我们都要有这种精神！"孙逊群和所有的学员听了，全都感动不已。随后没多久，萧楚女又气喘咳嗽，再次咯出了殷红的鲜血。可为了不影响学员听课的情绪，他悄悄地将咯出的血吐在了手帕里。孙逊群和学员们看到他如此为革命呕心沥血的高尚品德，都感动得流下了热泪。

萧楚女不仅讲课时全身心地投入，对学员作业的批改也一丝不苟，异常精心。每当捧读经萧楚女精心批改过的作业，孙逊群总是感愧不已：所感的是，萧楚女从不轻忽自己在读书学习过程中所取得的每一点进步，总会在自己答得稍好的地方用红笔加圈加点，甚至写上一个醒目的"好"字；所愧的是，自己所写的答卷还时不时有着这样那样的欠缺，使萧楚女不得不为此花费许多心血精批细改。正因如此，他也就对自己提出了更为严格的要求：读书时，一定要作更精心的研究，力求对书本有更深透的理解，作业时，一定要在将书本知识完全消化吸收的基础上，力争将答题写得精益求精，好上加好，以尽量减少萧楚女的负担，使他有更多的时间调养好身体。孙逊群的努力也果然没有白费，他的作业终于越做越好，有时候也被萧楚女选作为"标准答案"，张贴在课堂前的公布栏内。不过，萧楚女的病情却并没有得到根本的好转，甚至是变得更为严重了。后来，在毛泽东的关怀下，萧楚女终于住进了东山医院留医。可是，萧楚女是一个说什么也闲不住的人，即便是在病床上，他也老是惦念着农讲所的工作和学生们的学习，不能口讲，他就用笔写，通过笔墨来解答学员们提出的各种疑难问题，而且，他还特意给学员们写下了这样一段表明自己心迹的话语："各位同学所提出的疑问纸条积压太多，我又因肺病须静养，一时不能多说话，这未免使大家很失望。现在且先拣简单的笔答于下，其须多言方能明瞭者，则请俟我稍好后再同大家细说。"目睹萧楚女如此的行动，读着萧楚女这样的表白，在孙逊群的心目中，萧楚女的形象也就越发伟岸高大了。

孙逊群与萧楚女，虽然一是学员，一为教员，但两人年龄相近（孙 1897 年生，萧 1893 年生，仅差 4 岁），志趣相投，所以在一起相处久了，也就愈近愈亲，愈亲愈近，渐渐成了亦师亦友、无话不谈的好朋友。只要稍一有空，孙逊群就总喜欢往萧楚女那里跑，或是去请他为自己在读书学习过程中遇到的问题释疑解惑，或是去向他讨教读书学习的方法，或是去跟他畅谈自己的思想，有时甚至是去与他交谈一些自己特别感兴趣的话题。有一次，孙逊群就冷不丁地向萧楚女提出了这样一个问题："萧老师，你这么一个堂堂男子汉，怎么会起了'楚女'这么个名字呢？"萧楚女微微一笑之后，就将他起名"楚女"的底牌和盘托了出来。他说，他原名萧树烈，又名萧秋，辛亥革命前夕，他曾参加湖北新军的反清战斗，但革命没有成功，革命党人或惨遭杀害，或被迫流散。从此，他便隐藏到乡下，刻苦自学，读了许多古今中外的书，竭力想从书本中寻找一条能使革命胜利的新路。当读到屈原《离骚》里的"朝吾将济于白水兮，登阆风而绁马。忽反顾以流涕兮，哀高丘之无女"几句诗时，他非常同情冤死的屈原，愤恨昏庸的楚怀王，决心要做20世纪的革命"女神"，加之他的家乡湖北，乃是古时楚国之地，因此便改名为"楚女"。孙逊群听后，又给萧楚女提出了这么一个有趣的问题："你起了这么一个挺婉约的名字，又写得这么一手漂亮的文章，有没有因此而引出点什么趣闻来呢？"萧楚女答道："嘿，还真给你说对了。当时就有不少男青年以为我是一位'楚楚动人的女子'，于是便有一封封求爱信雪片似地飞到了编辑部。"出于好奇，孙逊群禁不住又接着追问道："那你是如何应对这一状况的呢？"萧楚女笑道："这好办嘛，我就在报上登了这样一则启事：'本报有楚女者，并非楚楚动人之女子，而是身材高大，皮肤黝黑并略有麻子之大汉也。'"孙逊群听了这话，不禁满脸讶异地说："啊，你怎么会在启事中这样跟大家说呢？"萧楚女朗朗一笑道："怎么就不能这样说呢，革命者本就应该坦坦荡荡，光明磊落，以真面目示人嘛！"孙逊群久久地凝视着萧楚女，细细地体味着他的每一句话语，只觉得他的形象更为丰满，越发高大，真的必须仰视方能看得分明了。

还有一次，两人在一起意兴盎然地交谈着有关革命的各种问题，在听了萧楚女纵横捭阖的诸多高论之后，孙逊群止不住动情地对萧楚女说："萧老师，你的学识水平，你的道德人品，你的成就建树，实为一般人所难以企及，我真要好好向你学习才行啊！"萧楚女闻言，连连摆手说："不，不是你说的那样。逊群呀，山外有山，天外有天，我最多也不过是山下的一抔黄土，天上的一只小鸟罢了，没有什么值得特别称道的。就说我们农讲所的毛所长吧，我不就在许多方面都难望其项背嘛？再说，我现在所做的一切，离我所预定的目标还远着呢！所以，如果你真要学习的话，还是好好学习毛所长吧！"说着，他便顺手向孙逊群出示了他写的《寄孙问梅兼示泥清仲宣》一诗："赋诗准曹刘，谈话拟卫霍（曹刘，三国时魏国的曹植、刘桢，都是著名的诗人。卫霍，汉武帝时的卫青、霍去病，都是著名的大将，屡立大功）。少年俊迈气，壮志未肯息。及今蓬发改，三十不能立。酒醒中夜起（'中夜起'，本于祖逖闻鸡起舞），抚剑涕横臆（'涕横臆'，意谓眼泪横流）。"孙逊群阅毕此诗，不仅更明白了萧楚女所怀有的鸿鹄大志，而且还窥见了萧楚女永不自满、不懈奋进的伟大精神。由此，他进一步认识到，萧楚女确实是一本永远也读不完和悟不透的大书，值得自己毕生去反复感悟和认真学习。这么一想，原本就有点执拗的他，也就更加执拗起来："毛所长，我当然得好好学；你呢，我也同样得好好学，你可千万别拦我，就是九头黄牛也拉不动我哟！"此话一出，两人都不约而同地呵呵笑了起来。

就是这样，除了在课堂上直接接受萧楚女的教育外，孙逊群更在与萧楚女亲密无间的接触和毫无拘束的谈话中，不断地受到熏陶，得到教益，真正明白了萧楚女之所以能具有这样的水平，能达到这样的境界，完全是他认真读书学习和一心为党为民工作的结果。渐渐地，他的革命自觉性更高了，对自己的要求更严了，尽管农讲所的学习非常紧张，训练异常艰苦，但原本就痴于读书的他也就变得更加刻苦，越发努力了，开始以更饱满的革命热情，像萧楚女那样见缝插针地挤出一切可以利用的时间，潜心地攻读各种各样的书籍，以从中汲取有用的知识，不断提高自身的修养。

## 走近"农运王"

在广州农讲所授课的教员，大多以学养的深厚和理论的精湛见长，只有一位稍显另类，他在授课时一般鲜有理论上的长篇阐述，而往往着力于自身经验的介绍和传授。此人不是别人，就是那被誉为"农运大王"的彭湃。

彭湃也许并不是一位高深的理论家，但他却是一位伟大的实践家，每一次上课时，他就总能充分发挥自己所特有的长处，如话家常、如数家珍般地话说自己的亲身经历，具体生动地讲述海丰农民运动发生和发展的过程，润物细无声地引导学员从中去体味和认识农民运动的必然性、重要性和规律性，去探索和掌握搞好农民运动的方法、诀窍和途径。他这种别开生面的讲授，使孙逊群感到特别的亲切，格外的实用。孙逊群自从加入中国共产党并担任中共江阴支部的书记后，即肩负起了领导全县农民运动的重任，尽管在不断摸索前行的路途中，他也有所进展，有所收获，但同时也碰到了许多困难，遭遇了不少挫折，要改变这样的状况，扭转这样的局面，固然需要理论方面的指导，但同时也需要实践方面的借鉴，而彭湃的授课，就正好满足了他这方面的需求，使他更明白了读书学习该如何同革命实践相结合的正确途径，这叫他怎能不惊喜莫名，感到正中下怀呢？所以，每一次听彭湃的讲课，他都有酷暑天忽然有人给他递上了大碗绿豆凉汤的感觉，感到特别的解渴，分外的舒坦。

孙逊群之所以对彭湃的讲课倍感兴趣，还因为彭湃的语言不像有些人那样带有浓重的书卷气，而是非常的朴实生动，特别的富有泥土气息。有一次，彭湃在给孙逊群他们讲广东农民的生活状况时，就在黑板上画了两幅图画，一幅是一个肥头大耳的地主，另一幅是一个骨瘦如柴、发育极不正常的农民孩子。画好以后，他就说："你们看，地主不劳而获，却吃得肥肥胖胖，而农民呢，终年辛勤劳动，却因遭受剥削而不得暖饱，这样的世道是何等的不公，何等的黑暗！广大农民正在水深火热中挣扎，我们绝不能两手插在口袋里，不顾不问哟，我们一定要和农民兄弟心连着心，手牵着手，一起去推翻这吃人的黑暗社会！"这对比鲜明的图画，这铿锵有力的语言，强烈地震撼了孙逊群的心灵，使他很受教育。还有一次，彭湃讲到刚开始做农运工作时，海丰的很多农民对加入农会都心存忧虑，他摸透了众人的心思，就对大家说："入农会，就像过河，这岸痛苦，对岸幸福，如果人人怕淹死，互相推诿，就永远过不去；加入农会，就是联起手过河，一人跌倒，就能被其他人搀扶起来。"经他这么一说，许多农民的心结果然顿时解开，下明白了"农民团结起，革命搞到底，你分田我分地，有田有地真欢喜"的道理，纷纷愿意入会了。听了彭湃的这些讲述，孙逊群深深觉得他的语言具有鲜明的口语化、大众化的特点，让人一听就能明白，入耳就易接受，在对农民群众进行宣传发动时尤为适用。就这样,彭湃的讲课使善学多思的孙逊群悟出了自己日后努力的方向:既刻苦从书本上学习精深的革命理论,又虚心从农民群众身上学习生动活泼的语言,以便回乡后以更贴切生动的语言去宣传农民,发动农民,从而将农运工作做得更深入人心,将江阴的农运革命推向一个新的高潮。

除了从课堂上感受和了解彭湃以外,孙逊群更从彭湃所写的《海丰农民运动报告》一书中,进一步加深了对彭湃的感受和认识。《海丰农民运动报告》一书,得到了毛泽东极高的评价,他不仅将此书编入了《农民问题丛刊》之中,并在丛刊的序言中着重指出,彭湃这本著作及其他关于广东农民运动的材料,"乃本书最精粹部分",因而将它规定为农讲所学员的必读教材。正因为此,孙逊群对此书也就读得特别认真,格外仔细,他真恨不能将书中的每一个字都牢牢地刻印在自己的脑海里。而每一次捧起这本书,彭湃的高大形象就都会在他的眼前栩栩如生地跃动起来:

彭湃出生在广东省海丰县的一个地主家庭,21 岁时东渡日本进入早稻田大学读书。在俄国十月革命的影响下,他和一批留学日本的同学开始研究学习社会主义学说,并因此被列入日本警署的"黑名单"而受到监视。1921 年 5 月毕业后,他便满怀着革命的激情回到家乡海丰县。刚开始他想走教育救国之路,此后逐渐认识到发动工农的重要,便下决心到农村去做实际运动。可农民见他身穿白制服,头戴白帽,脚穿皮鞋,都将他视为"官贵子弟",不是敬而远之,便是避而不见。与此同时,他还得面对家庭内部的巨大阻力,除了三兄、五弟对他不加可否外,其余男女老幼都对他恨之入骨,他大哥差不多要杀他而甘心。但面对这内外夹击的重重压力，彭湃都不为所动，他穿起粗布衣裳，戴上斗笠，光着脚板，以全新的形象去到农民之中，竭力使自己真正成为他们中的一员。他的努力果然见效，1922 年 7 月 29 日晚上，他终于与另外 5 位农民组成一个 6 人秘密农会，迈出了海丰农民运动的第一步。为了表达自己对农民的赤诚之心，为了将自己的理想真正付诸实践，他还走出了把自己由有产者变成无产者的重要一步。家中兄弟分了家产后，彭湃就把自己分得的田契亲自送给佃户。谁知那些祖辈以租佃为生的农民却大为不解，无论如何都不敢接受。最后，彭湃不得不以"看戏"为名，将这些佃农约集在一起，当众将地契付之一炬，并大声向众人宣布："日后自耕自食，不必再交租谷。"当时围观者有 1 万多人，大伙儿闻听此言，全场掌声雷动，一片欢腾。彭湃焚烧田契的行动，在视土地为命根的农民眼里当真是惊天动地的大事情，所以就像一阵风似地迅速传遍了海丰大地，彭湃也因此赢得了"活菩萨"的美名。从此，彭湃登高一呼，立马应者云集，农民们纷纷要求加入农会。短短 5 个月后，农会会员已达 2 万余户，农会管辖下的人口有 10 万之多，约占全县总人口的四分之一。到 1926 年，海丰县农会会员更是高达 25 万之众，占全县总人口的 65%。很快，农会遍及了整个广东省，广东省农会成立时，彭湃即被推选为执行委员长。

彭湃的《海丰农民运动报告》一书，孙逊群常攥手中，潜心研读，反复思考，深深感到此书为他打开了一扇宽敞的大门，使他的心更明了，眼更亮了。透过这本书，他不仅更清楚地认识了彭湃的理想信念，精神品格，聪明才智，对彭湃越发增添了仰慕之情，而且也由此而更进一步懂得了中国农民运动的性质，更学到了开展农民运动的方法，真可谓是受益匪浅，收获颇丰。

俗话说，百闻不如一见，课堂上和书本上学到的东西毕竟还是理性的居多，所以孙逊群的心里总还是时时涌动起这样一种渴望：要是什么时候能亲自到海丰去看一看，那该有多好啊！也许是天遂人愿吧，这机会还真是给孙逊群盼来了。在毕业前夕，注重理论和实践相结合的农讲所就安排了全体学员去海丰农村参观实习两星期的重要活动。农讲所第六届学员毕业前，恰值海丰县农民协会纪念前三年陈炯明协同当地土豪劣绅摧残农民协会，及杀害40余农民的惨史之时，因此农讲所特于八月十日率领全体300余学员，前赴海丰参与盛会以资实习。这可真是天赐的革命理论与革命实践有机结合的良机呀，孙逊群和所有的学员心里就别提有多高兴了！那天上午从广州搭乘海南轮出发，傍晚到达汕尾登陆。晚餐后，学员们即连夜行军，即便中途遇雨，道路泥泞，可大家依然冒雨前进。经过村庄时，道旁有农会会员打着灯笼引路，过江时，一路又有农民自卫军护送。拂晓，学员们到达海丰城关时，沿街群众敲锣打鼓，燃放鞭炮热烈欢迎，总队长赵自选带领全体学员高呼口号以致感谢，主宾一呼一应，场面热烈，感人至深。次日上午，海丰县农民协会召开联欢大会，各路农会会员和农民自卫军，齐齐展展地集合在广场之上。宣布开会后，彭湃发表讲话，全场热烈欢呼。他的每一句话都说到了大家的心坎上，不时被山呼海啸般的掌声所打断，那种激动人心的场面，是孙逊群有生以来从未见过的。会后，即分组开赴农村访贫问苦和参观实习。每到一个村庄，都有农会会员敲锣打鼓，送水送汤，并微笑着将学员们迎进他们的屋里，跟学员们手拉着手话说当地农民运动的情况，讲述村里和家庭翻天覆地的变化。通过同他们的亲切交谈，孙逊群更具体真切地了解了海丰农民协会是如何团结农民向封建剥削制度进行猛烈斗争，实行减租减息，抵抗苛捐杂税的；是如何组织农民自卫军，勇斗土豪劣绅，保卫胜利成果的；是如何将农产品集市的权力归农会掌管，保护农民利益的；是如何成立仲裁部，帮农民去跟地主、官府打官司，为农民主持公道的；是如何创办农校，让农民子弟免费入学的；是如何办农民医药房，让农会会员看病不收诊费，药费折半的；是如何发动会员扶贫济困，救济孤老的……总之一句话，在海丰两个星期的实习考察，使孙逊群越发感到耳闻目见的桩桩件件，无一不充分证实了毛泽东在《农民运动丛刊》序言中所作的英明论断："陈炯明的故乡，历来土豪劣绅、贪官污吏猬集的海丰县，自从有了5万户25万人之县农民协会，便比广东任何县都要清明 ——县知事不敢为恶，征收官吏不敢额外刮钱，全县没有土匪，土豪劣绅鱼肉人民的事几乎绝迹。"

尽管在海丰两个星期的实习考察较为短暂，但孙逊群已觉得不虚此行，满载而归了。

在广州农讲所就读的5个月学习生活中，孙逊群既刻苦阅读了许多有关马克思主义和农民运动的书籍，又听取了很多革命领导人的精彩讲课，这不仅为他加了油，给他充了电，而且还让他似乎得到了一个神奇无比的八宝乾坤袋，使他具有了可以去勇猛击溃一切妖魔鬼怪的非凡能耐。他豪情满怀，心志益坚，决心带着在农讲所的所学所得，返回自己的家乡大展拳脚，大显身手，把江阴的农民运动也搞得像海丰那样轰轰烈烈，红红火火。

## 尾声

9月下旬从广州农讲所结业返沪后，孙逊群即被任命为国民党江苏省党部农民运动特派员，回江阴继续领导农运工作。1927年2月16日，在中共上海区委改选后的第一次全体会议上，孙逊群被选为农民运动委员会委员。3月24日，北伐军胜利进驻江阴，翌日江阴县农民协会宣布正式成立，孙逊群被选为江阴农民协会委员长。为了更好地肩负起搞好农民运动的重任，善于学习的孙逊群还特意将在广州农讲所向毛泽东学到的撰写调查报告的经验，适时地运用到了革命实践中去，尝试通过写调查报告的方式来指导和推动江阴农民运动的开展。在孙逊群的领导下，江阴农民运动就越发搞得如火如荼，进一步掀起了新的高潮。孰料此后不久，蒋介石发动了"四·一二"反革命政变，各地风云突变，白色恐怖一下子笼罩了江阴城乡。4月17日，国民党江阴县政府下令查封县农民协会，孙逊群遭到通缉，不得不被迫转入隐蔽活动。7月底，他被派往无锡，化名王津民，任中共无锡县委组织委员并代理书记。10月，他正式出任中共无锡县委书记。10月23日晚，中共无锡县委工会机关召开工人干部会议时，遭到反动警察的突然包围，孙逊群不幸被捕。关押期间，他正气凛然，宁死不屈，于11月13日在无锡南教场（南教场，是无锡南门城内最早的菜园行商集中地，当局将行刑之地选在这热闹场所，暗藏杀一儆百的企图。南教场地名如今已不复存在，现隶属于崇安区，在解放新村一带）惨遭杀害，为革命事业献出了他年轻的生命，江南农民运动也因此遭受了不小的损失。

为了新中国的成立，孙逊群虽然已捐躯将近百年，但他英勇献身的精神却时刻都在滋育着大家的心灵，成为了我们取之不尽、用之不竭的宝贵精神财富，他勤奋读书学习的精神，也同样成为了激励我们在新长征路上刻苦读书学习，不断提升思想境界和增强知识底蕴的强大动力，敦促我们为早日实现中华民族的伟大复兴而不懈奋斗。孙逊群永远活在我们亿万人民的心中，他永远是我们心目中高耸入云的一座精神丰碑！

# 教育泰斗王承绪

　　王承绪，1912年8月出生于江苏江阴县香山东麓的三甲里（现属张家港市金港街道柏林村）。他一生80年的从教生涯，铸就了他声名赫赫的我国比较教育学泰斗的重要地位。在中国教育界，在联合国教科文组织，"王承绪"这个名字已不单纯作为一个学者被尊崇，而是已成为比较教育学领域学术精神的引领者、学术思想的领导者。

　　2010年10月9日上午，王承绪先生的百岁华诞庆祝会在杭州举行，浙江省政府官员、国家教育部、联合国教科文组织的相关人员，以及从世界各地赶来为恩师祝寿的600多位弟子，出席了这次华诞庆祝会。在这次庆祝会上，王老先生还收到了中国高等教育学会专程给他送来的一份特殊礼物——"高等教育科学研究特殊贡献奖"的荣誉称号。

　　已经满头白发的王承绪老人，今天穿着一身浅绿色格子的西装，配着一条喜庆的大红领带，尽管是坐在轮椅上，但依然显得精神矍铄，光彩照人。当他在众弟子簇拥下步入会场，微笑着跟宾客们打招呼那一刻，全场顿时掌声雷动，经久不息。

　　庆祝会上，发言踊跃，赞语声声，每一个人的发言都是从内心深处表达出来的对王老的无限钦敬之情。"最让我敬佩的是恩师笃志践行的教育报国信念。"王承绪的学生张民选抑制不住内心的激动，深情地这么说。事实也确实是如此，1938年，王承绪考取"留英庚款"留学生，去到英国伦敦大学攻读教育学。第二次世界大战一结束，他就听从祖国和母校的召唤，放弃了待遇优渥的英伦生活，中断了正在进行的科学研究，推迟了完成博士论文的机会，毅然决然地即刻回国，将践行"教育报国"的诺言放在了第一位。他搭上了英国战后第一艘开往中国的货船，因为货船需要沿途停靠卸货，所以从伦敦到上海，沿途停停走走，漂泊了3个半月，才好不容易回到了祖国。

王承绪一生淡泊名利，始终将教育学生视作自己的天职，为此而倾注了自己的全部心力。7年前，联合国教科文组织要授予他"亚太地区教育革新终身成就奖"，请他去上海接受颁奖，可王承绪却回答说："抱歉，那天我要上课，来不了。"联合国教科文组织得知这一情况后，大为感动，便临时决定破例到杭州来为王承绪颁奖。

凡接触过王承绪的人，都会被他孜孜不倦、永无止境的好学求知精神所感动。王老在80岁高龄后仍是丰产期，出版了《比较教育学史》《中外教育比较史纲》等专著。90多岁高龄时他还坚持给博士生上课，亲自指导了10余名博士生。阚阅是王老93岁时收的弟子，他说："我刚读博士生时以为王老这么大年纪了，不会亲自给我们上课了。没想到，王老坚持用英文原版教材给我们上了整整一个学期的课。"90多岁的王承绪先生尽管手脚已不十分灵便，可他依然跟年轻人一样，满怀热情地学起了计算机，他的《汉译世界高等教育名著丛书》，就是用计算机一字一字敲出来的。

与王承绪交往甚密的中国教育学会会长顾明远说，每次看到王老时，他不是捧着书在阅读，就是忙着在搞翻译，"我请他来北京，没想到他一下飞机就跑去图书馆查看有没有新资料。"王老喜欢泡图书馆是出了名的，考虑到王老年龄大了，浙江大学西溪校区图书馆还特别为他添装了电梯。

无论是年长还是年幼的弟子们，对恩师王承绪关爱入微的言传身教都刻骨铭心。张民选记得自己接受面试时，王老以鼓励的神情耐心地听完他不那么自信的回答后，平易谦和地指出了他答辩中的偏颇和不足之处。第二天一早，老先生竟然还骑着自行车来到张民选在杭暂栖的简易平房旅舍，"他说来为我送行，还为我带来几十页有关英伦教育的影印件，嘱咐我在乡间教学之余，阅读原著，尝试翻译，并在阅读和翻译中学习教育的历史，确立教育的理想。"张民选说起这段往事，话语中满是感叹，"这绝不仅仅是为学生的一次送行，而是一位伟大的教师，用他慈父般的关爱和独特的方式，给一个即将入门的弟子上的一堂让他永远珍藏于心的启蒙课。"

王承绪先生一直把陶行知的名言"捧着一颗心来，不带半根草去"奉为自己的座右铭。面对众人的祝福，王老依然一如既往地以他特有的谦虚说道："没有新中国60多年教育事业的发展，没有30多年来的改革开放，我的许多成绩都是不可能取得的。今天的庆祝会，与其说是为我百岁庆贺，不如说是为中国教育事业和比较教育取得的成果和发展机遇而庆贺！"说到这里，老人的脸上绽开了慈祥的笑容，显露出了他发自肺腑的真诚心意。

躬逢这样隆重的盛会，聆听着王承绪感人的话语，以及人们对他的一片赞誉之声，他一生不平凡的经历，也就自然而然地一一重新映现在大家的眼前：

## 无锡中学启蒙　浙江大学深造

王承绪先生 6 岁入私塾，7 岁入新式小学。初中毕业后，他进入无锡中学师范科进行为期 3 年的学习。这段经历给王承绪留下了深刻的记忆。无锡中学有着很强的师资力量，很多教师都是大学毕业生或研究生，其中不少教师在江苏教育界都是有影响的人，他们有着很多新的教育思想。普通科和师范科名称虽然不同，但授课教师其实是一样的。当时学校开设了"外国教育史"这门课，使王承绪对外国的教育理论和实践有了初步的认识和了解。

因在校学业成绩优异，1931 年王承绪获得了保送南京中央大学的资格。1932 年，当他准备前往南京时，焉料南京中央大学却因发生学潮而停止招生，王承绪也就未能如愿成行。尔后在无锡中学师范科主任吴伯昂的推荐下，王承绪到浙江大学教育系借读。由于学习刻苦、成绩出色，一年后他便转为正式学生。当时的浙江大学教育系名师荟萃，在郑晓沧先生的带领下，1929 年出版了中国第一部比较教育教科书，这比美国哥伦比亚大学师范学院艾萨克·康德尔 1933 年出版的对后世影响巨大的教科书还早了 5 年。20 世纪 30 年代，"教育救国论"在中国颇为盛行，王承绪也深受影响，并由此逐渐形成了学习借鉴国外优秀经验发展本国教育事业的观念。在一年级的时候，他就撰写了《意大利的新教育》一文，发表在 1933 年第 9 号的《江苏教育》上。此后，他陆续在《教育杂志》《中华教育界》等杂志上发表多篇介绍苏俄、波兰、墨西哥、土耳其等国教育状况的文章。

## 留学英伦创立《东方副刊》

1938年5月，完成学业留在浙江大学担任助教的王承绪，获知了中英庚款董事会发布公费留英考试的消息，内心很是高兴。这届考试因首次增设了1个教育学名额，这就更是吸引了教育界中的很多青年，王承绪也参加了这届考试，并一举得中。1938年10月，王承绪乘船抵达伦敦，进入伦敦大学教育学院学习。

在英国留学3年后，1941年王承绪获得教师证书和硕士学位。此后，王承绪在战火纷飞的英伦展开了"超越战争的战时比较教育研究"。

第二次世界大战时期，缅甸失陷后，中国对外交通被阻断。为打破日本侵略者日益加剧的文化封锁，在商务印书馆总经理王云五先生的支持下，20名留英学生组成编辑委员会，由王承绪担任编辑委员会总干事，创办《东方副刊》，将国外最新出版的有重要学术价值的出版物介绍到国内。编辑委员会的其他成员包括王大珩、史家宜、朱树屏、吴元黎、周书楷、马润庠、陈仲秀、张民觉、张自存、赵金镛、赵德洁、蒋硕杰、谢志耘、苏拯等。在今天看来，这个编辑委员会的阵容无疑是非常强大的。王承绪不仅是《东方副刊》的编辑者，也是非常活跃的撰稿者。从1944年11月《东方副刊》正式发刊，到1947年1月王承绪从伦敦返回中国，整整20期杂志中，王承绪共发表了27篇文章，竟占到全部发表论文的1/10，其中有关国际和时政问题的文章9篇，有关外国教育制度和思想的 15 篇，有关国际教育合作的 2 篇，还有 1 篇是关于外国社会科学发展的文章。王承绪等留英学生以自身专业为基础，以增加国内对国际问题的了解和认识为目的，以实际行动践行了学术救国的思想，为抗日救亡运动做出了应有的贡献。

## 与教科文组织结缘

王承绪在其比较教育研究中很早就关注到国际组织的重要作用，这从他发表在《东方副刊》上的《国际教育合作之前途》《国际联盟与教育合作》等文章中就可以看出端倪。在英国求学期间，他与英国比较教育学界重要人物约瑟夫·劳锐斯交往密切，这为他参加具有历史意义的促成建立联合国教科文组织的同盟国教育部长会议创造了条件。1946 年，正在伦敦候船返国的王承绪出席了同盟国教育部长会议，同时也参与了联合国教科文组织成立大会前的一些筹备工作。当时教科文组织筹备委员会秘书处的一项紧迫工作，是编辑《基本教育》一书。编辑委员会由中国的郭有守任编委会主任，美国的霍姆斯任主编，美国著名比较教育专家康德尔任顾问。编委会邀请康德尔、赵元任、劳锐斯等 33 人撰写专稿，其中，王承绪撰写了《略论基本教育》一文。该书于 1946 年联合国教科文组织成立大会前出版，中文版则由王承绪翻译并于 1947 年和 1948 年由商务印书馆出版。1946 年 11 月联合国教科文组织在巴黎召开成立大会，当时的南京国民政府派出以赵元任为团长的 22 人代表团参加大会，王承绪、钱三强等担任代表团秘书。王承绪在参会之余，撰写了长达六千言的《联合国教育科学文化组织会议的经过和观感》，全面介绍了会议过程和重要内容，刊发在 1947 年 1 月的天津《大公报》上。

回国后，王承绪继续参与教科文组织的有关活动。1948 年秋，联合国教科文组织在南京召开远东基本教育国际会议，王承绪担任了中国代表团专员。他会前在《教育通讯》杂志发表文章介绍远东各国基本教育情况，会后陪同各国代表到无锡、苏州、上海、杭州等地参观访问。中华人民共和国成立后，由于外交和政治上的原因，王承绪暂时中断了与教科文组织的联系，直到改革开放后才得以恢复。1980 年年初，在教育部中国联合国教科文组织全国委员会的推荐下，王承绪当选为教科文组织亚太地区教育合作咨询委员会委员。在 1980—1991 年任职期间，王承绪参加了在泰国、菲律宾、印度尼西亚召开的 6 次咨询委员会会议（在泰国召开了 4 次），并在泰国清莱会议上担任会议副主席。20 世纪 80 年代初，在他的努力下，杭州大学成立了"亚太地区教育革新为发展服务计划（APEID）联系中心"，该中心成为改革开放后教科文组织在中国建立的最早的联系中心之一，成为与教科文组织合作的新平台。

### 扎根祖国垦拓比较教育

1947 年 1 月，王承绪夫妇接受郑晓沧先生和竺可桢校长的邀请，登上了战后第一艘开往中国的货船，辗转 3 个多月后回到祖国。王承绪一回到浙江大学，就立刻去上课，在图书和资料短缺的情况下，他以带回的一些英国和苏联的书籍为教材，开设了"比较教育""外国教育论著选""群众教育"等课程。

一年之后，他开始兼任教育系主任。此后，随着中国高等教育系统的调整，王承绪先后在浙江大学、浙江师范学院、杭州大学和新组建的浙江大学任教。在1958—1978年这20年中，"大跃进""反右运动""文化大革命"等政治风潮打破了大学的宁静。但即使是在这种情况下，在杭州大学任教的王承绪也没有放松对比较教育的研究，他参加杭州大学外国教育资料编译组，先后和南京师范大学、华东师范大学教育系合作开展《西方资产阶级教育论著选》《西方古代教育论著选》和《现代西方资产阶级教育流派论著选》的翻译工作。这些译著在20世纪60年代和80年代陆续出版，并成为师范院校教育系的主要教材。

改革开放以后，王承绪迎来了他学术生涯新的春天。1979年，中国教育学会外国教育研究会（从1983年起外国教育研究会改名为比较教育研究会）成立后，王承绪长期担任研究会的顾问。1981年，杭州大学建立比较教育研究中心和以研究外国教育为主的高等教育研究所，王承绪担任了这两个学术机构的负责人。

1983年11—12月，王承绪与华南师范学院朱勃教授接受国家教委委派，赴英法两国考察比较教育。通过这次大规模的考察访问，王承绪一行了解到英法两国有关比较教育的课程设置、人才培养、科学研究等方面的发展状况，也了解到联合国教科文组织等国际组织在国际教育交流与合作方面采取的战略和举措。1984年，王承绪亲自召集和组织学界同仁在杭州大学举行全国比较教育学科建设讨论会。

在人才培养方面，王承绪为杭州大学恢复高考后招收的学生开设了比较教育课程；1981年开始招收比较教育硕士研究生；不久以后，杭州大学同北京师范大学成为首批获得比较教育学博士学位授予权的高校，王承绪和顾明远成为首批比较教育专业博士生导师。同时，为解决教材缺乏的问题，王承绪与朱勃、顾明远一起，经过两年的共同努力，编写了一部比较教育学教科书——《比较教育》，获国家教委高校优秀教材二等奖，在国内外产生了很大影响。为提高研究生培养的水平，他还先后邀请罗伯特·阿诺夫教授、卡扎米亚斯教授、基思·莱文教授等国际知名的比较教育专家开设讲座和授课。

在科学研究方面，王承绪在"六五"至"十五"期间陆续承担了"战后英国教育研究""各国高等教育比较论研究""英、法、德、苏高等教育思想与制度比较研究""发达国家高等教育政策比较研究"和"英国教育现代化研究"等一系列国家重大课题的研究工作，并在此基础上形成《战后英国教育》《中外教育比较史纲》《比较教育学史》等重要学术著作。王承绪还非常注重引介国外新的理论、思想和观点，他组织编译的"汉译世界高等教育名著丛书"成为国内高校比较教育和高等教育专业的必读书目；他翻译出版了当代美国著名高等教育专家伯顿·克拉克的多部著作，使杭州大学以及四校合并后的浙江大学成为国内引介克拉克最新学术成果的中心。

在学术交流方面，20世纪80年代末至90年代初，王承绪利用与英国有关机构和高校业已建立起的联系促进开展校际合作与交流。1986—1994年，王承绪亲自担任了杭州大学和苏塞克斯大学学术交流项目中方协调人。从1986年起，两校的学术交流被正式纳入英国文化委员会的"英中学术交流计划"之中。在英国文化委员会的资助下，两校在学者互访、联合培养博士生、共同研究等方面进行了富有成效的交流。

王承绪在比较教育事业上所做出的贡献，赢得了国际学术界的高度认可和肯定。1993 年，王承绪荣获伦敦大学教育学院在其百年历史发展中首次授予的"荣誉院士"称号。2003 年，王承绪获得联合国教科文组织首度颁发的"亚太地区教育革新终身成就奖"。

此奖彼奖，这杯那杯，无疑都是对一个人成就和贡献的充分肯定和褒奖，然而不管是什么奖什么杯，说到底还是比不上群众的口碑。在王承绪百年华诞之际，经过浙江大学全校师生的民主推荐和投票评选，王承绪光荣地成为了浙江大学"三育人"标兵。对此，浙江大学校长杨卫十分动情地说的这一番话，正好道出了浙江大学全校师生共同的心声："这是广大师生对先生（指王承绪先生）崇高风范表达崇高敬意的最好体现，也是送给先生百年华诞的最好礼物。"

在这欢庆王承绪先生百年华诞的这一重要节点上，细细追忆王承绪先生曲折漫长的学术生涯和丰富多彩的学术传奇，反复品味和涵咏他出色的教学业绩及丰厚的学术成果，我们显然都会有新的感受，新的收获，都会对他在比较教育方面所做出的巨大贡献，有越发深刻的认识和深切的体会。

## 一、承前启后，薪火相传

露丝·海霍（许美德）称王承绪先生为"中国最有影响力的比较教育研究者""比较教育的领军人物"。他对王承绪做出如是评价，确有其充分的根据。细数新中国成立前后从事比较教育学术研究之人，仅有檀仁梅（1908—1993年）、王承绪、朱勃（1919—1988年）等老一辈学者。檀仁梅、朱勃两位先生虽学贯中西，可惜天年不假，才智未能得到充分发挥。在此背景下，王承绪先生在20世纪80年代虽然已过退休年龄，但他仍决心重开中国比较教育研究之门，当真是精神可嘉，难能可贵。

合作编写新中国成立之后第一部《比较教育》教材，是王承绪先生重开中国比较教育研究之门的标志。1978年6月，教育部在武汉召开高等学校文科教学工作座谈会，制订了《高等师范院校教育系学校教育专业的教学方案（征求意见稿）》，决定开设比较教育课程、编写比较教育教材。自1980年起，王承绪、朱勃、顾明远等学者应邀主持编写新中国成立之后第一部《比较教育》教材，并于1982年作为试用教材出版。编写这部教材时，王承绪先生发挥了非常重要的作用，直接证据是王承绪先生在该教材中一直署名首位；核心证据则是这部教材在比较教育的学科定位、研究方法、基本立论以及整体框架设计等多个方面，基本借用了王承绪先生早在1979年发表于《杭州大学学报（社会科学版）》第4期的论文《从国外比较教育学科发展的现状看我国比较教育教学中的若干问题》中的观点。

这部《比较教育》教材，经多次修订再版，至今仍被广泛使用。它为何拥有如此强大的生命力？直接原因或许在于，它是新中国成立以来的第一部比较教育教材，但深层次原因则在于，这是一部经得起学术评价和时间考验的经典教材。王英杰教授在2003年重读该书时，从这几个方面论证了它的经典性：基础性、原创性和科学性，以及求实和求真的学风。其中，它所彰显的学风是，以深厚理论造诣为基础，以读者为本，而不是以作者为中心、以作者的利益为驱动；深入浅出地表述理论，经得起学有所成的学者反复研读，也可供初学者潜心学习、深入钻研。据此，王英杰教授断定，"《比较教育》是一部学风严谨、文风朴实的基础之作、经典之作。我已经读过多遍，还会再读，也建议从事比较教育的青年学者们反复阅读，我相信会有所收获，且会常读常新。"凭借这部教材，王承绪与朱勃、顾明远等诸先生齐心协力，初步完成了继往且开来、学术传薪火的历史重任。

王承绪先生心系天下，一生向学，终成一世师表。在他的熏陶和影响下，天南海北的学子都追随其脚步，在中华民族伟大复兴的道路上躬耕前行，开拓创新，取得了卓著的成绩。王重鸣博士提出由浙大领衔创建"国际丝路创业教育联盟"，将中国的创业教育与国际上的创业教育融合。林正范博士传承和发扬先生的"精神的力量"，创新运用比较教育的理论和方法，提升未来教育家的组织领导力。李振玉博士把先生的"比较教育要关注国家发展战略"的教诲，用到了"海南国际教育创新岛"的人才培养和引育的创新上。顾建新博士在先生的引导鼓励下，在浙江师范大学参与创建了国内高校首家综合性非洲研究院。徐小洲博士的研究报告《关于进一步完善浙江高考制度改革的若干建议》、阚阅博士的著作《英国教育治理研究》等，也都荣获浙江省哲学社会科学最高奖……总之一句话，王承绪先生作为首位"浙江省终身学习研究会"研究传承的大先生，为众多后学树立了终身学习和修为终身的典范，为浙江省教育和科学事业的发展，做出了不可估量的巨大贡献。

## 二、教育比较，返本开新

任何一门学科，都难以仅靠一部教材就实现勃兴并臻于精深。由于历史的原因，改革开放初期中国比较教育已耽搁了30余年，与西方的差距甚大。要想对内夯实学科基础、对外全面快速地实现追赶，"返本"与"开新"同时并举的策略当属首选。"返本"，旨在探求学术之本源、本体及本真；"开新"，则是推动学术发展，达到新的境界。事实证明，王承绪先生此后的比较教育研究，确实充分体现了"返本开新"的学术发展策略。

王承绪先生在比较教育研究方面的"返本"战略，主要依赖这两大基点：一是坚持贯通外国教育史与比较教育研究，以紧扣教育比较的历史之本；二是不计名利地忘情翻译西方教育名著，以追溯比较教育理论发展之源。王承绪先生一直强调，自己首先是一位外国教育史研究者，改革开放之后才基于时代需要重点开展比较教育研究；教育史研究是他建构学术大厦的基石。观今宜鉴古，无古不成今，比较教育研究，就是教育史向现代的延伸，不深入了解教育史，就无法开展高水平的比较教育研究。王承绪先生多次如是强调他的教育史观：就中国而言，不可忽视、难以回避的是"孔子—董仲舒—朱熹—蔡元培"等发展节点的历史演绎；就西方而言，需要关注的则是"柏拉图（以《理想国》为载体）—卢梭（以《爱弥尔》为载体）—杜威"等关键性节点构成的三点一线。王承绪先生翻译西方教育名著、追溯比较教育理论发展之源的工作，最早开始于新中国成立之前，即借参加联合国教科文组织成立大会之机，翻译了该组织编写的首部著作《基本教育》（商务印书馆，1947年、1948年）。新中国成立之后，研究环境发生变化，比较教育研究被迫中断，王承绪先生转而从事西方教育名著的编译工作。迨至改革开放，为了向外借鉴，也为了重新融入国际学术界，王承绪先生更加积极地从事学术翻译工作，并一直持续到 21 世纪初—2008 年人民教育出版社出版其收官译作《大学的持续变革：创业型大学新案例和新概念》。1947年以来的 60 年间，王承绪先生共独立和主持翻译西方学术名著26 部。

王承绪先生"返本"战略的集大成性成果，则是《比较教育学史》（人民教育出版社，1999 年）。这是一部比较教育学术史著作。它以全球性视界，紧扣各个时期的重要人物和主要学术流派，要言不繁地廓清了比较教育诸家学说的发展历史，为后辈学习、研究比较教育思想史提供了按图索骥的便利，赢得了顾明远先生"历史钩沉向未来"的评价。没有百年生活史、没有近 80年的学术研究史，根本不可能如此简明扼要地梳理出如是丰富深刻的比较教育学说史。

学术研究，返本是基础，开新乃鹄的。王承绪先生在比较教育研究领域的"开新"性成果，有具体的学术著作，更有由他首倡和具体推动发展的新兴学科分支。就学术著作而言，其中规模最巨、影响力最大者，当数他在 20 世纪 90 年代与张瑞璠先生共同主编并广邀国内学术精英集体编写的三卷本著作——《中外教育比较史纲》（山东教育出版社，1997 年）。在王承绪先生等编写者看来，该著作通过宽视域、多学科的中外教育比较研究，开创性地"融比较教育、中外教育史及文化科技交流史于一炉，这在教育科学研究中尚无先例。"露丝·海霍认为，这套著作是王承绪先生最为重要的学术成就，实质性地开展了深层次的教育比较研究。"长期以来，比较教育意味着外国教育调查和一般的观察，目的在于促进本国教育的改革，因此并没有真正的比较。王先生这一生最大的学术成就在于探索和理解了中国教育史和欧洲教育史之间能导致持久而有效变革的深层次联系。"更为重要的是，它突破了西方中心主义的研究局限，真正开展了以中国为基点的、本土化的比较教育研究。这部巨著"以自己的方式对中国在世界教育思想史中的重要性展开了充分的论证，即把当代以及新近出现的教育问题与困境放在漫长的历史演变中加以考察。在过去的一个世纪里，中国从外国接收和引进了很多进步的教育思想，但这些思想必须联系中国自己丰富的教育思想和实践遗产来理解。随着我们进入21世纪，且在中国越来越被指望在全球社会发挥领导作用的时刻，对中国文化教育遗产的理解将根基于中国思想和西方思想的综合。王承绪先生的学术领导作用已为这种理解与交流奠定了基础。"这项学术成就充分体现了王承绪先生"在中国和英语世界之间架设桥梁的一生"的独特价值，顾明远先生给予了"集中外智慧，探育人真谛"的极高评价。在学科发展领域，王承绪先生最大的"开新"性成果就是在国内首倡并身体力行地建设比较高等教育分支学科。1982年原杭州大学高等教育研究室成立时，王承绪先生开设了比较高等教育课程，撰写了讲稿《比较高等教育引论》。值得注意的是，当时阿特巴赫《比较高等教育》等著作尚未被翻译引进，而在该讲稿中，王承绪先生正式使用了"比较高等教育"一词，这在国内尚属首次。从1987年起，王先生主编的"外国高等教育丛书"相继问世，《学术权力：七国高等教育管理体制比较》《高等教育新论：多学科的研究》《高等教育哲学》《高等教育系统：学术组织的跨国研究》等译著，影响深远。杨汉清教授等认为，"这些成果将对我国比较高等教育作为一门分支学科的形成起到十分重要的作用。"从 1999 年开始，通过校译原译著和增补新译著，王承绪先生在浙江教育出版社推出了《汉译世界高等教育名著丛书》，进一步推进了中国特色的比较高等教育学科的发展。

进入 21 世纪后，鲐背之年的王承绪更是与时俱进地指出，新时期教育发展的新机会就是创新创业教育，并从此将目光聚焦在（创新）创业型大学建设的比较研究中。2003 年和 2008 年，他相继翻译出版了两部有关（创新）创业型大学的重要论著《建立创业型大学：组织上转型的途径》《大学的持续变革：创业型大学新案例和新概念》，为创业型大学建设提供了有益的国际经验与典型示范，为当前我国高等教育领域继 "211 工程" "985 工程" 之后的 "双一流" 创建，提供了极为重要的参照与镜鉴，可谓是居功至伟。

### 三、弘扬实学，明体达用

王承绪先生的学问，在 "返本开新" 之际，继承和光大了旨在 "明体达用" 的传统 "实学" 精神。宋明以来，知识分子的重大进步之一就是对 "实学" 精神的自觉践行。二程（程颢、程颐）曾言："经所以载道也，器所以适用也。学经而不知道，治器而不适用，奚益哉？" "实学" 追求 "道" 与 "器"、"体" 与 "用"、"知道" 与 "适用" 的统一。"知道" 旨在 "明体"，"适用" 意即 "达用"。与 "实学" 传统一脉相承，王承绪先生的比较教育研究特别强调三大功用：学术、借鉴及咨政。其中学术目的旨在"明体",借鉴与咨政则是"达用"。王承绪先生曾担任浙江师范学院教育系主任、副教务长、浙江省政协副主席等职,为发挥比较教育的借鉴、咨政功用做出了多方面努力。但作为一个书斋型学者,他的比较教育研究重点彰显了"实体""实用"两个方面的学术功用。

首先,王承绪先生"返本开新"式的"实学"成就,为中国比较教育、比较高等教育研究奠定了必要的知识基础。他翻译出版的26部著作,至今已有10部被多次再版。在《高等教育研究》杂志1998—2007年的论文被引文献排名前24位的著作中,王承绪先生的3本译著《高等教育哲学》《高等教育系统:学术组织的跨国研究》及《高等教育新论:多学科的研究》分别名列第一位、第二位、第十一位。龚放教授以CSSCI期刊2000—2004年教育研究论文为分析对象,在被引最多的30本译著中,王承绪先生有5本译著入围。龚放教授在当时甚至预言,"下一个五年如果再作CSSCI数据统计分析,一定会有更多的王老及其学生的译著进入被引最多的译著行列。""时隔两年,在2005—2006年教育学论文引用最多的53本外国著作中,王老及其弟子翻译的外国高等教育名著果然有11本入围,如果加上先生所译杜威的经典名著《民主主义与教育》,就有12本,占入围总数的26.42%。在被引最多的前八名中竟有一半,在被引最多的前五名中居然有三种!"王承绪先生通过名著翻译为中国教育研究界所奠定的知识基础,不仅为培养教育研究者所必需,而且更应看到,"学术翻译方面的扎实工作,有效地提供了来自国际社会的一系列理念和观点,并对20世纪80、90年代高等教育和其他领域的改革产生了积极影响。"

其次，"返本开新"式的"实学"成就，为中国比较教育研究奠定了方法论基础。1978 年以来，王承绪先生持续探索比较教育研究方法，构建了涵括哲学层面的研究方法论、中层的学科研究方法、具体的研究方式和包括操作技术在内的完整方法论体系。就哲学层面的比较教育研究方法论而言，王承绪先生认为，应以辩证唯物主义和历史唯物主义为基础，以联系的、发展的观点来研究问题，从内在的本质来分析问题，用实践的标准来检验理论。就中层的学科研究方法而言，王承绪先生以比较高等教育研究为突破口，在国内率先倡导借鉴社会科学研究方法，从比较的角度开展高等教育的多学科研究。1988 年，王承绪先生翻译出版了伯顿·克拉克主编的 Perspectives on Higher Education（中译名为《高等教育新论》），展示了西方学者从历史学、政治学、经济学、组织学、社会学、文化学、科学学、政策学八个学科视角研究高等教育的学术成就。此书翻译出版之后，在国内掀起了高等教育多学科研究的热潮，出版了潘懋元的《多学科观点的高等教育研究》（上海教育出版社，2001 年）、徐小洲的《高等教育论：跨学科的观点》（人民教育出版社，2003 年）等多部富有影响力和代表性的著作。就比较教育具体的研究方式和操作技术而言，王承绪与张瑞璠等学者针对比较教育研究中难以处理的古今（时间维度）、中外（空间维度）、史论（思想维度）关系，提出了如下观点：立足中国、放眼世界；以史为经、以问题为纬；纵横比较、横向为主；有所侧重、不求全备。王承绪先生这套比较教育研究方法体系，至今已成了中国比较教育研究界的基本共识，后辈学人大多从其学说、习其观点、受其教育，即便有学者持不同立场，但谁也无法漠视、回避其思想影响。

## 四、修德内圣，物我两忘

在此前 100 年的生活、80 余载的学术生涯中，王承绪先生以恭敬虔诚、竭尽心力的态度，鞠躬尽瘁地为中国学术界、教育学界贡献自己的才智，并展现、诠释了诸多难能可贵的学术精神。在中国教育学界，王承绪先生已不单纯作为一个学者被尊敬，他已成为一个神话、一段传奇、一位偶像、一大象征，并已升华为一系列学术精神的标志。也许王承绪先生的学术观点会被后辈发展甚至超越，但他的学术精神，是令后辈高山仰止的永恒财富。

王承绪先生非常重视品行砥砺和德性修养，并且所修皆为大德；而德之大者，莫若于爱国救国、报效祖国、献身民族。王承绪先生出生之时，恰逢民国初立，外患未除且内乱频繁，军阀混战、国难当头，各种救国思想层出不穷。受此熏陶，早在浙江大学求学之时，王承绪先生就作为杭州学生运动组织者，于 1935 年最早响应"一二·九"运动。独特的成长经历，使王承绪先生逐渐坚定了爱国、救国、强国的梦想，树立了救国必由教育、中国教育亟须改革与追赶、而改革与追赶的捷径即在于比较和借鉴的学术信念。遗憾的是，抱定救国理想的王承绪先生，1947 年应浙江大学校长竺可桢之邀回国后，未能躲过"反右""文革"的风暴。然而，经历了中华民族最曲折跌宕的 20 世纪的王承绪先生，改革开放以来依然把自己满腔爱国、救国、强国的热血，与时俱进地从教育救国转换到科教兴国上来，在 70 岁高龄后焕发出了学术生命的"第二春"。这一切，都深刻地体现了知识分子最自然本真的精神品质和最货真价实的学识水平。

王承绪先生的学术生涯曲折漫长，人生传奇丰富多彩，其中最突出最耀眼的成果就是对"比较教育学"的研究与贡献。而这样的研究和贡献，都充分表现出他的忘我精神和无我境界！"忘我"是基础，在"忘我"中升华到"无我"的高度，才是王承绪先生学术生涯的真精神。"无我"则无欲无求、超然物外，进而臻于"物我两忘"的绝顶境界，这既是一种学术境界，更是一种人生境界。这样的学术和人生境界，根基于王承绪先生的终生修养。幼时他接受国学熏陶，留学英伦时获得英国绅士教养，这使王承绪先生能将中国儒家文明的精髓与英国博雅教育的神韵集于一身，从而使他做学问与做人都抵达了一流的境界。这种境界，就有如王维《鸟鸣涧》一诗中所说的那样："人闲桂花落，夜静春山空。月出惊飞鸟，时鸣深涧中。"虽然清新雅致，幽香淡淡，却能沁人心脾，恒久流传。人们普遍认为，王承绪先生业已臻于王维诗中所描述的这一境界，这绝非是过誉之词，而是有余立先生的诗作《晤王承绪教授》可以为证：

"一见倾心十载从，中西学贯说元龙；精神矍铄今犹昨，笑语温良我愧公；晚岁依然多述作，华年早已决雌雄；相期去国开新域，促膝燕京话别衷。"

"笑语温良""中西学贯""晚岁述作"，诚哉斯言，这端的是王承绪先生最恰切真实、最生动形象的写照！

从浙江大学借读本科生到一名正式的优等生，从庚款留英到回国任教，从浙江大学助教到终身教授，从在联合国教科文组织工作到浙江省政协任职，王承绪先生的一生波澜起伏，辉煌壮阔。他不仅学识渊博，治学严谨，而且在学术之外，还非常重视品行砥砺和德行修养，所以在中国教育界，王承绪先生已不单纯是作为一个学者被崇敬，而且他已成为一个神话、一段传奇、一位偶像、一大象征，一句话，他已升华为一位诸多精神的引领者。所以尽管现在他业已故去，但人们在无比怀念他的同时，也总是在重温他留下来的许多宝贵精神财富。

浙江大学竺可桢老校长曾意味深长地说过："假使大学里有许多教授，以研究学问为毕生事业，以教育后进为无上职责，自然会养成良好的学风，不断地培植出博学敦行的学者。"非常有意思的是，在浙江大学任教的王承绪教授，正好以他八十载的教育探索生涯，对竺可桢老校长的这番话做出了最好的诠释，甚至也可以说是他给竺老校长交出的一份至为漂亮的答卷。

（浙江大学有关部门和屠关雄供稿，丁品森修改润色）

# 混凝土宗师吴中伟

　　吴中伟是我国混凝土科学技术的奠基人、著名无机非金属材料科学家，由于对水泥混凝土材料和技术研究的突出贡献，他于1994年当选为中国工程院院士，1998年荣膺中国工程院资深院士，并荣获何梁何利基金1999年度科学与技术进步奖。他在国内外发表学术论文百余篇，出版专著8本及诗文选1本。他编著的《补偿收缩混凝土》《膨胀混凝土》《水泥基复合材料导论》等被认为是混凝土科学方面的经典著作。20世纪50年代起，他历任中国建筑材料科学研究院工程师、室主任、副院长、总工程师、技术顾问。1964年，他当选为第三届全国人大代表。1978年起，他兼任清华大学教授、博士生导师。1982—1985年，他兼任武汉建材学院副院长、北京研究生部主任。1992年，他担任国家自然科学基金项目"三峡大坝混凝土耐久性及破坏的研究"、国家"九五"重点攻关项目"重点工程混凝土安全性研究"的技术顾问。2000年2月4日在北京逝世，终年82岁。

## 少有大志，"爱祖国，惜寸阴"

1918年7月20日，吴中伟出生于江阴香山东麓七房庄（现属张家港市金港街道柏林村）的一个书香家庭。父亲吴瑞祯毕业于上海美术学校，后回乡执教。吴中伟出生后刚满百日，就举家迁居江阴新桥外祖母家。吴中伟先后就读于新桥小学、无锡试验小学、梁丰初中，1936年毕业于江苏省立苏州高中，同年考入南京中央大学土木工程系。学生时代，他就怀有鸿鹄之志，以"爱祖国，惜寸阴"作为座右铭，处处严格要求自己。他"爱祖国"的情怀，时时处处都得到了充分的表现，在以下四件事情上，更闪现出了至为耀眼的光华：一是1931年他在梁丰初中读书期间，"九·一八"事变发生后，小小年纪的他就奋起行动，和学校中的爱国师生一起，积极参加了抗日救亡的宣传活动。二是1945年5月，他被公派赴美国进修时，毅然决定改变自己的专业方向，将一心专攻混凝土技术作为突破口，以便更好地实现自己科技救国的理想。三是在与苏方谈判索赔一事时，面对蛮横霸道的苏方代表，他没有简单地采用针尖对麦芒、以硬碰硬的方法来作应对，而是利用自己的专业特长，充分发挥自己的智慧和才干，百炼钢化为绕指柔，以柔克刚，机巧地征服了对方，出色地维护了祖国的尊严和权益。四是在"文化大革命"期间，他虽然蒙冤受屈，但他的爱国之志坚定不移，爱国热情丝毫不减，始终一以贯之地为祖国的科学事业奉献了他所能奉献的最大力量。他"惜寸阴"的精神，也同样在他上学读书期间和参加工作以后，都得到了淋漓尽致的充分展现。他自己就曾说过，从12岁起，他就没有浪费过一点时间，他把别人用来玩的时间，都用于读书、学习。他在学校求学时，就十分喜爱诗文，学过格律诗和骈体文，而且在中学读书时，他就有《梅雪争春赋》《已不错先生传》等作品收入中学生作文集。他在校学习时的攻读之勤和用心之苦，岂不由此可见一斑了嘛？而更令我们感到欣喜不已的是，他始终恪守的"惜寸阴"精神，不仅给他本人带来了累累硕果，而且还在全社会产生了深远的影响，如今已播撒到了无数青年学子的心灵之中，成为了激励和推动他们前进的巨大动力。2019 年，吴中伟的子女回苏南老家寻根祭祖，沿着他们父母的足印，力求从他们早年生活的环境中，去感悟父母思想品格和人格魅力的动力和来源，他们在新桥（吴中伟外婆家所在地）听镇志办主任讲述吴中伟在家乡刻苦学习的情况，去江阴图书馆、名人堂、院士馆和无锡市图书馆、吴文化公园参观陈列吴中伟事迹的展览，特别是在无锡市高等职业学院院士馆听青年大学生对"吴中伟院士'爱祖国，惜寸阴'精神"的讲解……一路走来，他们深切感受到，"爱祖国，惜寸阴"精神正在潜移默化、润物无声地向社会和基层广泛传播，历史接力棒在传到一代又一代人手中的同时，"爱祖国，惜寸阴"精神也随之积淀和融化在后来人的骨血里，成为人们共同守望的精神家园，绵绵不断地得到传承和弘扬。不仅如此，在吴中伟去世后，每逢春节，吴中伟原工作单位的总院领导、生前同事、学生和朋友，都要到吴中伟家中去看望慰问吴中伟的夫人、祭奠吴中伟；吴中伟青年科技奖获奖者也都到吴中伟家中，去看望吴中伟夫人，并向她汇报在"爱祖国，惜寸阴"精神鼓励下取得的成绩与进步。在"纪念吴中伟院士诞辰一百周年座谈会"上，来自美国、日本、新加坡、中国等 250 多家单位的600 余名专家学者和企业家代表参会，吴中伟生前的同事、学生和朋友，在发言中都讲述了与吴中伟相处的往事，从不同侧面生动展现了吴中伟"爱祖国，惜寸阴"的精神，和尊老、爱幼、谦逊、求真、敬业的品质，使在场的听众全都深受感动，潸然泪下。此外，吴中伟生前曾指导和帮助过的企业等，也都通过各种方式和途径，真挚表达了对吴中伟的深切怀念，以及传承他"爱祖国，惜寸阴"精神的坚定信念。所有这些，都足可以看出吴中伟"爱祖国，惜寸阴"精神的传播之广，影响之大，它仿佛就是一颗威力巨大的精神原子弹，在不断地影响和改变着人们的精神面貌，在有力地推动和促进社会的进步、发展。

## 非为名利，志在学习国外先进技术

1940年6月，吴中伟在重庆中央大学毕业，赴四川綦江导淮委员会任职，担任綦江水道闸坝设计和小水电站的设计与建造工作。期间，他参与研制石灰烧黏土水泥，开创了我国无熟料水泥研制应用之先河。

1945年5月，吴中伟公派赴美国进修。当时，他发现我国水泥与钢筋奇缺，混凝土技术更是十分落后，内心的触动非常之大，所以他到达美国之后，便毅然决定放弃自己原有的科研主攻方向，转行重点学习研究混凝土技术，立志彻底改变我国混凝土技术落后的状况，以使自己在科技救国之路上，能有一个新的突破，闯出一条全新的道路来。于是，他先后在美国垦务局丹佛材料研究所、陆军工程师团和加州大学，重点学习混凝土技术，并在公路研究所、国家标准局等单位进行实地考察。对于此行的目的，他有着非常理性的认识和特别自信的判断，这就正如他自己所说的那样："我此去非为个人名利，志在学习国外的先进技术，以期尽快改变祖国落后的工业面貌。"

## 勇于开创，组建第一支混凝土科研队伍

1946年10月，吴中伟学成回国，带了两大箱书籍和资料，去南京淮河水利总局任职。1947年2月起，吴中伟开始了在南京中央大学土木系的执教生涯，并在校长吴有训的支持下，在校内建立了我国第一个混凝土研究室，并组织起我国第一支混凝土科研队伍，吴中伟率领6名青年技术员，以极大的热情，干劲十足地开创了我国的混凝土科技事业。一个夏天的下午，吴有训校长来到研究室，看到了他们紧张工作的情景，不由十分感慨地说，真没想到，中大还有一批青年冒着酷热从事科学研究。这个研究团队经过艰苦的工作，很快就取得了大量成果，在2年内，他们就刊发了3期资料，既介绍混凝土基础知识，又起草混凝土的译名，吴中伟更是第一个提出了"混凝土科学技术"的概念。在这期间，他们还接受当时国内最大的工程——塘沽新港的委托，为30吨混凝土大块腐蚀崩溃问题找出原因，并提出解决办法，得出的结论是：破坏是海水冻融循环所致，应采用引气混凝土并改进混凝土配比与制作工艺。

## 报国有门，欣然投身大规模建设热潮

新中国诞生后，吴中伟看到了祖国的光辉前景，深感自己报国有门，欣喜万分，便决心以满腔的热情投身到大规模经济建设

的热潮中去。1949年8月，吴中伟欣然接受重工业部的邀请，赴京任职，参加新中国最早的建材科研机构、总院前身——重工业部华北窑业公司研究所的筹建工作，相继担任研究组组长和混凝土室主任。在工作过程中，他与塘沽新港、治淮工程等建设工地密切配合，推广混凝土新技术，包括建立实验室，推广重量配合比，现场质量检验，制订操作方法等。1952年我国兴建第一座混凝土大坝——安徽佛子岭水库，吴中伟受邀前往协助建立试验室，为解决混凝土施工中的技术问题，他不畏艰难不怕苦，连续3个月整天都奋战在露天工地上。20世纪50年代初，他结合国内迅速展开的基本建设，引进国外先进技术，在全国工业、交通、水电、城建、房建等大中型混凝土工程中，大力推介科学配合比设计、质量控制、冬季施工技术，取得了巨大效益。同时，他还与他人合作研制了国内最早的混凝土外加剂——引气剂，成功应用于塘沽新港、治淮工程等，并获得国家发明奖。另外，他还在国内首先提出大坝混凝土工程碱—集料反应问题，引起主管部门的高度重视；并协助长江科学院建立研究试验队伍，为预防我国水工混凝土病害做出了重要贡献。50年代中叶起，为满足经济建设中代钢代木的急迫要求，他组织开展了混凝土与水泥制品的研究开发与推广工作，使混凝土与水泥制品工业在我国得到了方兴未艾的发展，其中，自应力混凝土输水管、水泥农船等的产量跃居世界之首，成为极具中国特色的水泥制品产业标志。

**以柔克刚，出色维护祖国的信誉和尊严**

新中国成立之初，旅顺大连还有苏联驻军，1953年年初，苏方就中苏合建的军用机场跑道质量提出质疑，认为混凝土强度衰减，耐久性问题严重，原因是中方提供了不合格的水泥，在其中掺加了矿渣。据此，苏方提出了索赔 630 亿东北币（时值 2.5 座水泥厂）的要求，事情闹得很大，惊动了两国的总理。重工业部建材机构命吴中伟率 2 位工程师和几位技术人员前往解决。苏方由一处长与海军总工程师出面，他们挂着中校军衔，态度蛮横，盛气凌人，坚持索赔要求。吴中伟领导的中方小组坚持实事求是，尊重科学，不与苏方在口头争论方面纠缠不休，而是忍辱负重地投入紧张的研究工作。他们在当时条件很差的环境中，用当地原材料复制了大量试件，缜密考虑各种因素，逐个进行试验。他们刻苦的工作和用事实说话的科学态度，终于收到了以柔克刚的极佳效果，使苏方人员有所感悟，开始认识到中国专家是来研究和解决问题的，态度逐渐有了转变，不再骂骂咧咧，随意指责，而且还慢慢地表现出了一定程度的合作态度。经过 3 个月的艰苦工作，吴中伟他们取得了大量数据，并采用当时很少用的数理统计方法，制成了数十张图表来作具体形象、令人信服的说明，同时他们还引用了苏联学者首先提出的矿渣有利于耐久性的理论，使我方的观点显得更有理有据，更坚挺有力。最后，终于迫使苏方不得不承认我们中方的做法是有充分科学依据的，是完全正确的，并衷心感谢中方专家消除了他们的疑虑，为中苏合作做出了贡献。就这样，吴中伟率领的中方工作组，以严谨的科学精神和踏实的工作作风，不仅避免了苏方提出的巨额赔款，更是维护了祖国的信誉和尊严，使一场看似山雨欲来风满楼的巨大风波，最后终于烟消云散，迎来了一片阳光灿烂的大好晴天。

## 无私忘我，没日没夜勤奋工作

1954 年建材工业部在北京管庄建立了水泥工业研究院，吴中伟任混凝土室主任，可当年他的家却安置在东单东堂子胡同一个四合院内，两地相距较远，考虑到在管庄上班往返路程要花费较多的时间，为使自己能将更多的精力投身于工作中，吴中伟就住在管庄的宿舍内，每星期周末才回家与家人团聚。1959 年吴中伟任水泥研究院副院长兼总工程师，1962 年起任建材工业研究院总工程师兼《硅酸盐学报》主编。那时候，他不仅要指导并参与有关的科研项目，同时还要经常出差去外地，为若干大型工程建设出谋献策，每一天都是除了工作还是工作，简直是忙得不亦乐乎。人们都说，吴中伟是个工作狂，为使自己的事业搞得更加出色，更见成效，他总是没日没夜地全身心投入到工作之中。有时候，即使是在北京城里开会，他也会像古时治水的大禹那样，常常是虽过家门而不入。

## 身处逆境，依然不坠爱国之志

在 1966 年开始的"文化大革命"风暴，一下子就席卷全中国，吴中伟也难以幸免，1967 年，他被囚居于管庄。但即使是处在这样的境况下，吴中伟依然在为我国混凝土与水泥制品的发展，日夜地思虑和操心着。当时看管他的一位工人师傅见他对工作这样尽心尽力，对他的同情之心不禁油然而生，于是就破例允许他每天午饭后与他老伴通一次电话。吴中伟由此而更感受到了人性的善良，人间的温暖。一次，他就曾这样对他的妻子张凤棣说:"将来大学还是要招生,科技还是要为人民服务。"他还说:"我是喝长江水长大的,是人民哺育了我,是祖国栽培了我,新中国成立后我的才能才得到了发挥,现在我学到的知识,还没有全部贡献给建材事业,我还必须继续努力。"总之一句话,他坚信眼前的这一页,是一定会翻过去的!这就可见,他虽然身处逆境之中,却一直不坠爱国之志,始终以坦诚乐观的心态来正确面对所有的不幸。1969年1月的一天,北风怒号着,可他却在被关押处写下了一首《清平乐》:"管庄冬晓,墙外北风号,朝阳疏林无限好,冒寒推窗凭眺……"1969年秋,吴中伟被送到河南驻马店"五七"干校监督劳动。在此期间,他依然表示自己要虚心向贫下中农学习,努力改造自己的世界观。他在寄给夫人张凤楼的一首诗中就这样写道:"胡桃影疏漏月光,千里秋思独凭窗。愿将柔情化赤胆,革命到老志如钢。"在干校劳动时,先是种田打场,后是养猪养牛,每天挑水起粪,赶猪起圈,任务相当繁重,可他同样没有被艰辛的农业劳动压垮,而是从美丽壮观的大自然中汲取了营养和力量。他就曾这样来描写岗下牧猪的情景:"手挥牛鞭放猪群,层林尽染杨庄东。麦苗秋山连天碧,身在赤橙黄绿中。"在1971年1月23日的日记里,他更是对眼前的自然景色作了这样精彩的描绘:"清晨未明即起喂牛,六时半推门取柴,见晓光如金钩,启明星闪着银光。东方欲晓,升起几片红云,寥廓霜天,清新之极。稍后山村处处鸡鸣,湖上雾散,山前烟消,露出十余雪峰。广阔天地,大好河山,祖国多么可爱,好一幅诗意的初春晓图。"可以毫不夸张地说,即便是一些散文名家,恐怕一时也难以写出如此优美漂亮的文字,更何况在那字里行间,还透露出如此浓浓的爱国深情呢!杨庄3年"亦囚亦仙"的监督劳动，无论是"村头杏淡桃浓"的春天，"新荷出水迎太阳"的夏天，"秋蜂垂老勤采蜜"的秋天，还是"雪后旭日耀晴空"的冬天，吴中伟的心情始终都是那么的乐观开朗，积极向上。吴中伟不仅自己是如此，他还经常以这种积极乐观的心情去影响和感染他人。当年有一位老专家年老体弱，一度产生了悲观想法。吴中伟发觉后，便竭力加以劝慰，告诉他只要相信党相信群众，暴风雨就总有一天会过去，光明就一定会如愿到来！后来，这位老专家终于想通了，两人便时时相互鼓励，忍辱负重，共渡难关。就这样，他俩最后终于携手共进，一起熬过了那一段艰难的岁月。

吴中伟晚年患了癌症，又一次身处逆境之中。他一面顽强地与病魔抗争，一面则越发勤勉地努力工作。1999年秋，他从北京301医院出院后不久，即开始发烧，身体情况甚是不妙。那段时间，他经常坐在沙发上默默无语，若有所思。他的若有所思，实际上就是在考虑后事该如何交代。此后有人来看他，他不说病情，只谈科研。病危时，领导、同事来看他，他还是不谈自己，只谈工作。他对混凝土科研工作的专注与牵挂，可以说是一直延续到了他生命的最后一刻。

## "赤心报国苦时短，老骥奋蹄趁夕晖"

1970年11月，吴中伟因患高血压与心律不齐，被允许暂离干校，回京治病。两年后，建材院重建。1973年，吴中伟由河南"五七"干校返回北京，又重新在建材研究院工作。1978年他被清华大学聘任为土木系兼职教授、博士生导师。1979年，他被聘任为建材研究院副院长兼总工程师。面对祖国十年浩劫所造成的极大创伤，眼见发达国家科技的突飞猛进与人才辈出，吴中伟深感自己责任重大，应加紧组建科研力量，培养大量优秀人才，急起直追，迎头赶上。他在一首自勉诗中就这样写道："祖国浩劫后，人富我赤贫。骥老志千里，负重又登程。"在另一首诗中，他更是写出了"赤心报国苦时短，老骥奋蹄趁夕晖"这样的诗句，充分表达了他立志报国的急切心情。从此，他越发以百倍的热忱投身于科教事业，以期弥补和改变十年浩劫所导致的我国科技滞后、人才断层的状况。他殚精竭智，夜以继日，呕心沥血地忘我工作，将毕生奉行的"爱祖国，惜寸阴"的精神发挥到了极致。如果说"爱祖国"是内在动力，"惜寸阴"就是外在实践。吴中伟在工作和生活中所表现出来的各种品德，如惜时如金、忘我拼搏，求真务实、勇于探索，诲人不倦、提携后学，谦虚谨慎、淡泊名利、隐忍宽容等，就都是他"爱祖国，惜寸阴"精神的衍伸和具体化。吴中伟是"爱祖国"的忠实信奉者，是"惜寸阴"的身体力行者。"爱祖国，惜寸阴"在吴中伟的身上已"内化于心"，"外化于行"，得到了高度的统一和完美的体现。正因为此，他自然也就业绩卓著，硕果累累，于 1994 年当选为首届中国工程院院士，于 1998 年荣膺中国工程院资深院士，并于 1999 年荣获何梁何利基金科学与技术进步奖。

2000 年 2 月，吴中伟院士终因劳累过度，病情恶化，经医生多方抢救无效，而走完了他异常艰辛却又特别辉煌的一生。

## 贤哲虽逝功德在，有口皆碑世流芳

吴中伟院士虽已驾鹤西行，离我们远去，但他的非凡业绩和卓越贡献却永远不会磨灭。他开拓了新中国混凝土科研事业，他率先提出"混凝土科学"的概念，组织起第一支混凝土科研队伍，开展了中国最早的混凝土科研工作；1951 年，他与王季周合作，研制成功了中国最早的混凝土外加剂－松香热聚引气剂，相继成功应用于佛子岭水库等重要工程建设；1953 年，他创造性地提出防止引起混凝土结构破坏的碱—集料反应的措施；20 世纪 50 年代中叶起，他领导科研队伍开展混凝土与水泥制品的研制开发与推广工作，产品包括钢丝网水泥船，水泥压力输水管，预应力混凝土电杆，石棉水泥管、板、瓦，混凝土空心砌块，预应力混凝土桩、农房构件等，节约、代用了大量的钢材、木材，满足了建设需要，其中自应力混凝土输水管、水泥农船等产量更是跃居世界之首；他指导的膨胀混凝土机理及其应用的研究，为解决中国混凝土工程的抗裂、防渗问题做出了重大贡献；20 世纪 50 年代后期，他发表的"混凝土中心质假说"及其后进一步发展的"水泥基复合材料中心质假说"，是 20 世纪中国混凝土科技从无到有并达到世界先进水平的重要标志之一；20 世纪 90 年代，他根据可持续发展战略，在中国首先提出研究推广高性能混凝土的建议，并提出了"环保型胶凝材料"与"绿色高性能混凝土"的新概念。总之一句话，吴中伟院士目光敏锐，头脑聪慧，意识超前，见解独到，他将他的一生致力于水泥混凝土行业的科技研究、创新和发展，为中国水泥混凝土行业奠定了基础，引导中国水泥混凝土行业达到了世界先进水平。他为我国混凝土科学研究事业的发展所作的贡献和所起的作用，确实是居功至伟，鲜有人能够望其项背。

吴中伟院士是一个集科研和教育于一身的人，除了取得以上所说的诸多科研成果外，他还笔耕不辍，潜心写作，出版了《膨胀混凝土》《补偿收缩混凝土》《怎样做好混凝土工程》《高性能混凝土》《冷天混凝土施工法》等 8 本学术专著，以及《寸阴集》这 1 本诗文集。他还不遗余力，言传身教，为我国水泥混凝土事业的发展悉心培养后备人才，他先后精心培养了 26 位硕士和博士。无怪在吴中伟院士铜像揭幕仪式暨中国第一个混凝土实验室创办 60 周年座谈会上，苏州混凝土与水泥制品研究院前院长蒋家奋要满怀着对吴中伟院士的永远怀念之情，献上这样 16 个字："功绩硕伟，千古流芳，桃李满城，万世师表。"也无怪清华大学教授廉惠珍至今仍要这样回忆起吴中伟先生曾经对她的这一教诲："作为科技工作者，科德是最重要的，做人是最重要的。"

确实，吴中伟院士不仅工作踏实认真，而且品德也极为高尚。他数十年如一日，心无旁骛，惜时如金，潜心科研，报效祖国，鞠躬尽瘁，死而后已。1997 年 11 月，他确诊患有癌症，深感"赤心报国苦时短"，遂自加压力，"老骥奋蹄趁夕晖"。他一面与病魔作顽强的斗争，一面争分夺秒地工作，直至生命的最后一刻。

他严以责己，宽以待人，谦虚谨慎，归功于党。1954 年评级时，他被评为一级工程师，但他认为自己不能与前辈科学家并列，更不能超过，再三谦让，后改评二级。两年以后，他才升为一级。1994 年中国工程院成立，他被推荐为首届院士候选人，他深感不安，要求让给年轻一些的同志。一句话，他总是把自己在事业上取得的成绩，归功于党，归功于人民，从不为自己评功摆好，争名夺利。他还经常教育自己的子女，为人要讲诚信，要清白如水，对得起国家和人民。

他心灵纯洁，重义轻利，关爱他人。1950年抗美援朝时，他的第一本著作《冷天混凝土施工法》出版，稿费全部捐献给国家。在粮食定量的计划经济年代，他出差国外，把自己国内的粮票让夫人交还粮管所，补助缺粮的居民。他生前还提出，将其获得的何梁何利基金科学与技术进步奖奖金，捐赠中国建材总院用于科学研究事业。他夫人张凤棣也是一个深明大义、品德高尚的人，她不仅很好履行了吴老的遗愿，捐出了全部奖金，而且在2008年四川汶川发生大地震后，她还主动给建材总院领导打电话，要求以已故丈夫吴中伟的名义，向灾区捐助3000元人民币，以安慰吴中伟的在天之灵。在吴中伟的熏陶和影响下，他的子女也很好秉承了他的这一高尚品德，在中国建筑材料科学研究总院举行的"纪念吴中伟院士诞辰100周年座谈会"上，吴中伟之子吴尚立又以吴中伟院士子女的名义，向吴中伟青年科技奖基金再次捐赠20万元，以激励更多的青年科技工作者能传承和发扬"爱祖国，惜寸阴"精神，为祖国建材科技事业贡献力量。窥斑可见全豹，吴中伟院士人品之高尚，以及其家风之优良，我们由此即可以全都想见。

此外，还有一点也是非特别提出不可的，那就是吴中伟院士不仅是一位蜚声海内外的科学家，而且还是一位颇具风采的诗人。在繁忙的工作之余，甚至是在遭受迫害的艰困处境之中，他都能提起手中的笔，写下大量情真意切的诗篇。这些诗歌，有的赞美祖国的大好河山，有的抒发纯真的乡情、亲情和友情，有的表达自己昂扬豁达的革命乐观主义精神，当然更有一些关心祖国前途和民族命运的忧国忧民之作。在他从事科学和教育工作60周年之际，清华大学出版社出版的他的诗集《寸阴集》，就是他从60年所写的400多首诗作中精选出来的。陈肇元教授在这本诗集的序言中这么写道："可以看得出，这些诗都是在繁忙的工作之余写成的，给人以热爱生活、珍惜寸阴的强烈感染，其中苦辣甜酸，笔中出之，都能独抒见解，有所领悟，绝无颓唐之气，处处鼓励人们奋发向上。"阅读他的学术著作，我们钦敬于他治学的严谨科学，阅读他的诗歌作品，我们折服于他的浪漫才情。两者综合起来看，我们就既看到了他作为一位老科学家的丰博学识，又窥见了他作为一位诗人的横溢才华。应该说，这样的两栖型人物，在科学家中乃是凤毛麟角，故而也就尤显难能可贵。

正因为吴中伟院士的业绩如此之卓著，人品如此之高尚，才华如此之出众，所以即使吴院士业已远去，但他的同事和学生对他的怀念却依然没变，而且离开的时间越久，这种念想反而越为醇厚，越发绵长。有关这一点，只要看一看在纪念吴中伟院士诞辰一百周年座谈会上一些人的讲话，我们就定会更了然于胸，更由衷叹服。中国建材集团董事长、党委书记宋志平如是说："吴中伟不仅是中国建材总院的光荣与骄傲，也是建材集团、建材行业的光荣与骄傲。"西安建筑科技大学校长徐德龙这样讲："让我们永远铭记这位对中国水泥混凝土做出杰出贡献的战略科学家。"原国家建材局局长王燕谋更是对吴中伟做出了这样的高度评价："吴中伟同志在中国水泥混凝土领域所起的突出作用，与钱学森在中国航天领域、钱三强在中国核能领域的作用是极相类似的，如果没有吴中伟同志的积极奉献，中国水泥混凝土与制品事业的发展也不可能如此之迅速。"看到吴中伟院士能受到人们的由衷追怀，能如此永远活在大家的心中，作为他的同乡后辈，我也不由得分外感到血脉偾张，心潮涌动，情不自禁地要为香山大地上能涌现出他这样的优秀人物，而高高地翘起我的大拇指，大声地为他点赞！

（此文作者：丁品森。在此文写作过程中，较多地采用了吴中伟院士夫人张凤棣所写的《爱国是他一生的旋律》一文中所讲述的一些相关材料，特此郑重说明，以表我感激的心情。）

# "精密合金"柳菊兴

　　小引：柳菊兴曾在北京钢铁学院（现北京科技大学）精密合金专业就读，不过毕业后他从事这一非常热爱的专业的时间并不长，而是根据党的需要，服从组织安排，在多种革命工作的熔炉中屡经历练，把自己锻造成了一块熠熠闪光的"精密合金"，成为了一位优秀的复合型人才。精密合金是由铁、钛、镍、铬、锰、碳、硅等元素炼成的"高、精、尖"产品，是具有特殊物理性能的金属材料，它包括了磁性合金、电性合金、弹性合金和膨胀合金等金属材料。柳菊兴既懂专业技术，亦善行政管理，还擅驱遣笔墨，不仅在行政管理上时有行之有效的良策，而且在学术研究上常有引人瞩目的建树，同时在文艺创作上亦屡有佳作问世，这也就是说，他既成为了一位出色的领导干部，又成为了一位知名的专家学者，还成为了一位成果不斐的业余作家。从这个意义上来说，柳菊兴已璨然成为了一块名副其实的"精密合金"。正因如此，他在所从事的职业领域里和各个工作岗位上，也就无一不闪现出熠熠闪烁的耀眼光芒。

## 人物名片闪闪亮

柳菊兴，男，1944 年 11 月生，江苏省江阴县南沙乡港西村侯家桥（现属张家港市金港街道）人。1950 年至 1956 年他入许家巷小学和占文小学读书。1956 年至 1962 年，他在江阴县后塍中学（现属张家港市，并更名为崇真中学）就读。1962 年他考入北京钢铁学院（现北京科技大学）学精密合金专业。

1967 年 7 月至 1983 年 12 月，他在湖北大冶钢厂任工人、技术员、干事、教师、副处长。1983 年 12 月至 1999 年 3 月，他任中共黄石市委宣传部副部长兼黄石日报社党委书记、市委整党办公室副主任、市教委党委书记兼主任（主持工作）、市委党校校长兼党委书记、市委宣传部部长、市委常委、文联主席（兼）等职。1986 年 9 月至 1987 年 7 月，他在中央党校中青年干部一年制班学习，后又在工作岗位上攻读行政管理专业在职研究生毕业。1999 年 3 月至 2009 年 12 月，他转任湖北教育学院院长、党委书记，兼任湖北省第九届政协委员及文史和学习委员会副主任。

柳菊兴兼任的社会职务有：湖北省科协常委、湖北省科普作家协会理事长、湖北省作家协会理事、湖北省荆楚文化研究会副会长、湖北省文艺理论家协会副主席、湖北省高校领导科学研究会副会长、湖北省教育学会师范教育委员会理事长，以及中国科普作家协会理事、中国领导科学研究会理事、全国教师教育学会理事，且曾是湖北省"文学奖""文艺论文奖""优秀社科成果奖""优秀科普成果奖"的专家评委。

柳菊兴是专家型领导，是知名教授。他编著出版了《唱响主旋律》《大学的追求》《邓小平理论概论》《"三个代表"重要思想概论》《基础教育新课程师资培训系列教材》《中国企业文化建设》《新时期文艺简论》等12部专著和教材，并在《光明日报》《科技日报》《中国艺术报》《湖北日报》《求是》《马克思主义与现实》等报刊上发表学术论文和理论文章两百余篇。其作品曾获湖北省社科优秀成果奖、湖北省优秀图书奖、湖北省委宣传部优秀论文奖和湖北省科普作品奖等多项政府奖和省级奖。他本人也被省委宣传部、省人事厅授予"湖北省优秀思想宣传工作者"称号，被中国科普作家协会授予"有突出贡献的科普作家"称号，被湖北省科协授予"湖北省优秀科普作家"称号，还被省教育厅高校工委评为湖北省中小学校长培训工作先进个人和湖北省高校理论学习先进个人。

## 牛刀小试露锋芒

柳菊兴从北京钢铁学院毕业后，被分配到湖北大冶钢厂当工人和技术员。学了钢铁专业被分配到钢厂工作，如愿以偿的柳菊兴感到十分的幸福。他常常想，当工人就一定要当出个工人师傅的样子来，所以他工余时间不打牌，也不扎堆闲聊，特有的爱好就是读书和写作。他经常看的书是《金属学》《轧钢学》等专业书，也会复习复习外语（俄语），还读一些中外文学名著和人物传记，同时也读一些科普书籍。因为爱读书，知识面自然就宽一些，跟人交往时就会让人产生一种有似"百科全书"的感觉，于是就有人给他起了个"博士"的诨号。他在班组劳动时，既肯吃苦，又善动脑，对有关的工艺问题，经常能发表自己的独到见解，而且还往往能提出切实的解决方案，所以质检站的师傅常夸他"戴眼镜的年轻大学生有水平"。这个分厂有千把号人，大家也都很认同他的水平，因此他的人缘也相当不错。他还经常被领导拉去干一些分厂的活儿，例如画机械草图、描零件图，所有这些他全都干得有模有样，让人颇为满意。还有，就是他的笔头也非常硬，看了他的文章后，许多人都误以为他是复旦大学或武汉大学的毕业生，这也从某个角度说明了，人们普遍承认了他在写作上具有"复旦水平"或"武大水平"，故而他就经常被分厂安排写通讯报道、劳模事迹、分厂季度和年度的总结之类的东西。从入厂第三年开始，他就连续几年出席了分厂、总厂和市的先进代表大会，成了先代会的代表，得过《毛泽东选集》（四卷红塑皮合订本）和脸盆、毛巾之类的奖品。柳菊兴也爱好写作。1976年10月之后，他开始写些散文随笔、理论评论、科普作品。那段时间，他是钢厂作者中第一个在省和武汉市刊物上发表文艺评论的，也是恢复稿酬后厂里第一个得到稿酬的人。随着文章的陆续发表，他便成为了市、厂有一定知名度的人物。市里的宣传文化部门经常邀请他参加座谈会，参加书评、戏评和影评活动。市里召开文代会，他被遴选为代表，并被选为市文联委员。

此后有一件事，更是使钢厂的厂领导和广大中层干部都开始对他刮目相看。1978年9月23日至10月5日，湖北省委理论工作会议在武汉举行，这次会议共开了13天，参加会议的有1000多人，是湖北省历史上规模最大的一次理论工作会议。时任湖北省委第一书记的陈丕显以省委及其个人名义，邀请了中国社会科学院哲学研究所邢贲思、人民日报社汪子嵩和光明日报社马沛文等三位同志专程来到武汉，为省理论工作会议作关于真理标准问题的报告。报告内容思想解放，理论创新，十分精彩，里面有许许多多的大实话，非常吸引人。柳菊兴当时只是钢厂第七分厂的一个小干事，无缘参加会议，但第七分厂有位领导，特意将三个人报告的内部铅印稿借给了柳菊兴阅看。柳菊兴得到了那份铅印稿后，简直如获至宝，时时攥在身上，只要有空就看。读后，他觉得报告新意扑面，能启人深思，发人深省，实在是讲得太好了。后来，在归还这份铅印稿时，他还禁不住把自己的读后感告诉了七分厂的那位领导。而正是他的这一无意之举，引起了那位领导对他的充分重视。柳菊兴看了这个三人报告稿一周后，得到分厂党委通知，说钢厂也要召开真理标准讨论会，邀请柳菊兴参加会议，并告诉他说拟请他作大会发言。接着，厂党委宣传部的刘部长和许副部长又亲自找柳菊兴谈了一次话，既对有关发言的问题提出了总体要求，又对讲什么与怎么讲作了具体指导。在此后的几天里，柳菊兴便连续开夜车，细读上级下发的资料，并撰写了发言的详细提纲。这样苦战了三个晚上，终于大功告成，估计讲那么个把小时不会有多大问题。谁知临到发言的那天上午，许副部长又郑重其事地对柳菊兴说，情况有变，要柳菊兴能多讲就多讲一些，如果能讲两个小时那就更好了。这究竟是咋回事呢？原来，这个会议除了厂党委副书记讲话外，还定了三个发言人，一个是厂级领导，一个是分厂领导，再一个是工人理论组成员，而代表工人理论组成员发言的就是柳菊兴。后来也不知是什么原因，原定的其他两位发言人决定不在大会上发言了，所以厂部就要求柳菊兴的发言能增加一点分量。事情来得很是突然，时间又非常的紧迫，难度确实是不小。不过，尽管遇到这样的突发情况，一向关心国家大事且又勤于读书学习的柳菊兴，心里还是有底的，所以他二话没说，就把这一艰难的任务担当了起来。

那天的会议，参加者是厂党委和厂部全体领导、全厂中层干部及部分职工代表，近四百位与会者把会场坐得满满当当。柳菊兴发言时，从国内的情势，讲到厂内外的现实状况，并毫不遮掩地坦露了自己的原始思想，以大量事实雄辩地说明了，在思想领域里对实践是检验真理的唯一标准这一问题，很多人确实是存在着种种错误认识。随后，他即从理论与实践相结合的高度深刻剖析了这种状况的巨大危害，明确指出其结果势将阻碍社会发展的步伐，影响振兴中华的进程。最后，他更是向大家大声疾呼：必须挣脱习惯势力的桎梏，克服长期的思想僵化，来一个思想的大解放；要以经济（生产）建设为重点，把国民经济尽快搞上去；必须重视教育和尊重知识，重用优秀工程技术人才，并学习国外的先进技术和科学管理经验；还必须不断地推进改革，扩大开放，胆大心细地搞好企业的改革发展，以便使毛主席视察大冶钢厂时的指示更好地落到实处，真正将大冶钢厂"办大办好"。他发言的内容确实颇具新意，使大家的眼睛都为之一亮，所以所有的与会者全都凝神倾听，场内鸦雀无声。就这样在不知不觉中，他的发言竟超过了两个小时，出色地完成了领导交付的任务。柳菊兴的发言，得到了厂党委副书记和主持人刘部长的充分肯定，也赢得了与会者的不少掌声。会后，柳菊兴在厂区内遇到一些熟人，他们都说柳菊兴思想解放，观点鲜明，内容实在，讲得精彩。正是他的这次发言，使厂领导和职工群众都知道了柳菊兴的存在，并对他留下了较为深刻和良好的印象。此后，团市委和厂、市的计划生育办公室，都先后请他去作报告，电大还邀请他给学生讲授马克思主义哲学原理的课程。市文联和市社科联的理论研讨会，也邀他写论文并参加会议，他在会上发言的部分内容，还被市委宣传部写进了给省委宣传部的上报材料中。在那段时间里，柳菊兴一下子就给了人们"小荷才露尖尖角"的全新感觉，各方面人士和相关部门都开始关注他，并给了他一些荣誉性头衔和参与活动的机会。特别是《湖北日报》，还派人带着柳菊兴写给他们发表文章的原稿，找到市、厂党委宣传部，说这位作者一个月内在该报理论版发了两篇头条文章，理论功底好，逻辑性强，层次清楚，文字表达流畅，两三千字的文章连标点符号都没错一个，因此提出要调他到报社当专业的编辑记者。可柳菊兴丝毫没有因此而心动，依然一如既往地在厂里踏实工作。两年后，他被直接调入分厂政工组当宣传干事。1980年年初，大冶钢厂党委组织部又调他到厂党校当教师。此时时任大冶钢厂一把手的陆厂长（陆厂长后来调任国家冶金部副部长），还专门找柳菊兴到他的办公室去谈话，对柳菊兴说："你读大学是高材生，眼下的工作是高水平，将来当工程师也必然是一个出色的高工。现在让你转行做党校教育工作，你也一定能够成为一个很优秀的讲师、副教授、教授。"言语之中，句句话都充溢着激励柳菊兴砥砺前行的满腔热情。就这样，柳菊兴愉快地接受了组织的安排，开始了他的"跨界"工作。

牛刀小试，初露锋芒，领导和众人就此发现了一匹千里马的优秀潜质，而这就为柳菊兴的今后发展作了一个很好的铺垫，一条更好地为人民服务的从政之路，也就开始在他的面前铺展了开来。

## 黄石宣传结硕果

1983 年 12 月，黄石市委决定任命柳菊兴为市委宣传部副部长。此后，在经历了多个县处级岗位的历练后，1989 年 5 月，他开始在黄石市担任市委宣传部长、市委常委，而且在这一岗位上一干就是十年之久。

黄石市地处吴头楚尾，楚吴文化的交融，给这片沃土融入了丰富的文化资源。拥有世界级非物质文化遗产 1 项（西塞神舟会）、国家级 4 项、省级 9 项，拥有龙港革命旧址、红三军团旧址、大冶兵暴旧址等全国重点文物保护单位 6 处。工业文化底蕴也异常深厚，三千年前先人曾在此大兴炉冶，留下世界著名的铜录山古矿冶遗址；一百年前民族工业先驱张之洞在黄石创办大冶钢铁厂；20 世纪 50 年代毛主席曾先后 2 次视察黄石。在这样一座重要的城市担任市委宣传部部长，柳菊兴深感肩上责任的重大。在这十年间，他始终兢兢业业，任劳任怨，开拓创新，以高度的文化自觉，勇于担当宣传文化大发展的历史使命，科学规划宣传文化事业发展蓝图，大力兴办公共文化基础设施，积极调动各方面力量生产和创作人民群众喜闻乐见的文艺产品，为黄石市"唱响主旋律""打好主动仗"做出了贡献，也使宣传文化工作为黄石市的改革发展、实力提升、二次创业、科教兴旺、三个文明建设和社会的和谐稳定提供了强有力的支撑。

市委宣传部是市委主管全市意识形态方面工作的综合职能部门，它既是市委一个重要的工作部门，同时又是市宣传文化工作战线的领导部门。市委宣传部的主要任务，是按照市委的要求，领导和指导全市宣传理论、新闻出版、文化艺术、对外宣传、党员教育、国防教育、社会舆情、精神文明建设和企业思想政治工作；归口管理宣传系统业务和党的建设工作；负责全市宣传文化事业发展的协调、指导工作；会同市政府有关部门搞好宣传系统事业发展规划等行政工作。由于深知自己在湖北省一个仅次于武汉的地级市担任宣传部部长的责任之重大，也由于对宣传工作的热爱和敬畏，柳菊兴在任职部长岗位后，一直以高度负责和特别认真的态度，带领各个部门和整条战线努力抓好各项工作，力求出新出彩，取得显著成效。有付出就有收效，他的努力果然得到了上级领导部门的认可，中央宣传部、省委宣传部和中央对外宣传办公室都专门发过黄石市宣传工作的专题简报。在中宣部举办的大中城市宣传部长研讨会上，还安排柳菊兴作过大会典型发言，会后中宣部《党建》杂志和《时事报告》杂志还约请他撰写了有关文章。

1994 年 1 月召开的全国宣传思想工作会议确定了新时期党的宣传思想工作的指导方针，这就是"我们的宣传思想工作，必须以科学的理论武装人，以正确的舆论引导人，以高尚的精神塑造人，以优秀的作品鼓舞人，不断培养和造就一代又一代有理想、有道德、有文化、有纪律的社会主义新人。"要贯彻落实好这一指导方针，就必须加大工作力度，在工作中努力推出更多的创新之举。湖北省委宣传部在具体落实时就特别强调："在当前和今后相当长的一段时间内，提高质量，多出精品，促进繁荣，乃是宣传思想工作上台阶、上水平必须要解决好的一个重要问题。"

正因如此，在那段时间里，柳菊兴除了抓好日常的宣传工作外，花了很多的精力，动员宣传部和广电总局、文化两局及有关方面的力量，用大力气狠抓精神产品的生产，狠抓精品力作的创作，特别是将推出八集电视连续剧《总督张之洞》和大型歌舞剧《元神祭》作为两项硬性任务。常言道："十年磨一剑。"戏剧创作其实也是这样，黄石市的这两部戏，就是两个创作团队上百号人合力磨了多年的产物。搞这两部戏，是柳菊兴根据市委、市政府领导的意图提出来的精品项目，创作组的组长也是柳菊兴，所以作品播映、演出和上报评奖时，总策划都是署的柳菊兴。创作组的下面，还设置了好几个专业组，其创作力量的整合与引进、剧本的研讨与修改、编导演人员的选拔与确定、集资与资金的管理、向上级宣传部门汇报和寻求指导等，大部分工作都需要柳菊兴决策把关。而且，在新戏的创作和排练过程中，又不时会出现这样那样的麻烦，遇到这样那样的难题，这也都需要柳菊兴亲力亲为，去拿主意，去想办法，去带领大家一一加以化解。此中的劳碌和艰辛，唯有过来人才会有深切的体会。不过，有市委、市政府的正确领导，有全体创作和演出人员的鼎力支持，付出了三年多的辛劳后，两个作品终于都获得了圆满的成功：八集电视连续剧《总督张之洞》获中央宣传部第六届（1996年度）"五个一工程"获奖作品、第16届中国电视剧飞天奖；大型歌舞剧《元神祭》晋京演出后，获得了文化部颁发的"文华新剧目特别奖"。这两大作品，还获得了湖北省媒体和全国报刊的好评和观众的欢迎，湖北省也把奖励精神产品项目的最高奖授予了它们，其中包括湖北省"五个一工程"优秀作品特别奖、湖北省"屈原文艺创作奖"。黄石市委宣传部也因牵头组织创作有功，获得了湖北省委宣传部颁发的"组织工作奖"，柳菊兴还代表黄石市在颁奖大会上作了典型发言。上级宣传文化部门之所以如此重视总结和推广黄石的创作经验，是因为黄石宣传文化部门的开放意识和务实创新精神，请进来和走出去的途径和方法，"小马拉大车"的闯劲和冲劲，以及市委、市政府动员企业力量协助创作等措施和经验，都值得其他地方宣传文化部门学习和借鉴。

与此同时，柳菊兴在做好宣传工作的过程中，还形成了诸多有份量的论著，如《唱响主旋律》《好一个"总督张之洞"》《中国企业文化建设》《思想政治工作新论》等，都获得了广泛好评。他负责主编的《黄石画册》《宝地生辉》《明珠璀璨》《让炉火告诉你》《党课教材》《黄石文明三字经》等，也得到了群众较高的评价。

柳菊兴在市委宣传部长任上搞得如此风生水起，业绩斐然，对推动全市的宣传思想工作，对提高群众的思想觉悟，应该说都产生了相当积极的影响，对黄石的先进文化建设和经济社会发展也起到了很大的推动作用。

## 转身教育创新业

1999年3月，柳菊兴出任湖北教育学院院长，投身于大学教育事业，开始了他在大学里的苦苦追求。为了办好社会主义大学，把湖北教育学院办成同类中的高水平、有特色的院校，使其达到同类之"最高"，柳菊兴思路开阔，工作敬业，作风踏实，密切联系群众，一步一个脚印地做了许多切切实实的工作，终于使湖北教育学院"六年迈了三大步"。在柳菊兴转身教育事业的时候，教育战线也同样面临着以全新面貌迎接新世纪到来的关键时刻，当时党中央、国务院和教育行政部门，就接连出台了《中国教育改革和发展纲要 》《中华人民共和国高等教育法》《面向

21世纪教育振兴行动计划》《中共中央国务院关于深化教育改革全面推进素质教育的决定》等纲领性文件，对教育的重视程度可以说是前所未有。所以柳菊兴到任伊始，在省委组织部和教育厅主要领导跟他谈话时，就征得部、厅领导的同意，先用一个月时间对学校进行深入的调查研究，并集中学习有关教育的政策、法令和法规。通过调研和学习，年届54岁的柳菊兴觉得，在最后一班岗的六年时间里还是可以干成许多事情，实现华丽转身的，因此他脑子里很快就擘画出了一幅"围绕以人才培养为中心，竭尽所能干六年，促成教院改革发展迈大步"的蓝图。他深知，教育要迈大步，需充分发挥党委领导下的校长指挥权，抓住关键，全面规划，并带领班子成员和全校教职工，突出重点，狠抓落实。在具体展开工作时，他着重抓了这样几方面的工作：一是申报和建设学校的骨干教师全国培训基地，先后培训了三期来自全国各地的一百五十余名中学骨干教师，此项任务完成后，得到教育部师范教育司领导和培训简报的表扬。二是狠抓培训院校向普通高等学校的转型工作，解决以内涵发展为主、内涵与外延同步推进的一系列具体问题，于2000年7月取得了四个专业普通师范本科班的办学资格，实现了学校转型工作的重大突破，也为2007年教育部批准成人本科教育的湖北教育学院改制为普通本科教育的湖北第二师范学院打了扎实的基础。三是让学校从原先仅有60亩地面积的老校区，搬迁进入了拥有1700亩面积的光谷新校区，图书资料、仪器设备、学生宿舍和教职工住房都有了很大的改善。就这样，六年终于迈开了三大步，学校面貌得以焕然一新。柳菊兴任职两年后，省委组织部曾组织了一次对学校班子的考核工作，考核组的考核结论是：柳菊兴是党政领导转向高校工作的一个最成功的案例，开始时我们都没估量到他能干得这么好，这么出色！此外，在努力搞好大学管理工作的同时，柳菊兴还深入教学一线，亲自担任本科生的思政课，并获得好评，他教的两个班，学生背对背评教时，一个班评他为第一，另一个班评他为第二。他不仅思政课广受学生欢迎，主编的教材《邓小平理论和"三个代表"重要思想概论》和《"三个代表"重要思想概论》，也得到了师生们的较高评价。

在从事大学教育事业的进程中，他不断地实践，不断地思考，不断地探索，渐渐领悟到了一些办大学和管大学的真谛，写下了《新世纪教育学院定位问题的若干思考》《关于教育学院办学特色问题的思考》《高等教育可持续发展的和谐伦理支撑》《激活教育生产力主体活力初探》等文章，有的在全国性学术会议上宣读，有的在国家重要期刊上发表，还有好几篇被中国人民大学书报刊复印资料期刊全文刊登。2005年4月，他更是把40万字的专著《大学的追求》——一部高等教育管理的力作，作为大学领导实践的"毕业论文"奉献给了高教界。这部书，可以说是柳菊兴在教育领导岗位上坚持理论联系实际、坚持知行统一、坚持不断创新结出的丰硕成果，他也因此而成为了一位知名校长和知名教授。

《大学的追求》一书，共分四编：第一编，大学思想的追求；第二编，大学管理的追求；第三编，大学发展的追求；第四编，大学教学的追求。这是一位高校领导者的串串足痕，这是一位知名专家的深深思索，这是一位优秀复合型人才的苦苦探求。此书出版后，在教育界引起了很大的关注和反响，著名教育专家董泽芳教授说"这是一部难得的教育管理方面的专著"，湖北省社会科学界联合会特意召开专家座谈会来评价这部著作的价值，杭州电子科技大学把《大学的追求》列入了学生必读书目文化教育类36部中的一部。这部书也受到了读者的广泛欢迎，出版社所有的库存书籍仅5个月就全告售罄。

把这个集子叫做《大学的追求》，起因是柳菊兴受到了西班牙著名学者、思想家奥尔托加·加塞特思想的启发。奥尔托加·加塞特有部著作叫《大学的使命》，他在书中提出，大学有三项基本功能，即：文化传授、专业教学、科学研究和新科学家的培养。在知识经济时代，集教学、科研和社会服务等基本功能于一身的大学，对国家的进步具有举足轻重的作用，它事实上成了知识经济发展的"动力源"。之所以把这个集子叫做《大学的追求》，同时也因为他感到作为大学的领导者，要领导和管理好一所大学，必须开拓创新，追求不止。为此，他给自己定下了这样的要求：尽管自己一下子难以达到"社会主义政治家、教育家"的高度，但绝不能安于现状，绝不能甘于"平庸"，而是一定要不懈地向着心中的目标苦苦追求，即大学思想的追求，大学管理的追求，大学发展的追求，大学教学的追求。而苦苦地追求这些，就是为了实现大学的使命，就是为了把自己领导和管理的大学办成高水平、有特色的大学，使之达到同类大学之"最高"，以顺应形势发展的需要，以符合党、国家和人民大众的要求。正是因为秉持了这样的宗旨和信念，矢志不移地执着前行，所以柳菊兴终于在6年中将自己的理念转化成了现实，带领教院人实现了教育学院面貌的巨大变化。

## 酷爱专业谋科普

除了黄石市委宣传部部长和大学知名校长、知名教授的职务外，柳菊兴还有一个很特别的身份——一位长期服务于科普事业的"义工"。他在湖北省科普界的影响力，就来自于他对科普创作事业的重要贡献。他在走上工作岗位的同时，其实就开始了科普创作生涯。自担任黄石市科普作协理事开始，他便一直悉心竭虑谋科普。担任湖北省科普作家协会理事长十年期间，他依然一如既往地利用业余时间写科普、谋科普。就是退休了，他还是念念不忘科普初心，乐于当科普事业的"义工"。

柳菊兴的这份科普情愫，源于他对科普重要性的认识，也源于他希冀自己所学的专业能更好地服务于大众的赤子之心。在大冶钢厂当上宣传干事后，他就时常觉得自己大学所学的专业用不上，并隐隐担忧随着时间的推移，所学的专业知识有可能会被荒废。怎样才能在现实工作岗位上既做好工作，又不荒废专业呢？对此，他作了一番认真的思考，他想到好在自己在上学期间，就读了高士其、叶圣陶、董纯才、周建人等名人及其他人写的科普作品《我们的土壤妈妈》《细胞的不死精神》《凤蝶外传》《白果树》《元素的故事》《十万个为什么》等，由此增长了许多知识，激发了对科学的热爱，这就给了他这样的启迪：自己也可以在业余时间写科普，以让自己的专业知识在科普创作中展现力量。

柳菊兴的尝试，一开始就得到了收获。他写的科学随笔、科普短文、知识小品，诸如《钢花》《鞭炮》《烟花的颜色》《气球与飞艇》《寒号鸟》等，都陆续被报刊采用或电台播出。在收获了作品发表的喜悦后，他又进而开始创作"科学童话"，并引发了读者的热烈反响和儿童文学领域的高度关注，他的"科学童话"《小猴寻访"大力士"》，就获得了首届湖北省优秀科普作品一等奖，他的科普论文《"科技立市"和科普工作》，不仅在《科技日报》发表，而且还获得了湖北省科协科普论文奖。正因为这样的原因，1999 年湖北人民出版社出版的《湖北文艺 50 年（1949—1999）》对柳菊兴的创作做出了较高的评价，称他是"在新时期初期活跃于童话创作领域的作家"，而且说："湖北较早涉足'科学童话'的是沈光华和柳菊兴。"

柳菊兴的科普创作之路，虽然开端良好，尔后却并没有在这条创作之路上顺畅地延续下去。什么原因呢？用他自己的话来说，就是"我很热爱科普创作，也很想多出一些好的作品，但总是身不由己，我只能用'业余时间外的更业余的时间'，来写一点科普！"具体来说，是因为从 1982 年起，他就担任了基层干部的工作，而且基本上是两年变动一次岗位，再加上去干的又都是要"啃骨头"的工作，这就使他确实难有分身之术，无法腾出手来专于科普创作。不过，即便是走上领导岗位和成为教育专家后，柳菊兴的科普初心依然没有泯灭，创作的热情还是经常涌动，于是他便经常利用点滴的空隙，哪怕是在出差的旅途中，或是在接他上下班的车上，他都会掏出笔与纸写点什么，使其为数不多的作品得以在《科技日报》《武汉儿童》《少年世界》《科学课》等报刊发表。同时，他还一直想写一部关于高新科技的科普书，但终因工作实在太忙而未能动笔。一次，在省作家协会少儿创作委的会议上，他就把这一情况告诉了湖北少年儿童出版社（现长江少年儿童出版社）的同志。正好少儿社的专家领导也有这样的想法，两者可谓是一拍即合，所以很快就开始了行动。没多久，少儿社定了个选题，吸收柳菊兴参与策划，并让他担任了其中一部书的主编，柳菊兴就此承担了其中一个板块大约十万字的写作任务。这个项目，就是湖北少年儿童出版社（现长江少年儿童出版社）推出的精品力作《白鳍豚少年知识大博览》丛书。丛书出版后反响强烈，并获得了全国冰心图书奖大奖和省政府图书奖。

柳菊兴一直怀有科普情结，在黄石时他是宣传部的负责人，还兼任了黄石日报社的主要领导，所以他便在当时的报纸上开辟了《科圃》新栏目，吸引市内外科普作家投稿，他还要求报纸、电台增加对科普的宣传力度。同时，他还与宣传系统的同志一起，取得湖北科学技术出版社的支持，在黄石市设立了该出版社的黄石编辑部，以便于黄石和周边地区科技工作者和科普作家成果的出版，后来湖北科学技术出版社黄石编辑部果然出版了不少的好书。柳菊兴还努力促成科普作协与企业联手，让科普之花更加灿烂地绽放，本地作家的科普作品集《孔雀石》得以在科学普及出版社出版，就是两者联手的一个重要成果。

柳菊兴到武汉担任省教育学院院长后，又连续当选了两届省科普作家协会的理事长，从此他就更是尽心尽力地谋科普之事了。为了进一步促进科普事业的发展，在1999年省纪念《中华人民共和国科学技术普及法》颁布一周年的专家座谈会上，他曾就全省人均科普经费不足问题积极建言，强调不重视科普，必将后患无穷。柳菊兴的发言，得到了与会专家、院士的响应，也得到了省委、省政府的重视，从而促使事情得到了很好的解决。为了进一步促进科普事业的发展，他还不失时机地向大家宣传时新的科普理念，他一再强调："我们必须清醒地认识到科学普及其实是'四科'的普及，即普及科学知识、弘扬科学精神、传播科学思想、倡导科学方法。"竭力让这一新的科普理念，尽快深入到广大群众的心里去。

在具体工作中，他也有创造性的发挥，他设法建立起了省和武汉报刊台及出版社之间的联系，为科普作家寻求发表和出版作品拓宽了渠道。在主管院办刊物《班主任之友》时，他还特意在上面开辟并主持了《科普云》栏目，加大了对中小学教师的科普教育力度，增加了《班主任之友》的科普知识宣传含量。湖北人民出版社刘老社长退休后办了《科普文摘》杂志，开局工作十分艰难，柳菊兴获悉后立即伸出援手，给予刊物多方面的支持，不仅使这个科普刊物顺利地办了起来，而且还产生了较大的影响力。因为身在大学教育岗位上，他还开始致力于做大学生的科普工作，他专门撰写了关于大学生科普的论文《论科技飞速发展背景下的大学生科普教育》，在核心期刊《科技进步与对策》上发表。而且，他还给本校以及武汉其他院校的大学生进行科普讲座，并深入武汉市的中小学，给中小学生作科普讲解。此外，他还对大学老师科普创作团队的建设和发展，频频使劲地敲着边鼓。

其实，柳菊兴不仅喜欢写科普作品，而且在写作上还是一个多面手，尤其擅长写文艺理论和文艺评论文章，《求是》杂志，湖北省、武汉市的所有文学和戏剧刊物，以及《电影文学》《电影创作》《中国艺术报》《戏剧报》《当代戏剧》等刊物，都发表过他大块的有份量的文章。而且，他还加入了省作家协会和省文艺理论家协会，成为前者的理事及后者的副主席。当然他最钟情的还是科普创作、科普理论及科普团队建设，这就正像他自己所表述的那样："我写科普，爱科普，谋科普，愿永远当服务于科普事业的一名好'义工'"。

由于柳菊兴在科普创作和文艺评论写作方面都取得了较为突出的成绩，所以在许多场合，人们就给他冠上了"著名科普作家""著名儿童文学作家""著名文艺评论家"的头衔，但柳菊兴自己却从未认可，他总是说千万别在他的姓名前加上"著名"之类的词语，他能接受的就只是"业余作者"和"业余作家"。

## 两大爱好筑根基

柳菊兴在进步和发展的路途上，经常有一些人会问他是如何不断走向成功的？每当这时，他都会回忆起文化部老部长刘忠德曾经当面跟他说过的这样一段话："我们马克思主义者也讲命运。什么是命运？命运就是辩证唯物论的必然和偶然的交叉点。"

柳菊兴之所以能在前行的路途上不断进步成长，首先是得益于20世纪80年代初形成的干部"四化"的大环境——这就是辩证唯物论的必然，要是没有这样的大环境，柳菊兴就不可能有"好风凭借力，送我上青云"的际遇；同时也是源自他自身的努力奋斗——这就是辩证唯物论的偶然，要是没有这样的努力奋斗，他身上也就不可能形成那么多"四化"干部的分值，成为干部考核和选拔的对象。只有当必然性与偶然性的交叉点汇聚到了柳菊兴的身上时，他才得以从1982年开始一帆风顺地踏上从政之路，并在1999年以后，又顺利地实现由地方党政干部向大学领导的华丽转身，成为省属重要本科大学的校长和教授。

柳菊兴从企业到党政机关，又从党政机关到高等学府，都不是他个人的要求，而全部是组织行为。在整个过程中，尽管他经历了几次较大跨度的工作改变，但每一次他都能较快地适应，并很好地胜任。个中原因虽然是多方面的，不过最关键的一条还在于：知识改变命运，素质外化为能力。对于这样的说法，许多人的理解往往是：所谓知识改变命运，就是考上大学，并找到一份合适的工作。但在柳菊兴看来，情况其实还远不止于这些。知识改变命运，更重要的应该还在于大学后的教育，在于入职后的知识积累。柳菊兴始终认为：即使大学毕业了，依然必须认真学习，必须让学习贯穿于自己整个人生的全过程。因为大学毕业了，并不表示自己的知识储备已经足够了，还必须认真看书学习，坚持继续教育和终身学习，持续不断地让自己积累知识，更新知识，丰富知识，方能使自己的知识水准发生质的变化，从而真正成为时代所需要的有用之才。而且，在增长知识的同时，还要善于把积累的知识和经验，内化为自身的素质，并把这种高素质外化为自己的能力和水平。唯有这样，才能每一次都大胆地接受组织的挑选，勇敢地迎接前进道路上的各种挑战，出色地完成党和人民托付的重任，并获得党和人民认可的成就。

柳菊兴这辈子突出的爱好只有两个，那就是读书和写作。而他的这两个爱好，其实最早是起源于中学时代。他在后塍中学读书时，就开始成了一个书迷，在6年中，他既读了新文学著名作家鲁迅、郭沫若、茅盾、巴金、郁达夫等人的作品，还读了本列宁的《国家与革命》，同时也读了当时已经被打成"右派"的丁玲、刘绍棠、陆文夫、高晓声等人的作品，更是阅读了当时在青少年中有巨大影响的《林海雪原》《创业史》《青春之歌》《钢铁是怎样炼成的》《卓娅和舒拉的故事》，还有以高尔基、马雅可夫斯基为代表的苏联文学作品。通过阅读，他深切地体会到，自己在青少年时期所学到的知识，从课堂教学中获得的仅占了三分之一，三分之二则是来自于课外阅读，他觉得是课外阅读提升了自己的知识、能力和素养，并帮助他考上了大学。他始终认为，书籍是有力量的，他的进步和成长，很大程度上是依靠了书籍的力量。

考上大学后，为了更潜心地学好专业，他虽然减少了对课外文学书籍的阅读，但却在大学校园里获得了前所未有的良好的人文教育。在北京钢铁学院就读，读的是精密合金专业，那可真是个"硬科技"的专业啊！但这所大学，却特别注重学生的人文教育，学校请来了北大王力、力扬教授作古典文学系列讲座，组织了李德伦指挥的交响乐演奏和音乐知识普及讲座，请诗人光未然来朗诵诗歌，音乐家时乐濛来指挥唱革命歌曲，并让大家听取了吴晗、吴运铎、荣高棠、陈家俊、索朗卓玛等名人名家及各方代表人物的报告，使大家由此而大开眼界，大长见识。同时，学校还把校内公益劳动和去郊区农场劳动作为必修课编入课表，并安排入校新生参观北京城，组织学生参观军事博物馆和廖初江、黄祖示、丰福生学习毛主席著作展览，还广泛开展学雷锋活动，组织学生包场观看话剧《年青的一代》，并开展对电影故事片《青春之歌》《千万不要忘记》和《早春二月》的影评活动。在寒暑假还组织学生参加市委工作队去农村与农民"三同"（同吃同住同劳动）和宣讲文件等。正因为如此，在大学读书的那几年，他不仅学到了丰富的专业知识，而且还大幅提高了人文素养，内心里当真是充满了"双丰收"的喜悦。而正是这种教育模式和教育环境，使北京钢铁学院获得了"钢铁摇篮"和"市长摇篮"的美称。试想，这样的优质学校，这样的良好学习环境，跟那些两眼只是成天死死地盯着学生考分，而将德育和人文教育全都弃置不顾的学校相较，岂不就有着云泥之别，断然不可同日而语了么？

一心向学的柳菊兴有幸在这样的学校里就读，自然也就能不断拔节，噌噌日上，健康苗壮地成长起来了。尔后再经过在工作和生活实践中的反复锤炼，他势必就能成为一块熠熠闪光的"精密合金"啦！

柳菊兴的另一个爱好是写作。课外书籍读多了，一就会写点读后感，二就会模仿着自己写点东西。进入高中一年级后，柳菊兴就有一首小诗和一篇报道文章，在《江阴日报》上发表了。以后，因不断写稿发表，便被报社确定为骨干通讯员。记得有篇不到千字的文章《谈谈尼赫鲁先生所说的"遗憾"和"小事"》在报纸上发表后，他便在家乡方圆十几里地的山观、占文桥、三甲里、袁家桥和后塍等多个小镇的黑板报上，都看到它们转载了自己的这篇文章。那时候，他简直高兴得不知说什么是好，只觉得自己的心一直在胸口怦怦地跳个不停，仿佛要跳到体外来似的。每当说到这些成绩的取得，柳菊兴常常会这样提起：后塍中学的蔡忠保校长、班主任老师陈桂荃和语文老师刘永、马伯高、席与懋，乃是带领他进入写作之门的恩师和引路人。

参加工作后，柳菊兴一不打牌，二不围坐聊天，工余时间也大部分是用来读书写作。写出来的文章，开始登分厂黑板报，后来上厂报、厂广播站，再以后就发表在市报、市台、省报、省台上。1977年开始，在湖北省和全国就有十几家报刊刊登了他的作品。1979年春夏，《湖北日报》理论版在不到一个月的时间里，连续发表了他的两篇篇幅较长的理论文章，而且两篇文章都放在头条位置。同年9月，《电影文学》也在显著位置发表了他的电影评论文章。以后虽然转向党校和高校的工作了，但他依然对教学工作和学校管理孜孜不倦地进行着刻苦的研究，写下了不少学术著作、学术论文和理论文章。

柳菊兴的高素质、高水平，既不是从娘胎里带来的，也不是从天上掉下来的，而完全是他长期勤苦努力的结果。一句话，正是他读书和写作的这两大爱好，帮他构筑了牢固扎实的成才基础，形成了他成长、成才和成功的重要根基。明代著名作家冯梦龙在《警世通言·勤奋篇》中曾写下了这样两句话："宝剑锋从磨砺出，梅花香自苦寒来。"柳菊兴的成长经历，更足以充分说明这两句话的千真万确。机遇只垂青有准备的头脑，好运只降临到勤苦奋斗者的身上。我们必须将冯梦龙的这两句话永远铭记于心，并像柳菊兴那样高度自觉地将它付之于切实的行动之中，在前行的道路上勇敢地去经受磨砺，乐于在苦寒中顽强拼搏，以让自己在各个工作岗位上也全都能熠熠闪光。

（文章作者丁品森附言：为写作此文，我曾多次通过电话和微信音频采访了柳菊兴先生，承蒙素未谋面的他，多次热情地给我提供了大量翔实宝贵的资料，为我写作此文创造了极为良好的条件，而且在我完稿后他还作了三次认真的审定。他真诚谦逊的思想品格，深厚扎实的文字功底，使我深受感染，钦敬有加，特在此向他致以发自肺腑的深深谢忱。在采访柳菊兴先生的同时，我也搜集和参照了戴舟、黄钊钊、王修和、肖国才、赵宏、孔国庆、孙海航、珠珠等教授和作家对柳菊兴及其著作所作的评价，从而使自己在走笔行文时更有了底气，所以我愿借此机会，一并向他们表示由衷的感谢。）

# 学术创业王重鸣

中国创业管理教育开拓者王重鸣，1949年9月出生，祖籍江苏江阴县香山东麓南沙镇的三甲里（现属张家港市金港街道柏林村），其父是我国比较教育学泰斗王承绪。

如今，说起"创业管理"，很多人可能或多或少地知道一些，因为在这个"创业容易守业难"的时代，创业管理在避免企业撞入"死名单"中毕竟发挥着重要作用，而且它也将直接影响中国经济的长远发展。

然而，在25年前，"创业管理"还是个鲜为人知的新概念。直到2006年教育部批准浙江建立起首个创业管理专业学位点，"创业管理"才开始闯入人们的视野。而说起这个学位点的建立，就不得不提到一个人——中国创业管理教育开拓者王重鸣。王重鸣，我国比较教育学泰斗王承绪之子，浙江大学管理学院领导力与组织管理学系教授、博士生导师，浙江大学文科资深教授，浙江省特级专家，浙江大学全球创业研究中心主任，中国心理学会工业心理学专业委员会主任，国际丝路创业教育联盟理事长。他于1982年毕业于杭州大学心理学系，工业心理学硕士学位，同年7月起在杭州大学任教。1984年至1985年赴瑞典学习，获瑞典哥德堡大学应用心理学硕士学位，1987 年获我国第一个工业心理学博士学位（杭州大学）。他长期从事人力资源管理、创业管理与工业心理学等领域的教学和研究，2007 年荣获复旦管理学奖励基金会"管理学杰出贡献奖一等奖"，而且是国务院李岚清副总理亲自为他颁的奖。所有这些金光闪闪的头衔，对王重鸣教授来说，绝不是徒有其名的招牌，而是他诸多实绩的充分彰显。学校领导、同事、学生，乃至国内、国际诸多同行给他起的"最带劲教授"的昵称，那就更是对他实绩的高度首肯和由衷赞美。而他这些实绩的取得，又正是他赓续他父亲王承绪的精神和传统的结果。他像他的父亲一样，有一颗爱国之心，一腔报国之志，这就给了他永不枯竭的动力，给了他用之不尽的智慧，使他"立马便谈天下事，诗书万卷豁心胸"，能以其超前的眼界，超群的智慧，极往知来，见时知几，履霜知冰，穴处知雨，在新事物刚刚露头的时候，就能极具前瞻性地做出精准的判断，并能预测其发展的方向和途径，从而以满腔的热情去浇灌它，抚掖它，使它不断地催枝长叶，成长壮大，最后成为参天的大树；或是使它由涓涓细流，汇聚成汹涌澎湃的时代潮流，推动时代和社会发生令人赞叹不已的急剧变化。在这一方面，王重鸣教授确有其令常人难以比肩的过人之处，也是他值得大家认真学习的地方。

今年是改革开放 45 周年，同时也是浙大四校合并组建新浙江大学 25 周年。在这一很有意义的时间节点上，为向开拓者致敬，就让我们一起来回顾一下王重鸣这位"最带劲"教授的"学术创业"故事。

## 精准定位, 大胆尝试, 为中国创业管理教育打开一扇窗

1998 年的初秋, 原浙江大学、杭州大学、浙江农业大学、浙江医科大学组建合并成新浙江大学。四校合并后, 管理学院涵盖了原先四所学校的工商管理、管理科学与工程、农业经济管理、旅游管理等众多学科。时任新浙江大学管理学院常务副院长的王重鸣, 高瞻远瞩地决定为学院的多学科建设和发展另辟蹊径, 探寻新路。该如何更好地整合资源, 促进学科间的交叉融合和顺利发展呢? 这就成为摆在王重鸣面前的第一道难题。

当时, 世界高等教育领域出现了一个新兴名词: 创业型大学。这里所说的创业和人们狭义上理解的办企业不同, 它指的是大学拥有自主创新的能力和追求卓越的模式, 并能以创新为核心推动事业进步发展。创业教育也不是许多人局部理解的"学办企业", 而是培育创业精神和创新能力。这个刚刚萌芽的新兴领域, 让王重鸣欣喜不已, 因为他敏锐地感觉到, 这里面不仅大有学问可做, 而且还可以使自己的才情得到更大的发展空间以及更多的施展机会。他慧眼独具地认识到, 从广义上说, 创新创业研究其实是一个问题导向的综合领域, 理工农医、人文经管, 都可以从中找到关联问题和研究突破口, 只要深入进去, 潜心耕耘, 就必将在每个人面前都出现"五月榴花照眼明, 枝间时见子初成"的一片美好景象。于是, 当时在学院会议上, 王重鸣就提出了可以将诸多方面都聚焦在创新创业领域的建设性建议。王重鸣的这一想法, 迅速得到了学院老师们的积极支持。在当时的管理学院, 深耕创业管理很快就成了大家努力前行的方向。"在建设世界一流大学的进程中, 不仅要重视传统学科的发展, 更要拓展特色学

科和新兴领域"，王重鸣与他的同事们的这一有益探索，就此成为了浙江大学实现"异军突起"的创新型尝试。

然而，方向找准了，创业教育的抓手又在哪里呢？这又成为摆在王重鸣面前的第二道难题。他先是率领团队与斯坦福大学开展创业教育合作，成立浙江大学全球创业研究中心，创建了"创业管理专业"。随后，在产学研联系远不如今天这般紧密的当时，他还大胆地提出"创业教育零距离策略"，将研究、教学与实践"融"进了企业和科技园里。

2006年，全国高校服务地方发展工作会议在浙江大学召开，当时的教育部长和五十余位大学党委书记、校长，在时任浙江大学校党委书记张曦和校长杨卫的陪同下，走进了王重鸣在杭州高新技术开发区创建的"创业教育零距离"基地。考察现场，大家被"零距离"的创新模式所吸引，多所重点大学的书记、校长当场提出，希望王重鸣能将这一模式也"搬"到他们学校去。也正是通过这次会议和考察，王重鸣和同事们一起为浙大争取到了全国第一家创业管理专业的硕士点和博士点。

得知学位点被批准设立后，高兴的不仅是王重鸣，更有他的父亲——我国已故比较教育学创始人之一、著名教育家、浙江大学教授王承绪。王重鸣说："当时，父亲得知这一消息后，非常高兴，他对我说，'重鸣，你们看得很准，教育发展的新机会就是创业教育，现在学位点也被授予了，可以招收研究生、培养新人才，这意味着你们今后开展工作有了主干，祝贺你们！'"

成绩的取得鼓舞人心，更催人奋进。在王重鸣如火如荼地开展创业管理教育实践的同时，鲐背之年的王承绪也将目光聚焦在创业型大学建设的比较研究中。2003年和2008年，王承绪连续翻译出版了两部有关创业型大学的重要论著《建立创业型大学：组织上转型的途径》《大学的持续变革：创业型大学新案例和新概念》。上阵父子兵，携手合力行，锋芒所指，尽皆披靡，这就确保了他们所作的种种努力，能为创业型大学的建设提供有益的国际经验与示范。伴随着创业教育研究的深入，如何建立创业型大学和创业教育的评价指标，就成了第三个难题摆在了王重鸣教授的面前。而这个难题，也成为王家父子茶余饭后常常讨论的话题。在父亲病重住院期间，思考、探索、解决的重任，就更多地落在了王重鸣的肩上。

2018年3月，教育学科一流建设国际会议及王承绪教育思想研讨会在杭州举行。王重鸣应邀作《教育创新变革中的创业型大学建设》的主题演讲。演讲中，王重鸣首次提出创业型大学和创业教育的七项建设和评估标准，即领导力与治理架构、组织力与团队激励、教学力与行动学习、创业力与职业通路、校企力与知识共享、国际力与大学网络、影响力与绩效指标。这七项标准与国际标准接轨，并各有侧重地涵盖了创业教育的方方面面，获得了与会学者的一致认同，而且现在已被一些院校开始试点采用。

## 面向2050，丝路情怀引领新风向

成绩斐然，有目共睹，可王重鸣并没有因此而自我陶醉，止步不前。如今，为全球创业教育事业操碎心的他，又策马向前，独领风骚，在以丝路情怀面向2050，"引领新风向"了。

王氏父子王承绪和王重鸣是两代浙大人，虽说他们的经历有很大的不同，但他们对浙大的赤子深情却是完全相同的，而且进入新时代后，丝路更是成了王氏父子和他们一家人的共同情结。

时钟拨回到 1932 年，20 岁的王承绪被保送至中央大学，在浙江大学借读一年后，便决定留在浙大学习。1938 年，王承绪考取了中英庚款留英，是同批 20 人中唯一被教育学录取的学生。当年 9 月，王承绪搭乘前往英国的远轮一路途径威尼斯、英吉利海峡后到达伦敦。一年后，赵端瑛（王承绪夫人、王重鸣母亲）也沿着"海上丝路"，远渡重洋，从威尼斯登岸，赴英国伦敦大学攻读儿童心理学。

1946 年，竺可桢校长到英国访问，邀请王氏夫妇回国任教，当时夫妇二人均已完成了学业，归心似箭的他们决定一有船就即刻回国。没想到，这归国的路程却相当漫长，由于战后海上交通恢复很慢，从预定轮船舱位，到登轮返国，他们整整等了一年。1947 年 1 月，他们终于从英国西面港口布里斯托尔坐上了战后开往上海的第一艘货轮，可因为一路上不停地卸货、装货，辗转三个月后才到达上海，继而回到了杭州。

这一段求学路和归国路，是从古代中国延续至今的海上丝绸之路；这一段求学路和归国路，是王重鸣父母辈知识分子学成归国、报效桑梓的真实写照；这一段求学路和归国路，见证了中国由弱变强的民族振兴；这一段求学路和归国路，后来也深深地根植在了王重鸣的心中。1985 年，王重鸣在瑞典哥德堡大学学成后，决定归国，他一路乘坐洲际火车，经由哥本哈根、莫斯科、乌兰托，历时两周，才回到了祖国北京。

时钟拨到 2018 年 9 月 12 日，浙江大学召开并校发展二十周年座谈会。刚刚从海外考察回国的王重鸣，第一时间在会上介绍了自己面向"一带一路"创业创新的"国际丝路创业教育联盟"

的进展情况，引起了大家的热切关注。

随着人类命运共同体的加速构建，"一带一路"倡议正辐射全球。面向国家重大战略需求，本就有着"丝路情怀"的王重鸣，2014 年在全球 260 多所国际认证院校合作的基础上，提出由浙大领衔创建"国际丝路创业教育联盟"，这一联盟已经在中国、英国、意大利、奥地利、西班牙、澳大利亚、日本以及拉美的 12 个国家与地区创建合作基地。2021 年暑假，王重鸣就在拉丁美洲忙碌着。"我们正在巴西、阿根廷、秘鲁和墨西哥创建四个创业教育合作基地，都是和当地顶尖的商学院合作。我们想在'一带一路'倡议下，将中国的创业教育与国际上的创业教育融合，将我们的创新创业教育变成引领全球的一种优势。"

在王重鸣看来，这样的联盟，人才培养是首要的任务。因此，现在的年轻人喜爱什么、关注什么、思考什么、憧憬什么，就成了他最关心的问题。2021 年 5 月，他与阿里云的 2050 大会合作举办了"丝路创业 2050"和"大学的 2050"两场专题活动，与来自海内外的 350 多位年轻人打成一片，在钱塘江畔共同畅想丝路创业的前景和大学教育的未来。活动不仅吸引了一大批年轻人，斯坦福大学商学院全球 CEO 计划主任 William Barnett 教授，伦敦大学管理学院新管理专业主任、副院长 Stephen Todd 教授，雷丁大学亨利商学院创业研究中心主任 Andrew Godley 教授等也都应邀发表了专题演讲。反响之热烈，影响之巨大，可以说都远远超出了预期。

## 勤勉发愤，勇于创新，收获累累研究成果

四校合并后的 25 年来，勤勉不辍的王重鸣，理论研究成果收获颇丰。除在世界顶级杂志上发表了多篇学术论文外，他的高端研究与应用实践也形成了重要的社会影响力：

一是三校联培。2007—2017 年，在学校的支持下，浙江大学携手世界一流商学院，与创业专业国际排名榜首的美国百森商学院和欧洲名列前茅的法国里昂商学院开展战略合作，王重鸣与同事们一起，在数年创业管理精英班的实践探索基础上，首创"中法美三校联培"全球创业硕士课程硕士合作办学模式，共同开展三校联培的"全球创业专业（GEP）项目"，荣获了浙江省优秀教学成果奖，在创业教育中迈出了国际化的新步伐，成为全国创业教育升级版的示范窗口。

二是女性创业。2008—2018 年，王重鸣又与世界顶尖的牛津大学合作，共同开展由高盛集团资助的"万名女性，创业巾帼圆梦计划""中国女性创业能力开发项目"。每年选拔 100 位具有创业精神、创业潜质、创新设想、奋斗愿景的创业女性，经过专题能力开发、3—5 年跟踪服务，分析与研究女性创业能力的提升模式与策略。到 2018 年，王重鸣与团队一起已经研究和辅导了 800 多位创业女性，在创业业绩增长和新创就业机会方面全球名列前茅，成为女性创业能力开发与女性领导力研究的典范。

三是创业责任。2004—2018 年，王重鸣连续承担和主持了国家自然科学基金资助的三项重点项目，聚焦企业家成长机制和创业组织变革决策与文化融合领域，通过对中国数千家创业企业的实证研究和深度分析，提出了创业五力模型等重要成果。2021

年6月，王重鸣应国际应用心理学会特别邀请，在四年一度的第29届国际应用心理学大会（蒙特利尔）上作了题为"基于创业社会责任的变革理论"主旨报告，创造性地提出了"创业社会责任（ESR）"新概念，会后集聚了9个国家的专家启动了跨国比较研究。对王重鸣来说，讲好创业是前20年的研究成果，在此基础上讲好"创业社会责任"又成了他近年另一新的研究领域和方向。不同于公司社会责任注重于外部的社会形象，"创业社会责任"则重在强调企业必须具备的变革创新的内在责任。

四是丝路联盟。2015—2018年，王重鸣以工商管理国际认证协会成员院校为基础，与全球"一带一路"沿线优秀的商学院紧密合作，创建了"国际丝路创业教育联盟"，秘书处设在浙江大学，积极拓展并逐步形成了创业教育的国际合作网络，创建新一代创新创业生态系统。

五是职业经理。近三年来，王重鸣以浙江省职业经理人协会专家委员会主任的身份，以创业创新能力为核心，构建了中国职业经理人资质模型与评价标准，创新性地制订了"职位适配度"的新概念和新指标，成为中国职业经理人协会在全国采用的评价标准。

由于多年来取得了以上这一系列重大成果，王重鸣荣获了复旦管理学奖励基金会2007年"管理学杰出贡献奖"一等奖。2012年12月，他又被浙江大学聘任为首位文科资深教授，这是浙大自主设立的人文社会科学领域的最高学术岗位与学术荣誉，享受国家两院院士待遇。

## 超级带劲，厚积薄发，接连产出三部"创业变革大作"

2020 年突发的一场新冠疫情，冲击了全球经济，更打乱了整个人类社会的工作与生活节奏。如何转危为机，实现高质量发展的新战略？对此，作为浙江大学全球创业研究中心主任、国际丝路创业教育联盟理事长的王重鸣，交出了一份全新的"答卷"！疫情之下，他将自己的全部时间与精力都投入到创业创新教育研究与线上线下相结合的教学中，不仅进一步拓展了国际丝路创业教育合作网络，还带领团队接连产出了 3 部深入浅出、极具创新意义的"创业变革大作"，为浙江大学管理学院建院 40 周年献礼！

第一部著作是《专业技术人员创业能力建设读本》，这是王重鸣教授根据国家人才战略和中共中央《2018—2022 全国干部教育培训规划》以及国家人社部《专业技术人才知识更新工程》，在人力资源和社会保障部专业技术人员管理司组织下专门编写的教材，现已作为新一轮全国专业技术人员继续教育培训工程的指定教材。全书在体现理论创新、反映实践成果、五环行动学习和全面能力建设等方面都体现了示范性、创新性和解释力，知识体系新颖。

第二本书是《商业模式工具书（实战版）》。这本书是王重鸣教授跟博克和乔治两位著名教授合作，带领浙江大学全球创业研究中心团队集体翻译，并在此基础上加以补充与修订，展现创新商业模式的工具、方法及案例演练的书籍。本书的创新思想为"商业模式是一种组织设计"，需要根据愿景战略和实践挑战，转换创业心智模式，并根据组织类型选择相应工具、重塑组织设计和创新商业模式：以 RTVN 框架支持预创型组织，以精益化支撑初创型组织，而以商业模式化定制成熟型组织的升级版。全书深入浅出、解读路径、聚焦行动、志在创新，是各类企业转危为机、转型升级、变革创新和可续发展的实战工具书，特别推荐作为创业创新能力建设的重要读物。

具体来说，这本书包括这样几方面的内容：

一是创业五力模型：以改革开放 40 多年最佳实践与前沿研究成果，特别是国家自科基金创业管理领域首项重点项目《基于人与组织多层互动匹配的企业家成长机制与创业环境研究》（2003—2006）与多项国际合作项目的成果，独创性建构了包含人环模块（创业生态力）、规则模块（创业文化力）、协同模块（创业团队力）、创新模块（创业创新力）和效能模块（创业行动力）的创业能力模型，并以身边的案例体验和创业策略提炼，系统解读了创业能力的维度要素。

二是创业模式特征：全面反映创业创新最佳实践与创新特征，针对 12 种主要创业类型提炼出创业模式特征：小微创业、女性创业、文创创业、技术创业、专利创业、社会创业、跨境创业、绿色创业、责任创业、精益创业、数字创业和智能创业等最新创业模式，深入浅出、跟踪前沿、提炼特征、指导实践。

三是五环行动学习：独创了五环行动学习策略方法，以问题驱动、原理反思、行动目标、行动反馈和行动迭代等五环节学习，强化了创业能力行动学习的迭代性和创新性。为创业能力建设提供了全新行动学习方法论。

四是能力建设策略：突出加强创业能力建设的适用性和指导性，提出了包括动力策略、活力策略和张力策略的创业转型变革三策略模型，注重各类人才在工作岗位与数字化转型实践中发挥创业精神，提升创新能力，增强社会责任，拓展全球视野的综合能力。突出了知识解释力和多行业可应用，形成广泛重要影响力。

第三本书是《中国企业组织变革与文化融合策略》。这是根据王重鸣教授主持承担的国家自然科学基金委员会管理科学部首个重点项目群的项目之一"基于并行分布策略的中国企业组织变革与文化融合机制研究（2012—2017）"的五年深度实证研究成果而撰写的专著。针对中国企业转型升级和变革实践中面临的组织变革与文化融合关键问题，以认知科学的"并行分布式决策策略"和决策科学的"双栖演化式行为策略"为研究思路，王重鸣教授项目团队针对中国企业转型升级、全球创业、科技创业、云端运营、"互联网+"以及数字智能等重要实践问题，以"文化竞合适应—团队决策选配—组织行动发展"为组织变革演进框架，通过深度案例分析、神经实验验证、专题问卷测量、企业数据库建模和现场准实验等一系列实证研究方法，创建了基于动态变革的问题驱动方法论和变革赋能行动理论。该理论包含三大维度：价值适应维度—创业社会责任理论，决策选配维度—组织前瞻警觉理论，赋能发展维度—创新赋能行动理论，以及基于两栖策略的变革文化融合三重机制等理论创新及其应用方法，并在创业社会责任论、组织前瞻警觉论和创新赋能行动论的三维框架下，围绕能力适配成长论、女性创业领导论、知识产权创业论、跨境外派角色论等做出理论检验，这些理论和方法形成了中国企业变革赋能行动的理论体系。

该项目针对战略新兴产业发展、互联网与数字化转型、家族企业发展、企业国际化战略、企业转型升级和创业创新生态系统建设等当前典型的变革实践问题开展应用策略开发研究工作，并创建了创业组织变革案例库和组织发展 OD 工具库。

该书作为基于中国管理实践的理论创新研究丛书之一，系统总结了企业组织变革和组织发展的模式、机制、策略和路径，为中国企业的变革创新与可续发展提供了全新的理论与方法论。

"带劲"教授王重鸣与创业管理教育的这三本书，事实上还只是王重鸣教授数十年来取得的累累硕果中的一小部分。他的学术成果不仅方面众多，而且极其丰厚。

## 几句看似题外却仍属题内的话语

文章快要结束了，最后我想说几句乍看似是题外，可究其实却依然是属于题内的话。王重鸣教授是在大城市上学读书的，而且后来还出国留过学，现在又一直定居在有天堂之称的浙江杭城，不过他的出生地，却是江阴香山东麓一个不甚起眼的三甲里小镇（现属张家港市金港街道柏林村），而且在上世纪知识青年上山下乡的运动中，他又回家乡锻炼了好几年。所以，王教授虽然有如一只大鹏鸟那样"抟扶摇而上"，飞得很高，飞得很远，但他始终不忘树高千丈总有根，水流千里总有源，他是一个非常重情重义的人，永远不忘家乡的山水，永远念着家乡的人。这次为撰写这篇有关他的文章，我跟他联系上后，他就在电话里很深情地跟我说，他是一个很念旧的人，并接连提及了好几个家乡人的名字，还特别念叨这些人当初对他是怎么怎么的好，让我听了都热血奔涌，不胜感动。由此，我不禁想到，王重鸣教授之所以能有今天这样的成就，固然是由于他的先天禀赋，由于他的刻苦努力，但或许更是由于他在他父亲的长期熏陶下所形成的高尚人品。另外，我还听说，他拟将他父亲的一些宝贵遗产，无偿捐献给自己的家乡。由此，就更可以见他精神的高尚和人格的卓异。所以，在本文行将结束的时候，我想特意跟王教授说上这么几句发自肺腑的话：您是我们新中国的同龄人，您不负党和国家对您的培养，目前已经取得了非常骄人的成绩，如果您也能像您父亲那样活到鲐背之年，乃至百岁高寿，那您就一定能青出于蓝而胜于蓝，为家乡增添更加夺目的光彩！家乡人民为家乡出了您这样的杰出人才，而振奋，而自豪！家乡人民更祝愿您今后能百尺竿头，更进一步，取得更加卓著的成就，为伟大的祖国和您亲爱的家乡做出更加卓越的贡献。

（浙大管理学院有关部门以及叶鑫供稿，丁品森稍作调整和充实）

# 雷达掌门吴剑旗

吴剑旗，1966 年 7 月 23 日出生在四川宜宾市。不过，他的祖籍却是江苏省沙洲县香山东麓的七房庄（现属张家港市金港街道柏林村）。吴剑旗的父亲吴俊康，就是在七房庄出生，并在香山东麓的三甲里小学上学读书的。1949 年 10 月，吴俊康报名参加了中国人民解放军，1957 年回乡结婚，女方宋玉芬（即吴剑旗的母亲），住地是离七房庄仅一箭之遥的后塍镇南街，这也就是说，吴剑旗的母亲也同样是一个地地道道的香山人。由此可见，在吴剑旗的身上，留存着香山人的基因，流淌着香山人的血液，是正儿八经香山人的后代。吴剑旗上面还有两个哥哥，老大吴剑宾，70 年代末期还曾作为知青，插队落户到七房庄大伯吴保康家，这就使他与祖籍有了更为密切的关系。

因部队的调动比较频繁，吴俊康曾被分配到四川内江县人武部、四川宜宾市人武部工作过，1970 年吴剑旗四岁时，吴俊康又调到四川泸州市人武部工作，其后又转业到泸州市建委和人防办公室工作，直到退休后定居泸州。吴剑旗从小就在泸州生活、读书，直到在泸州二中高中毕业。吴剑旗家中仅父亲一人在外工作，母亲因常年在家抚育三个孩子，没有正式的谋生之道，故而全家的生活也就相对较为清苦，再加上军人家庭的特殊成长环境，这就决定了吴家较为严格和正轨的家庭教育，从而使吴剑旗从小就养成了不畏艰苦、勤奋努力的精神和品格。

## 小荷才露尖尖角，早有蜻蜓立上头

吴剑旗在泸州一直读完了小学到高中的课程。一般来说，孩提时代的儿童往往对玩具有特别浓厚的兴趣，可家里买不起玩具，吴剑旗就只能经常和哥哥们一起自己制作玩具，比如弹弓、滑板什么的。小时候，吴剑旗的动手能力就非常强，那时候在他们的住地附近，他可真算得上是一位"名人"，几乎谁都知道他有一双"巧手"，甭管什么不起眼的材料，只要到了他的手上，他就总能生出许多稀奇古怪的念头，像变戏法似的鼓捣出一个个别人见都没见过的新玩具。因为吴剑旗的玩具全都是自己制作的，市面上根本就买不到，所以他的玩具总是孩子堆里的"抢手货"。而生性大度的吴剑旗，有时候也会将自己制作的玩具送给其他小朋友，跟大家一起快乐分享。当时，吴剑旗的父母只觉得孩子聪明，却没想到，喜欢"鼓捣"零件的习惯，竟然影响了吴剑旗的一生，更影响了我国国防事业的发展。

上学后的吴剑旗，就是一个典型的"别人家的孩子"。父母从来不操心他的学习，可他的功课却门门都十分优秀，而且还曾跳过两次级。一提起吴剑旗，老师们都会竖起大拇指："吴剑旗这孩子太聪明了，教一遍就会，而且还特别踏实，从来不浮躁。"确实，在孩童年代，吴剑旗就展现出了他在学习上的过人天赋，他思维敏捷，记忆力超强，学习成绩一直在班上名列前茅。而且，他在学习课堂知识的同时，还十分喜爱阅读一些科普读物，经常独自一人快乐地翱翔在科学的海洋里。扎实的功底，丰富的课外知识，使吴剑旗头脑敏捷，思维开阔，这就为他最后成长为一名优秀的科学家打下了坚实的基础。

童年时代的吴剑旗，还有着异于常人的思维能力，在 10 岁左右时，他的中国象棋水平就十分了得，在他当时住的巷子里，就很少有人能跟他匹敌。长大后，他还曾代表单位参加过围棋比赛，也获得了很好的名次。

## 坚定以剑护旗路，先进科技报国门

人人都夸吴剑旗优秀，殊不知，他的优秀其实也离不开父母的栽培。吴剑旗的父亲是 20 世纪六七十年代的军人，有着崇高的信仰和坚强的战斗意志，他从小就是听着狼牙山五壮士、董存瑞、黄继光等英雄的故事长大的，对军旅有着极其深浓的崇拜之情。儿子出生后，他给儿子取名吴剑旗，就是希望儿子能够传承自己的信仰和精神，将来做一名光荣的军人，以剑护旗，以盾卫国。真可谓是爱子心切，寓意深远哪！正是因为父母这样的得法教育，吴剑旗从小就对祖国有着非常深厚的感情，爱党爱国之心早就已经刻入了他的骨髓，强烈的正义感也同样融入了他的血肉。一句话，在父亲的教育和当时整个社会氛围的熏染下，吴剑旗的爱国之心也越来越炽热，他也非常想像父亲那样将一生奉献给祖国，为国家做贡献。只是他也很清楚，因为身体不十分壮实，自己可能不太适合当兵，恐怕不能完全满足父亲的心愿，但他又认为，如果能够充分发挥自己的聪明才智，也照样可以用另一种方式来为国效力。对此，他的父亲给予了十分的理解和全力的支持，鼓励他坚定不移地走自己的路。

时间来到了1983年，这一年吴剑旗迎来了高考，这对他来讲，也可以说是面临了人生的重要关口与重大抉择。在这一次重大的考试中，吴剑旗的发挥相当稳定，考出了泸州市榜眼的优异成绩。这个成绩几乎可以说是任清华、北大随便选了，不过吴剑旗既没有选择清华，也没有选择北大，而是选择了北京航空航天大学，在专业的选择上，他选择的是电子工程专业——因为他十分喜欢这个专业，而国家科技的发展也正需要电子工程方面的人才。

在进入大学后，吴剑旗时刻谨记自己的志向，十分刻苦地学习相关的知识，他经常是教室和实验室中最后离开的那个学生。在4年的学习生活中，除了学习与睡觉，他把其余的所有精力都放在了实验室里，每天都与冰凉的机器为伍，不停地做着各种科学实验，因为对他来说，做实验就是一种最快乐的享受。除此之外，他还经常虚心地向老师和同学请教，力求对所学的知识有更深透的理解。在勤奋和天赋的加持下，他成为了这一届北航最优秀的学生之一，以专业第一的成绩从北航毕业。而一毕业，他就得到了许多企业的疯抢，有一些私企甚至开出了数倍于普通大学毕业生的工资。而他的同学也有很多去到了美国、英国等发达国家，挣上了美金，住上了豪华的大房子，连试验设备都是当时最先进的。但吴剑旗并没有被这些东西所诱惑，因为在他的心中，报效国家比什么都重要。而且，他还认为，要更好地服务于国家，他此时还必须继续读研，以进一步充实和提高自己。而在那个年代，大学生比较稀缺，不管放在哪里都能算得上是个金疙瘩，本科毕业之后就足可以轻易地出人头地。所以，他身边很多人都觉得，吴剑旗继续深造实在是多此一举。可每当听到他人诸如此类的说法时，吴剑旗只是淡淡一笑，从不跟人做什么争论，因为他觉得人各有志，绝不可以相强。他的家人呢，则都对他的选择表示了充分的理解和积极的支持。就这样，吴剑旗来到了电子科技大学读硕士研究生，专业选择的是电磁场与微波技术。这一专业，虽看似属于冷门，可实际上却为国家之所急需。而后来的事实也充分表明，他的这一选择可以说当真是颇具远见。

在电子科大的 3 年时间里，他继续秉持着自己一贯以来的学习和研究态度，充分利用学习和生活中点点滴滴的边角料时间，埋头刻苦钻研，一步一个脚印地争取在学术研究方面取得更大的进步。结果还当真搞出了几个震惊学界的发明，使自己身上的科研潜能越发得到了彰显。就这样，吴剑旗在电子科技大学攻读硕士学位的过程中，更精深地学习到了无线电领域的知识，为他日后成为雷达领域的专家奠定了极为厚实的基础。

在电子科技大学的读书生涯，应该说是吴剑旗对科研产生兴趣的关键时期，正是这段学习经历，使他决定毕业后留在研究所工作，这个研究所，就是以雷达研究为主要任务的研究所。这是他毕业后的第一份工作，他的人生就此揭开了一个全新的篇章。至此，吴剑旗正式走上了以智慧报国之路。剑旗——中国军人的利剑，中国军工的红旗！

## 雄关漫道真如铁，而今迈步从头越

1990 年硕士毕业后，对科研工作兴趣十足的吴剑旗，进入研究所工作，开始了他的科研生涯。在这一年，世界上发生了一个重大事件，那就是爆发了海湾战争。在这场战争中，美国隐形飞机的出现，让中国人看到了他们强大的军事实力，也意识到了自己国家国防方面的短板。

美国的隐身飞机既可以在别的国家领土上空监测情报，又可以用来偷袭其他国家，一般的雷达都很难监测到它们。这对于中国的国家安全来说，确实是非常致命的威胁。作为刚好是雷达领域研究者的吴剑旗，自然更意识到为了捍卫国家的安全，自己所担负的责任无比重大，他时时提醒自己，只有反隐身雷达早一天问世，我们国家的国防安全才能多一份保障，而他就理所应当尽快地将这个责任勇敢地扛起来。

而在当时，面对美国横行无忌的隐形飞机，不少人犯了恐"隐"病，有的惊惧，有的害怕，有的甚至发出哀叹，认为这下子灾祸临头，再也没有好日子过了。而吴剑旗呢，却没有丝毫的惊慌失措，而是拍案而起，昂首挺胸地准备去迎接新的战斗。为什么呢？因为他对辩证唯物主义的对立统一规律，有着极为清醒和深刻的认识。我们中国自古以来就讲究矛与盾的关系，认为没有矛就没有盾，有了矛也就必然有盾，而且矛有多锋利，那么盾就会相应地有多厚重；反之亦然，若是盾有多厚重，那么矛就会相应地有多锋利。马克思提出的唯物辩证法的对立统一规律，更是认为矛与盾之间不仅存在天然的对立关系，而且存在协同发展、齐头并进的关系，并进而认为任何事物都是作为矛盾统一体而存在的，矛盾是事物发展的源泉和动力。吴剑旗由此而深深懂得，对世上所有看似强大无比的事物，我们固然要关注它，重视它，但切不可谈虎色变，害怕它，畏惧它，而是要坚信，只要昂起头，静下心，去认真研究应对它的策略，那就一定能找到战而胜之的方法。所以，即使是面对看似非常锋利的矛的美国隐形飞机，吴剑旗依然是昂首而立，虎虎生威地发出了这样的豪言："我工作的价值，就是让美国亿万美元的飞机无处可藏，成为一堆破铜烂铁！"可以这么说，这样的清醒头脑，这样的豪情壮志，正是吴剑旗在美国隐形机面前能够横刀立马，并最后大获全胜的重要前提。

当然，面对美国的隐形机，光有决胜的勇气还远远不够，最根本的，还非得要找到反隐身机的方法才能解决问题。那么方法究竟何在呢？他首先想到的，就是孙子兵法中的那句名言："知己知彼，百战不殆。"是的，如果连敌人的战机在哪里，它究竟是什么模样，有什么特点，都一问摇头三不知，那么要想去反他、去战胜他，岂不就成了天方夜谭了么？

于是，吴剑旗就先去了解美国隐形战机的原理和构造。为查阅资料，他经常忙到半夜，每一个外国关于隐形战机的论文、新闻，他都不会放过，甚至连一张美国隐形战机的实拍图，他都会研究上半天。同时，他还会和负责我国隐形战机研发的科学家进行畅谈，深入了解隐形战机的原理。通过夜以继日的反复研究，吴剑旗终于搞明白了隐形战机隐形的秘密，以及反制它的一些思路。隐形战机之所以能够隐形，一是它飞行高度高、速度快，传统雷达的观测范围难以达到那么高的距离；二是它材料特殊，传统的雷达波会被其吸收或者发散，以致无法识别其存在。要想解决这些问题，关键是要将雷达的检测范围扩大，使雷达能够观测得更远、更高，而且不能有太多监控的死角存在。可要做到这一点并非易事，因为当时我国各地使用的雷达，有不少甚至还是五六十年代苏联援建的，设备陈旧、技术原理落后，要在此基础上将其完善确实是至为不易。在那段时间里，吴剑旗几乎都没怎么睡过好觉，他每天都在想该如何把自己学到的最先进的雷达理论转化为应用，设法研制出新一代的雷达来。可要使雷达波不被隐形飞机躲避、吸收和发散，这实在是一个不易解决的大难题。在那段时间里，因为每天都在思考这一难以破解的大难题，吴剑旗这个才 30 来岁的年轻人，竟然已愁出了好几根白头发。

不过，毕竟事是死的，人是活的，活人怎么能让尿憋死？思来想去，吴剑旗终于想到，好好研究一下雷达的发展史，或许正可以找到解决问题的一个新的入口。雷达的发展过程其实也并不平顺，一路之上就经历了从米波雷达一时的盛行到渐趋衰弱，再到微波雷达兴起，逐渐取代米波雷达这样一个曲折的过程。在第二次世界大战时期，米波雷达开始时曾占据着主导地位，可是随着它的一些弊端的显现，诸如探测精度不够高，覆盖区域不够广，而且还存在盲区等，因此它的主导位置也就逐渐被微波雷达取而代之了。

可是，时过境迁，当下已经出现了一个全新的情况，即随着隐形飞机的问世，在反隐这个关键的问题上，微波雷达已显露出了它力不能胜的致命弱点。那么，反隐的出路究竟何在呢？要解决反隐这一敏感而又关键的问题，究竟又有什么行之有效的好办法呢？新的难题又摆在了吴剑旗的面前。起初，吴剑旗对此也感到一筹莫展。不过，始终坚信"古之立大事者，不惟有超世之才，亦必有坚忍不拔之志"这一古训的吴剑旗，依然在反反复复进行着认真地思索，不断地探寻。思来想去，想去思来，他脑海里终于猛然浮现出了这样一个大胆的想法：既然微波雷达在反隐方面已难有作为，那么"三十年河东，三十年河西"，米波雷达可不可以重新披挂上阵，再试一试身手呢？

抱着这一想法，吴剑旗满怀激动地开始了小心翼翼的求证。经过反复的论证，他发现在反隐身方面，米波雷达确实要比微波雷达有更大的潜力。这使他不免心中一阵窃喜，于是便立马将这个想法告知了同仁。没想到却遭到了普遍的质疑，一些学者甚至更是认为，对一个即将被淘汰的产品，完全没有再继续进行研究的必要，与其在这方面浪费时间和精力，还不如设法改良微波雷达。

但是，深谙辩证法的吴剑旗，却并不这样想，他认为事物的发展，大多不是直线前行的，而往往是曲线或螺旋式向前推进的，特别是在外界情况发生明显的巨大变化时，两个相互对峙的对立物的优劣情况，就更易于发生重大的变化。所以在认识和判断事物的时候，我们绝不能胶柱鼓瑟，以静止不变的眼光来轻率地做出决断。比如说在第二次世界大战之后，在面对普通飞机的时候，微波雷达因其具有探测精度较高、覆盖区域较广等优势，而逐渐取代了米波雷达的主导地位。可现在呢，随着隐形飞机的出现，情况已发生了根本性的变化：微波雷达原先的那些优势几乎已可以忽略不计，而米波雷达却在反隐身方面比微波雷达显现出了更大的潜力。世易时移，情况在以出乎人们意料的速度发展着，变化着，我们怎么能墨守成规，因循守旧，一直将微波雷达当作香饽饽，恋恋不舍地紧攥在手心里，而对米波雷达却始终视若敝屦，狠心地将它弃之不顾呢？所以，素来不喜欢人云亦云、步人后尘的吴剑旗，即便是面对"浮世滔滔"的现实，他也依然"清心自守"，坚定不移地决心走自己认定的研究米波雷达之路。

就这样，研究的方向问题终于尘埃落定了，但这还仅仅是整个研究工作的开始。为此，吴剑旗马上开始着手组建团队，并准备资料进行课题的申报。不过，因为种种原因，他的课题起初并没有能获得通过。直到 1992 年，经过吴剑旗的不懈努力，他的课题才终于得到了上级的支持。至此，中国反隐身雷达的研究才真正迈出了第一步。

接下来，吴剑旗所面临的，才是更为艰苦的攻坚战。因为当时国内对于米波雷达探测隐形飞机的研究，可以说是一片空白，根本就无案可稽，无迹可寻。于是，吴剑旗就带领着研究团队，毅然决然地迈向了这个无人涉足的荒野。在这片充满风沙的荒野上行进，既是艰难的，也是孤独的。风沙之中，你看不到确切的未来，甚至都不知道荒野的尽头会有什么在等待着你，也许十年二十年的努力，到最后换来只是一个一触即破的肥皂泡。然而，吴剑旗绝没有因此而见艰生畏，见难而退，因为他深深懂得，不管是干什么事情，要想成就一番大业，就一定要立定志向，不畏艰难险阻，百折不挠地勇往直前，这就诚如宋代著名政治家王安石所说："世之奇伟、瑰怪，非常之观，常在于险远，而人之所罕至焉，故非有志者不能至也。"确实，一个人如果没有宏大高远的志向，没有以坚克难的豪情，总是畏首畏尾，怕这怕那，总是人云亦云，亦步亦趋，老跟在别人的屁股后面跑，那么吃到的就永远只是人家嚼过的馍，没有一点新鲜味儿，那么看到的就永远只是人家见过的景，绝不会有眼睛为之一亮的全新景象扑入自己的眼帘。所以，要成为一个有志于科技报国的勇士，就一定要不由恒蹊，另辟蹊径，以无所畏惧的精神去荡平前行路上的一切艰难险阻，去闯出一条他人既不敢想、更不敢走的全新道路来。经过这样的一番认真思索，吴剑旗科技报国的信念就越发坚定，勇闯新路的方向就越发明确，因此他也就在心底里不断地这样激励自己：只要满怀壮志，无所畏惧，持恒不懈地勇往直前，那就终将会迎来收获成功的那一天！心志愈坚了，方向更明了，吴剑旗带领的科研团队，也就一个个勇力陡增，在漫天风沙之中肩并着肩，手挽着手，矢志不移地向着前方，勇敢地迈进，迈进，永不停息地迈进！

从 26 岁成为课题带头人开始，吴剑旗就习惯了"挑担子"。"雷达科研，关系国防大业。我们的担子就是责任。这源于组织的信任，国家的需要，也是我的事业追求。作为一名党员，更应该时刻冲在前面，做出表率。"吴剑旗始终是一个言行一致的人，他说到做到，处处都为大家做出了榜样。

偏远地方的试验，他带头去，一连几个月都不回家；节假日加班，第一个到的是他，最后一个走的也是他；遇到危险的环节，他总是自己先上，确定安全了，然后再让大家去行动。吴剑旗这种身先士卒的精神，感染了每个团队成员，在团队中形成了一股巨大的凝聚力。一次，在某项目外场试验攻关之时，正逢国庆节，当吴剑旗"十一"上午一早就出现在试验现场时，大家都发自内心地齐展展地鼓起掌来，这就使吴剑旗心里更是感到热得发烫。

吴剑旗他们不仅要在实验室埋头演算和研究，还经常要进入偏远的深山进行试验，在险峻山势上爬行，在深山茂林中住宿，几个月不回家乃是经常的事情。雷达研制工作不仅艰苦，而且还有危险，因为雷达的试验阵地，一般都设在地势险峻的地方，多数都是无人区。有一次，他们去检查装备的时候，一个同事意外受伤，可当地手机没有信号，一时间连救援都找不到。没办法，只能由队员自己抬着，步行十多公里山路出去寻找救援，其中还有好几个是女同志。雷达研制过程中，时间也特别紧张，在遇到非典这个特殊时期时，他们一天也没有放过假。当时这个雷达需要外场的检验实验，而这个检验地点正好在疫区，接到任务后，他们团队所有的人没有一个提出来说不去，而且整个团队在那里一待就是89天，一直到把这个项目的检验科目全部完成了，大家才带着胜利的微笑，高高兴兴地返回机关。

一路之上，吴剑旗带领他的团队遇到过很多困难，甚至还走错过路。在陷入困境的时候，是人而不是神的吴剑旗，有时候也难免会感到疲惫。此时，他就经常会坐在实验室里一言不发，陷入深深的沉思之中。但是，这也不过是一会儿的事，很快他就会重新抖擞起精神，鼓励同仁们总结经验，试一次，再试一次！

2000年，吴剑旗团队完成了预研课题的全部内容。这时候，他们已经隐隐约约地看到了荒野之中的那片绿洲。但是他们更加明白，这一成果在向装备转化的过程中，还将会耗去他们很多很多的心血，于是他们就更鼓足了勇气，越发坚定地加紧了自己实验的进程。从那以后，团队又日复一日，年复一年，苦心孤诣地进行了十个年头的艰苦实验。

皇天不负有心人，矢志不移终有获。终于，2012年，反隐身米波雷达完成了一级设计定型工作。对吴剑旗他们来说，这可是一件意义非同寻常的大事情，因为它意味着我国独立自主地研制出了反隐身米波雷达的新技术！长达 20 年的研究工作终于完成，接下来就是正式应用了，吴剑旗不由得心潮翻滚，激动万分！因为他盼望这一天已经盼望得太久了，他迫不及待地希望这一天能早一点到来，好让他能够痛痛快快地煞一煞美国隐形机的威风，以使多年以来憋在自己心头的那股怨恨之气，能够完全地得到尽情的释放。

很快，这个机会终于给他盼来了！2013 年，美国的 F-22 隐身战斗机突然出现在了我国南海。良机就在眼前，岂能轻易错失，吴剑旗团队研制出的米波雷达立即启动，并迅即锁定了美国的隐形机。消息不胫而走，全世界都为之一振。因为这就意味着，从此时开始，美国的隐形飞机就不再"隐形"了，吴剑旗研制的雷达技术已成为空中的无死角天网！同时这也意味着，吴剑旗已兑现了他当年的誓言，因为就我国现有的火力来说，美国的隐身战机一旦被发现，那它就势必难逃毁灭的命运，这也就是说，被发现的美国隐形机，当真就不过是一堆会飞的废铜烂铁而已！

### 待到山花烂漫时，她在丛中笑

在 2013 年之前，已崭露头角的吴剑旗业已声名鹊起，而自此以后，他就更是声名远播，享誉国内外了。

2013 年国际雷达会议在澳大利亚的阿莱德召开，20 余个国家和地区的近 300 位雷达专家和学者参加了会议。在大会开幕式的特邀报告席上，第一次出现了亚洲科学家吴剑旗的身影，他的报告引起了强烈的反响。

2014 年，受法国国际雷达会议主席的邀请，吴剑旗再次率领代表团参加在法国里尔举办的 2014 年法国国际雷达会议，并作了专题报告，就更是引起了国际知名雷达专家的广泛关注。

2015 年 9 月 3 日纪念抗战胜利 70 周年阅兵式上，由吴剑旗团队研制的世界上首个采用 DBF 体制的 305A 机动式三坐标雷达，在天安门广场上接受了党和全国人民的检阅，在我国雷达发展史上留下了浓墨重彩的一笔，树立了我国雷达研究的新的里程碑。

2016 年 11 月 1 日，我国珠海航展开幕，在开幕式前一天，吴剑旗即以中国电子科技集团首席科学家的身份第一次公开亮相，接受央视记者的采访。

2017 年，吴剑旗和他的团队获中国电子科技集团最高科技奖。

2018 年 2 月 15 日，吴剑旗参加了中央春节团拜会。2018 年 3 月 18 日，央视《对话》栏目 "我是总师系列"，推出吴剑旗专场，主持人最后对吴剑旗作了这样的评价："是他让我国反隐身雷达从追赶者变为世界领路人"。2018 年 8 月，吴剑旗作为安徽省和中国电科唯一专家代表受中央组织部邀请，和全国各领域的高精尖专家、院士一起到被称为 "夏都" 的北戴河休假，并接受《人民日报》等媒体在内的多家记者采访。

2020 年吴剑旗当选 "全国先进工作者"，在京接受党中央和国务院的表彰。

2021 年 11 月 18 日，吴剑旗荣膺中国工程院院士。工程院在他的院士简介中这样写道：吴剑旗，中国电科首席科学家，38 所科技主任。他连续 30 年从事反隐身雷达理论探索……从无到有的形成了我国对隐身飞机预警监视和拦截引导作战能力的跨越，推动了我国反隐身米波雷达技术研究从"跟跑"到"领跑"的转变。

他所获的成果奖励，也接踵而至：获得国家科技进步奖一等奖 1 项、二等奖 3 项，获国防一、二等科学技术奖多项，集团特等、一等科技奖多项（此中有部分成果奖是在 2013 年前就获得的）。

他所获的各种荣誉，也同样纷至沓来：2014 年入选国家百千万人才工程；2017 年获首届"全国创新争先奖"；2017 年获安徽省重大科技成就奖；2018 年获第三届"杰出工程师奖"；2018 年获中国电子科技集团有限公司最高科技成就奖；2020 年被评为"全国先进工作者"；2021 年 11 月，中国工程院院士这一至高荣誉降临到了他的头上。

综上可见，如今的吴剑旗，已经成为了中国雷达技术当之无愧的掌门人。

毋庸讳言，在一些世人的眼中，往往将成果和荣誉看得很重很重，可在吴剑旗的心目中，创新的过程，不仅是报效国家的过程，同时也是自我成长的过程。所以当世界各国都对他的成就投来羡慕的目光时，他却依旧波澜不惊，平静如初。因为在他看来，这一切都只是他对自己梦想的矢志不渝的追求，完全是一个科学家理所应当做的事情。他目光高远，心胸豁达，两眼总是盯着前方一个又一个更新更高的目标，永不止息地在不断向前奋进。他决心借助 38 所这个"国家队"平台，充分利用自己的专业优势，再铸造一支支反隐身的利剑，以让祖国的蓝天，永远云轻星粲。

在吴剑旗的心目中，成绩都业已成为过去，未来的一切都还有待于自己重新去开创。说到未来，吴剑旗微微一笑，云淡风轻、气定神闲地说："下一个目标，将是全新的第五代雷达。"第五代雷达是一种综合应用光处理、光网络并具有极大带宽、极高分辨力的全息感知雷达，不仅能精确测量目标的多维参数，而且能准确识别目标。更为关键的是，通过第五代雷达的发展，我国的雷达技术发展将进一步摆脱跟随发展模式，真正成为世界的领跑者。

"亦余心之所善兮，虽九死其犹未悔"，炽热的报国热情，执着的科研志向，这永远是吴剑旗不竭的动力源泉，也是他在反隐雷达研究方面获得成功的根本原因。眼见着千辛万苦换得的成功来到自己面前时，吴剑旗无疑也感到舒心，感到欣慰，发出由衷的微笑，这或许也就是人们常说的"待到山花烂漫时，她在丛中笑"吧！不过，曾发出"不成利剑，誓不罢休"豪言的吴剑旗，绝没有因此而自满自足，更没有就此而止步不前，因为他深知，在我们不断取得进步的时候，我们的对手也不会安然地躺着睡大觉。所以，已经过了知天命之年的他，依然决心再干二十年，以彻彻底底地制服美国的隐形飞机，让它再也不敢，而且也断然不能，在我们中国人民和世界人民面前放肆撒泼，胡作非为，从而让我们中国人民和全世界人民，永远都太平无事，幸福安宁。

"跨界""杂家"薛伟

人物简介：薛伟，工学博士，教授，博士研究生导师，温州大学副校长，享受国务院政府特殊津贴，温州市杰出人才；激光加工机器人国家级国际科技合作基地主任，中国机械工程学会特种加工分会常务理事、浙江省机械工程学会副理事长、温州市机械工程学会理事长；主持或参与国家、省级科研项目10多项，获省级科学技术一、二、三等奖共6项，以第一发明人获国内发明专利4项、美国发明专利2项，发表学术论文百余篇，其中被SCI收录的学术论文40余篇，主编教材4部；2022年年关将至时，薛伟又获得一项新的殊荣，即当选为俄罗斯工程院院士。俄罗斯工程院是具有重要国际学术影响力的科学机构，全球100余位外籍院士，都是在科学和技术领域里取得重大成就方能位列其中，如中国工程院原院长宋健、徐匡迪和现任院长李晓红等声名卓著的科学家，与有荣焉。

## 亮相世界青科会　与会者尽皆为之动容

温州大学办学八十余载，始终秉承"佑启乡邦"的服务精神，坚守"顶天立地"的科研之路，努力让智慧之光穿透大学围墙，与地方经济社会发展互助并进、共生共荣。特别是近些年来，温大师生认真落实习近平总书记"广大科技工作者要把论文写在祖国的大地上，把科技成果应用在实现现代化的伟大事业中"的指示精神，在科学研究和服务地方经济发展方面更是狠下了超乎寻常的刻苦功夫，取得了前所未有的巨大成果。

2019 年 10 月 26 日，一场光与电的头脑风暴正在浙南·云谷进行。在世界青年科学家大会分论坛——温州激光与光电智能制造高端国际学术论坛上，来自世界各地这一领域的科学家聚集一起，共享最前沿的技术和创新成果。

"温州大学激光与光电智能制造研究院肩负着引领温州乃至中国激光与光电产业崛起和激光与光电行业科技发展的重任。希望本次论坛能够进一步引导集聚全球科技创新资源，组建青年英才智库，推动温州融入全球科技创新体系，促进产业转型升级。"台上正在发言的主持人，是温州大学的副校长薛伟教授，他的发言赢得了所有与会代表的热烈掌声。这场论坛，是薛伟承担的青科会三个分会场中的一个。为了这次会议的顺利召开，在近 10 个月的筹备工作中，薛伟带领 10 余人的研究团队奋战一线，事必躬亲，简直忙得不亦乐乎。可以说，大会的每一个环节，都渗透着薛伟倾力付出的心血和智慧。

### 倾心深耕厚植　做扎根一线的杂家

薛伟并非是土生土长的温州人，他出生在江苏省沙洲县南沙镇（现已更名为张家港市金港街道）一个名叫占文桥的小集镇上。1977 年，高中毕业后的薛伟，在家乡留校当了一年的民办中学教师。1978 年，即恢复高考后的第二年，他如愿考上了全国重点高校——江苏大学，就读机械制造工艺设备及自动化专业。先工作后求学的经历，让他加倍珍惜来之不易的学习机会，所以求学期间，他一口气修完了本科和硕士研究生学业。

1985 年 7 月研究生毕业后，薛伟留校工作了 4 年，因为爱人是温州人，从爱人口中他了解到温州人的很多故事，被温州人"敢为天下先"的精神深深感召，1989 年 7 月，28 岁的他调到了温州大学工作。他因此常常笑侃自己是为了爱来到温州，并在温州扎根的，而且这一待就是 30 个年头。

来到温州大学后，薛伟既是一名教师，又是一名学科带头人，同时还是一名副校长，他先后分管过校内行政和资产管理、学校学科建设、研究生培养、本科生教育和地方合作等多方面的工作。

2006 年，温州大学正面临院校整合的关键时期，分管校内行政和国有资产管理等工作的薛伟，即刻组织开展全校资产清查工作，并带队走访十几个二级学院，坚持亲自讲解资产管理理念、统一资产管理模式，从而形成了完善的资产管理机制。清查整合工作一干就是一年多，做到了账账相符、账物相符，事情虽然复杂繁琐，但是能为此后的学校形成流畅规范的资产管理体系，薛伟不免总是爽朗一笑："干得值！"

2008 年，薛伟开始分管人事工作。在分管的 6 年间，他完成了校内工资、国发工资分级和绩效工资等一系列收入改革方案。他笑侃自己是个闲不住的人，爱"折腾"是他的最大"特质"。可他这爱折腾的特质，却赢得了学校老师们的一致好评。大家心目中的薛伟，心系人才建设，关心员工收入，实实在在为学校的发展出了大力，做了好事。他推出的"瓯江特聘教授"政策，解决了校内教师和引进人才的薪酬平衡问题，最大限度地减少人才流失，稳定了人才队伍，真正达到了留住人、用好人的目的。他建立起的薪酬体制，不断推动着温大的人才队伍建设，并一直保留沿用至今。

2014年6月，薛伟开始接管教学工作，一接手他就马不停蹄地开展本科教学的审核性评估，因为在他的眼中，这是一项促进人才培养的根本性工作。通过缜密的谋划，课堂教学创新行动计划、本科专业发展规划、校内专业评估、最具竞争力专业评选等一系列措施陆续出台，很快就形成了一套完备的本科教育制度体系。这些措施落实以后，可谓是成效立显，学校本科人才培养单项排名一下攀升至全国的第187位，毕业生就业率也保持在90%以上，学校教学工作从此跃上了一个新台阶。

薛伟一直十分重视本科教学，他经常外出调研、观摩，尽心学习其他高校这方面的经验。"现在，国家对人才培养提出了新要求、新理念和新举措，作为一名'温大人'，我们有义务也有责任谋划好未来几年的教学计划，以促进学校更好更快地向前发展。"每每谈起温大的发展，在薛伟的脸上看不到一丝倦意，他的眼神里始终透露着坚定的神情，他说的每句话也都字字铿锵有力。他说，他为自己是一名温大人而骄傲，第二故乡给予他的这份职业和使命，让他饱含深情，决心在有生之年为温大的腾飞竭尽自己之所能。近期，学校又推出了两个"行动计划"，即一流本科教育三年行动计划（本科教育20条）和卓越研究生教育三年行动计划（研究生教育20条），温大的人才培养，正全面深入、井然有序地推进着。

他还特别强调要重视传统文化的传承教育。温大龙舟队，就是在他的力主下诞生的。起初，有些老师对此并不十分理解。薛伟就给大家缓缓地道说："学校要想扩大影响力，学科建设是重中之重，而体育竞赛也是关键之举。加强体育运动、增强文化自信，这是当代大学生必修的课程。"近年来，国内、国际龙舟赛的成绩榜上，都少不了温大的名字，而且每每是成绩斐然，名列前茅，这就极大地提升了温大的知名度和文化影响力。

此外，学校文化阵地的打造，也一直是薛伟主抓的一个环节。2007年4月，他主持开启校史馆的建设工作，并提出"公共认识，历览前贤，高山仰止"的建设理念。为此，他多次找到温州书法名家、原温大教师张索，希望他能亲力这项工作。前期的筹备阶段，他们特意去上海、南京等十余个城市参观学习，吸取其他高校这方面的经验。在具体打造的过程中，薛伟特别坚持全实物呈现效果，还原历史真实感，既1比1打造老温大校门，又追溯1933年的一楼历史溯源区，并展示今日温大全新面貌的二楼展馆……在学校办学75周年之际，这座学校有史以来最大的记忆工程圆满落成，并与世人见面，里面陈列展示的器物、照片、手稿、模型、影像等史料，共有3740余件，它们不仅记载了温大几十年风雨兼程的办学历程，也传承着几代温大人的优秀传统，已经成为所有温大人共同的精神家园。当然，这其中也倾注了薛伟心系温大的深厚情感。

2016年7月，学校又将冲击浙江省重点建设高校和博士学位授予单位的重任交给了薛伟。面对当时学科综合实力偏弱、布局不尽合理等问题，薛伟提出了"借船出海"战略。当时，他积极寻访国内外知名大学，以至诚之心与他们达成了联合培养博士研究生和博士后的意向，全力打造学校的学科高地，不断推进"升博"行动，终于取得了令人满意的成效。

学校教育是为社会服务的，学科建设无疑也与地方经济的发展有着极为密切的关系，薛伟敏锐地感觉到，温州作为中国民营经济最活跃的地区之一，正深入实施创新驱动发展战略，而在这转型发展的过程中，经济和社会事业的快速发展对温州高校承担高层次人才的培养提出了更为紧迫的需求。然而在以往，温州大部分的博士层次人才都需要从外部引进，这一局面严重制约了温州教育科技文化事业和高新技术产业的快速发展。正因为此，温州大学作为温州唯一的地方综合性大学，必须在博士人才培养方面有所作为，在服务地方、融入地方中进一步发挥智囊团和人才库的作用。

在校领导和薛伟的再三推动下，2018 年 5 月，温大召开了全校"升博"行动动员大会，"升博"行动计划正式启动，以 2020 年申请博士学位授予单位为目标，依据现有学科的发展水平、比较优势、区位优势等条件，遴选出若干个学科作为博士培育点进行重点建设。由于方向明确，措施扎实，现在的温州大学师生，正铆足干劲，积极作为，为赢得更广阔的发展空间而奋力前行。

## 潜心科学研究　做扎根本土的专家

1989 年，薛伟从江苏大学调任温州大学。当年，合并前的温州大学正值创建初期，学科专业建设也在起步阶段，由于学校对专业建设的投入不足，学校的发展始终停滞不前。薛伟看在眼里，急在心上，于是，他便凭借自身的专业优势，快速组建科研团队，立即投入到了机械制造工程专业的建设中去。大到规划布局，小到设备仪器的购置，他总是跑在最前，干得最勤，目的就是为了落地一个真正的科研实验室，为机械专业的建设奠定硬件基础，为学校的发展开疆拓土。

欲成一件事，必须既有前瞻性，又有行动力。为促进中国（温州）激光与光电产业集群基地的建设，三年前，薛伟就不遗余力地推动学校机械工程学科的发展，携手地方成立温州大学激光与光电智能制造研究院。多年来，他带领温州大学激光与光电智能制造研究院团队，从无到有，从有到优，为温州产业的转型升级不断砥砺前行。

薛伟眼光独具，善抓先机，他别出心裁地与浙南科技城签署了合作协议，创立了具有独立事业法人性质的研究院和工商注册的研究院有限公司。同时，他还召集专家，引进人才，在最短的时间内集聚了校内外最优的资源和3000多万元的政府财政资助。薛伟办事颇具预见，行动果敢，为使研究院有更广阔的发展前景，他力主将校内价值2800万元的科研设备搬到距离学校30公里外的研究院。因仅搬迁费一项就高达30万元，当时虽遭到各方面的极大质疑，然而从情势的发展角度来看，这显然是为研究院工作的顺利开展奠定坚实基础的关键之举，所以原先那些持不同意见的人，如今对薛伟当时的举措也不得不由衷叹服。

与此同时，他还建章立制，充分调动团队积极性，给予充足的科研经费，并创造性地建立研究生入驻激励机制。2016年12月，研究院正式注册成立，薛伟任法定代表人兼研究院院长。经过3年的努力打造，研究院现已取得3项国家重点项目和多项省部级科研奖励，授权发明专利 100 多项，同时，还孵化出了八家科技型企业，技术服务与转让金额超 2000 万元。其中，温大一位硕士毕业生经研究院的孵化和培育，创立了领伟创新智能系统（浙江）有限公司，在一年不到的时间里，就实现了 1000 多万元的产值，并拿到了 200 万元的温州市"卡脖子"科技专项。这就说明，以研究院为依托创建的浙江温州激光与光电产业创新服务综合体，已开始为地方经济的转型发展做出了一定的贡献，研究院的发展已逐渐形成了温大品牌和产生了较大的社会影响力。正因为此，温大研究院已经多次受到市委和市政府领导的高度赞扬。

前不久，在温州举办了世界青科会，温州大学任务艰巨，承担了三个分会场的会议工作。其中，激光研究院就是其中一个重点分会场，为使这一重点分会场出彩放光，薛伟就不畏艰难，勇挑重任，他决心通过这个交流平台，不仅能让世界顶级力量和高端人才真正了解和关注温州经济的发展情况，而且还能吸引外商投入到温州的发展中来，并由此架起互通的桥梁，让温州在世界上产生其特有的影响力。薛伟团队的刻苦努力，果然得到了丰厚的回报，在这次的分论坛上，就促成了多个合作项目落地，并在现场进行了签约仪式，形成了长效的交流机制。看到研究院的努力为温州企业带来了如此的福音，薛伟的脸上露出了欣慰又灿烂的笑容。

不断地"跨界"，使薛伟成为了名副其实的"杂家"，不过在他的内心深处，学科发展始终是他坚守几十年的初心。全力利用好科研成果来助推温州产业的发展，一直是他的初衷和愿景。他说："温州产业发展的着力点必须是发展好温州的传统产业，所谓的传统产业转型升级，应该是在生产方式上下功夫，实现机器换人和智能制造，实现生产系统的数字化和智能化，使产业的内涵真正得到提升。我们要做的，就是利用好走出去的研究院，充分进行技术研发、高端制造服务、检测服务，并助力孵化创新企业，助推人才培养，促进国际合作，着力打造一个综合服务平台！"

对于科学研究和学科建设工作，薛伟30年如一日，始终饱含着澎湃的激情和不懈的钻研精神，因为在他的眼中，这两者始终是相辅相成，紧密联系在一起的。"我认为，在温州的这片土地上，只有先做到'立地'，尔后才能做到'顶天'。只有真正做好学校的学科建设，才能充分助力科研发展，这不仅仅是一个'输血'的过程，更需要不断提升'造血'的能力。"不忘初心，方得始终，在薛伟的身上，之所以始终充满着一股让人被深深感染的强大力量，其源盖出于此。

无论是开工作会议，还是作专题学术报告，薛伟总是全程脱稿，侃侃而谈，引经据典信手拈来，一副胸有成竹的自信模样，一讲就是一个多小时。薛伟笑言，几十年来，几乎所有做过的工作都牢牢地储存在他的大脑里了。不过，他接着便说："现在我打算买一本倒计时台历摆在桌子的最显眼处，因为这是我行政工作生涯的最后一年半时间，我想用这本台历警醒自己，在岗一分钟，干好六十秒！"说到此处，薛伟又发出了他那具有薛氏特色的爽朗笑声。

# 积极探寻产学研合作新路　全力推动地方经济的发展

多年来，产学研合作一直是形成我国科技与经济"两张皮"现象的突出问题，也是多次科技体制改革的核心内容，但长期以来一直没有能得到真正有效的解决。有人因此说，科技创新成果从实验室到成熟产品的过程，常被称为"死亡之谷"。

薛伟教授对此作了长期的深入思考，并逐渐形成了他独特而深刻的认识："从相关数据看，科技创新成果真正实现转让、许可转化的比例并不高，内中的原因是多方面的，比如多数研发和出资人都希望能一步到位、一炮打响，可他们往往忽略了成果转化的艰难之处：一是科技人员并不了解市场和产业对产品的具体需求；二是企业不了解核心技术的难点和潜能之所在，两者之间虽看似易于结合，而其实却难以融合；三是产业和学研之间因为缺乏专业化的第三方公共支撑与服务来'保驾护航'，死亡率高和离婚率高也就势必在所难免。所以，我们应该清醒地认识到，从高新技术成果转化的成活率，到成果产业化的市场占有率，都有一个相当艰巨的过程。要突破此中的一个个瓶颈，就必须一方面通过机制创新，促使科研院所的科技专家往'下'走一步，将实验室技术发展为工业技术；另一方面又促使企业技术人员往'上'走一步，理解并帮助解决转化过程中遇到的各种难题。"薛伟还由此得出了这样一个结论：产学研合作是创新驱动发展战略的关键环节，推进产学研深度融合是一项系统工程，需要"政、产、学、研、资"多方参与，形成强大的合力，共同协调推进，才能取得理想的成果。

正是基于这样的深刻认识，薛伟教授就在他领衔创立的温州大学激光与光电智能制造研究院，进行了大胆的探索，有益的尝试，在许多方面都做出了系统的安排，实在的规划，从而使产学研深度融合形成了一个切实可行的创新链条。他们将激光与光电智能制造创新的前端基础应用研究，中端的技术服务与交易，后端的成果孵化与投融资服务，整合成一个开放式激光与光电创新网络，既从全局着眼运筹谋划，又始终不忘加以整体推进。通过一段时间的精心运作，现在不仅已经开发出硬脆材料切割设备、复杂型面激光焊接系统、基于机器视觉与激光测量的轴瓦智能检测系统等系列产品，而且终于使产学研合作服务企业发展至 100 余家，使技术服务工作渐增至 150 余项，服务收入亦已达 2000 余万元。而尤为可喜的是，经过近年来的努力打造，研究院已取得 3 项国家重点项目和多项省部级科研奖励，授权发明专利 100 多项，同时，还孵化出了 18 家科技型企业。其中，温大一位硕士毕业生经研究院的孵化和培育，更是创立了领伟创新智能系统（浙江）有限公司，在一年不到的时间里，就实现了 1000 多万元的产值，并拿到了 200 万元的温州市"卡脖子"科技专项。辛劳没有白费，汗水浇出甜果，以研究院为依托创建的浙江温州激光与光电产业创新服务综合体，正在为并将继续为地方经济的转型发展，做出其应有的巨大贡献。研究院眼下不仅已经成为了温大的一个品牌，并且还产生了颇具名声的社会影响力，市委、市政府领导就曾多次给予了高度的赞扬。

　　2020 年是极其不平凡的一年，疫情突如其来，且来势汹汹，各行各业都受到严重的影响和冲击。但温州大学薛伟教授带领的科研团队却不畏艰难，砥砺前行，在服务国家重大战略需求和服务地方产业发展方面，锲而不舍，上下求索，取得了累累硕果。

在中国发明协会、中国产学研合作促进会分别公布的 2020 年发明创业奖·创新奖和 2020 年中国产学研合作创新与促进奖中，温州大学激光与光电智能制造研究院就斩获了产学研合作创新奖（单位），研究院薛伟教授团队的技术成果《复杂构件激光强化与复合制造关键技术及应用》则获得了发明创业奖·创新奖一等奖，研究院创新团队薛伟教授还获得了产学研合作创新个人奖。所有这些成绩，都见证了薛伟领衔的研究院经过四年来的发展，在产学研创新工作中已迈向了一个全新的高度。

这次获发明创业奖创新奖一等奖的《复杂构件激光强化与复合制造关键技术及应用》，在理论方面突破了我国航空发动机领域一直存在的整体叶盘和机匣、机身承力梁、盾构机等复杂构件的激光强化和再制造难题，填补了国内空白，部分指标还达到了国际领先水平。同时，高端复杂构件激光冲击强化与复合再制造理论、关键技术和成套装备等，还获得发明专利 47 件，学术论文亦被美国工程院院士、中国科学院院士、斯洛文尼亚双院院士等引用并获得好评。多年来，他们的科研技术成果，在沈飞、常州金坛腾远、徐工集团、凯宫重工、河北瑞兆、江南阀门等企业，被广泛应用于航空发动机、大飞机、汽轮机、重型机械和汽车零部件抗疲劳制造和再制造，不仅极大地促进了我国高端构件激光强化和再制造行业的技术进步，而且还提升了我国相关领域的国际竞争力。

提起薛伟教授，业内外人士最中肯的评价是"接地气"。一直以来，他确实特别注重服务地方产业需求，常常是先行先试，快行快试，不断打破旧体制，努力创立新机制，想方设法以产学研合作深度融合，助力温州激光与光电产业高质量发展。如今，他领衔创立的温州大学激光与光电智能制造研究院，已成为温州大学服务地方产业的"领头羊"，近几年更是屡获出色战绩，先后获得浙江省首批新型研发机构、浙江省工程实验室、浙江－俄罗斯（温州大学）超快激光先进制造国际合作联合实验室、浙江省激光与光电智能制造协同创新中心等，研究院运营的浙江省温州激光与光电产业创新服务综合体获省级优秀综合体。在温大研究院的引领下，诸多企业的创新资源配置在渐趋优化，创新要素在越发集聚，创新潜能在不断被激发，发展的势头越来越猛，目前温州激光与光电行业关联企业已有 461 家，实现工业总产值 724.76 亿元。

产学研合作创新奖是中国产学研合作创新与促进奖之一，是我国唯一面向产学研协同创新的最高荣誉奖，具备向国家奖励择优推荐国家三大科技奖项资格，每年仅评选一次，温大研究院能获此奖确实是至为不易。这两项荣誉的取得，标志着薛伟教授团队在产学研合作创新工作中又迈上了一个新的台阶，必将为温州"一区一廊一会一室"和"重要窗口"建设，更添砖加瓦，更增光添彩。

（此文由林辰辰、徐雅、蔡燕、张强、董玲等供稿，丁品森对这些文稿进行了调整、整合，并做了适当修改）

香山民间传说

# 孔子遇见季樵子

相传，孔子当年到金陵（今南京）讲学时，听说姑苏（今苏州）西北、长江南岸，有一座景色秀丽的香山，以悠久的历史和丰富的人文资源在江南众山中独领风骚，孔子得知后当即就决定去香山一游，以领略香山这座文化宝库的特有魅力。

离了金陵，孔子放船沿长江顺势东下，仅一天工夫就来到了香山北麓。拢船靠岸之后，他就一步步向香山走来。边走边放眼向南望去，果见香山虎踞龙盘，层峦叠嶂，满山青翠，花团锦簇，使他直感心旷神怡，有一种难以言说的愉悦之情。

来到香山脚下，一阵悦耳的山歌声随风入耳，孔子不觉驻足细听起来，只听得：

"啥山高来啥山低？

啥山顶上出金鸡？

啥个山有八角井？

啥山十庙正朝西？"

听完这四句，孔子心里想道：嗬嗬，这唱山歌者声音嫩嫩的，分明还是个孩童嘛，难得他唱得如此投入，如此动人，可真不简单哪！

这时，山歌声又起：

"香山高来镇山低。

凤凰山顶出金鸡。

定山上有八只角。

斗山十庙正朝西。"

孔子先前从未来过江南，对山歌里所唱的内容颇感新鲜有趣，于是便想去见见那个唱山歌的人。循声来到香山脚下的树林边，见一少年正手拿柴刀在砍柴，孔子便问："小官人，方才唱山歌的人，可是你？"

砍柴少年见有人问话，便站起身来很有礼貌地答道："老丈您好，刚才的山歌是我唱的，不知老丈有何见教？"

孔子向少年细细打量，只见他身高四尺，生得天庭饱满，齿白唇红，双眼炯炯，透着机灵。他虽身穿旧衣，却整洁得体，答话又不卑不亢，彬彬有礼，确实是非同凡俗，决非等闲之辈。孔子越看越喜，越看越爱：好一个丰神少年，好一颗沙中明珠！于是便和颜悦色地问道："不知小官人今年几岁？姓啥叫啥？双亲是谁？家住何地？"

砍柴少年一点也不怕生，神情自然地答道："我今年虚度十二，姓季名学贤，因我八岁就开始上山砍柴，所以乡亲们都叫我樵子。我家住在山下的季家埭，父母在我三岁时就双双故去。双亲亡故后，即由季氏族人将我抚养至今。我如今砍的柴，大多送给族人煮炊，以略报他们的养育之恩。"

孔子听樵子这么一说，心中不免恻然。稍停片刻后，他又接着问道："不知你刚才所唱的山歌是何人所教？"

樵子答道："族中有一老秀才，我五岁时就教我读书写字，作诗填词，闲来无事时，两人还经常对对山歌，找点乐趣。刚才的山歌乃是我自写自唱的，如有不当，还望老丈多多赐教！"

孔子听樵子如此对答，不禁陡生跟樵子互对山歌的念头来，便说："既然这样，那就让我俩一起对对山歌如何？"

"对山歌好哇，不过得先请老丈坐下，要不您不是太累了么？"说着，季樵子就亲亲热热地拉着孔子的手，一起在两块石头上对坐了下来。坐定以后，季樵子又充满童真地对孔子说道："老丈是客人，理当由您先唱！"

孔子也不客气，便先唱起了一首山歌来：

"天上啥个一点红？

天上啥个一片白？

天上啥个颠倒挂？

天上啥个紧包拢？"

樵子略一思索，随即对唱道：

"日出东方一点红。

天下大雪一片白。

下弦月亮颠倒挂。

圆圆太阳紧包拢。"

孔子见樵子才思如此敏捷，对歌又如此得体，觉得这少年确实是个可造之材，不由顿生收徒之念。不过他转而又想，如此决定不免过早了一点，不妨再试他一试，待情况摸得更清一点后再作定夺。于是便说道："小官人，咱俩能够在此相遇，也算是今生有缘，方才我们已经对了山歌，现在再对一对对子如何？"

樵子到底是小孩心性，心想平日里只是跟族中老秀才和小伙伴们一起作诗填词，唱山歌，对对联，还从未跟外人正儿八经地对过对联，今日得遇这样的好事儿，岂不是千载难逢的良机吗？于是便满脸是笑地连连说道："太好了，太好了，那就请老丈先出上联吧！"

孔子放眼向四野一瞧，见不远处正好有人推着一辆手推车载着石头，在泥路上吱吱呀呀地前行着，心想今天可真是太巧了，这上联真可谓是得来全不费工夫哪，所以也就并不推辞，立马接口说道："那好，我们就以眼前的情景为内容，对上一个对子吧。我这上联是'车载石头，石重车轻轻载重'，现在就请小官人对个下联吧。"

季樵子闻言，目光向附近的地里一扫，见一农夫正用一张弓在丈量着土地，灵感也就一下子涌了上来，便笑眯眯地说道："老丈您听好了，我这下联是'弓量土地，地长弓短短量长'，您看对得可好？"

孔子见季樵子反应如此机敏，对子又对得这样得体，心中更是大喜过望，不由得连声夸赞道："对得好，对得好，你可真是一个聪明的好孩子！"

季樵子见老人这么称夸自己，对对子的兴致自然也就更被激发了出来，于是便说："这不过是小试牛刀而已，根本就不值得这么大加称夸！如果老丈肯赏脸的话，我愿再向老丈多学习学习！"

孔子见这孩子如此好学上进，心中更是乐不可支，便说："好，好，非常好！我们再来对个对子！"

季樵子一听，不由喜形于色，连连说道："谢谢老丈不吝赐教，谢谢！那就依然请老丈以眼前的情景为内容，再出一上联，让我对一下联！"

孔子点头应允后，稍一思索，便对季樵子说："小官人，这一回我的上联是'长江南岸一山独立静无言'，现在就看你的下联了！"

季樵子听后，眼珠子骨碌碌一转，便马上脱口对答道："老丈您听好了，我这下联是'香山北麓两人对坐笑有语'，您看对得怎么样？"

孔子见樵子不仅对得神速快捷，而且还对得严丝合缝，心中不由想道："我出门游学、讲学，会过无数高人、奇人，可还从未见过如此出众的少年，他丰神飘逸、聪慧过人不说，尤其可贵的还在于他忠厚老实，懂得感恩，真可谓是貌好，才好，人品更好哇！这等奇才，可说是世上少有，若带回去再悉心栽培，日后定将成为文坛的一朵奇葩，我百年以后，岂不也就有了衣钵传人么……"

孔子正这么打着如意算盘，忽听得樵子天真烂漫地说道："老丈，您出的上联我已对了下联，现在我也出个上联，想请您老人家对个下联，可好吗？"

孔子听了，连连说道："好，好，礼尚往来，当然可以嘛，且请小官人把上联道来。"

只听得樵子朗声说道："那好，我们就也同样以眼前的景色为内容对对子，我的上联是'香山香土香山香'，就请您对个下联吧。"

孔子沉思良久，煞费脑筋，竟然也没有能对将出来，便红着脸问樵子道："你们这里的孩子，都能这样对山歌对对子吗？"

樵子答道："能呀，都能，有的孩子比我还要能对呢！"

孔子听樵子这么一说，暗自思忖道："听人说香山一带人杰地灵，才俊辈出，果然是名不虚传啊！现在我才遇到了这么一个孩子，就已经无法招架，要是再遇上那三个五个的，我这张老脸还往哪里搁呀！"想到这里，他便站立起来，一个转身折回来路，重往江边的泊船处走去。

此事完全出乎樵子的意料，他大吃一惊地快步追上前去，边追边大声说道："老丈恕罪，老丈别走，老丈请留下尊姓大名！"

孔子边走边答："老夫姓孔，名丘，字仲尼。你根本就没有什么罪过，何来恕罪之说呢？从眼下的情况来看，香山既有你季樵子，我孔丘就不能再踏上香山一步，所以还是转身折返的好，实在是抱歉了！小官人，好好努力吧，今后文坛的天下必将属于你们！"说完，孔子便径直朝江边走去。匆忙之间，收徒一事他自然也就无暇顾及了。

樵子得知老丈就是名动天下的孔子，心中好不懊恼，怨怪自己今天的行为不免太过冒失，以致丢失了进一步向孔子学习的大好机会。可是事出突然，猝不及防，一切都已无法挽回，樵子也就不想再过多自责，以免徒生烦恼了。

孔子遍览各地名山，可唯独到了香山脚下而没有能登上香山，孔子频繁到四处讲学，可唯独没有能到辖管香山的江阴讲过学，此中的原因，就在于他在香山脚下遇见了季樵子，还没有上山就碰了个不大不小的软钉子。孔子当时是以"每事问"著称的一位教坛和文坛盟主，他虚怀若谷的精神乃是人所公认的，可这一次他刚来到香山脚下就被一个孩童将了一军，而且他又听说香山地区有的就是这样智慧出众的孩子，故而也就不得不做出知难而退的选择。如若我们设身处地地为他想一想，应该说这也完全在情理之中，所以我们对孔子也就尽可不必求全责备，去妄加非议了。

故事就将结束了，有些看官也许会提出这样的问题来：樵子所出的上联，孔子因何对不出下联呢？既然连孔子都对不出，那是否说明下联根本就无法对出呢？樵子所出的上联"香山香土香山香"，看似极为平常，好像也并没有什么特异之处，因何孔子搜索枯肠竟然也对不出来呢？事实上，这个对子并不像有些人想象的那么简单。首先，它是巧用了一个回文联，要对好确有相当的难度。何谓回文联？那就是如果顺着读，它是"香山香土香山香"，若是倒过来读，它依然是"香山香土香山香"。如果不明就里，那确实是很难对得工巧的。孔子当然知道此中的奥妙，然而他毕竟准备不足，在猝不及防之中仓促上阵，自然就难免要马失前蹄了。更何况，这个对子还必须以眼前景为内容，而不能海阔天空地随意去发挥，这无疑也给下联的应对增加了更大的难度。正因为这样，尽管孔子博学多才，可他毕竟是初来乍到，对香山的风土人情可以说并不熟知，所以他一时之间难以对答出来，也就完全不足为怪了。那么，这"香山香土香山香"的上联，究竟能不能对出下联呢？回答当然是肯定的。出题的樵子在出题的瞬间，其实就想好了这样的一个下联："长江长水长江长。"你不妨仔细品味，看看他究竟是对得工还是不工，巧还是不巧。诚然，如果你智商过人，又肯动脑筋，且对香山地区的地理环境有足够的了解，那就或许有可能对出更妙更绝的下联来。

（蒋凤林搜集整理，丁品森加工修改）

# 秦始皇赐名香山

古时候，张家港境内的香山其实并不叫香山，而是叫香炉山。这是因为围绕着居中的香山，它的周边其实还有三座小山，即西北部的凤凰山，东北部的镇山（惜乎镇山已在 20 世纪八九十年代开山采石的过程中被夷为平地），以及西南部的小香山。如果由上往下俯视，西北部的凤凰山、东北部的镇山、西南部的小香山，就好比是香炉的三只脚，而中间最为高大的香山，就好比是香炉的炉身主体，这也就是说，从俯视这一特定的视角，将四山合起来看，就正像是一只香炉的模样。正因为此，想象力特别丰富的香山人，也就将香山称为了香炉山。那么，这香炉山后来又怎么会更名为香山的呢？说起来，这里面还有一段挺有趣味的小故事。

在那遥远的古代，香炉山以北并无陆地，它就紧靠在宽阔浩荡的长江边上。秦始皇一统天下之后，有一次带领文武官员乘大龙船前来江南巡察，刚好从香炉山旁驶过。那天天晴日朗，风平浪静，秦始皇站立船头，一眼瞥见香炉山山势妩媚，树木葱茏，景色颇为诱人，便顿生雅兴，决定上山一游。

下人将船靠岸停妥后，秦始皇便在随从官员的簇拥下，一步步登上了香炉山。秦始皇喜欢狩猎，他随身带着弓箭，一面观赏香炉山的奇秀风光，一面注视着鸟兽出没的动静，一旦发现目标，他即可张弓搭箭，一展身手。走着看着，忽听得近旁的草丛里窸窣地响了一下，一只野兔倏地从中蹿将了出来。久居宫中的秦始皇一见，心中好不高兴，便急忙上前追赶。谁知那野兔忽而出现在林木中，忽而隐没在草丛里，行动迅捷，神出鬼没，端的是难以追踪。随从官员唯恐秦始皇有什么闪失，连呼"陛下慢行"。可秦始皇追兔心切，以为那不过是随从官员们在小题大做，所以就装作压根儿没有听见似的，依然一个劲儿地在穷追不舍。追呀追，追呀追，一直追到一个开满鲜花的小山头上，只见那野兔往一丛嫩草里一钻，便不见了动静。秦始皇自然不肯轻易甘休，他快步奔将过去，拨开草丛细细地搜寻了起来。可是，左搜右寻了好一阵子，还是没能见到那野兔的踪影。他正待懊丧，忽地发现就在双手拨开的地方，长有一株与众不同的小草，它的叶片又肥又嫩，碧油油，水灵灵，光闪闪，亮晶晶，犹如翡翠般剔透玲珑，令他越看越喜，越瞧越爱。微风一吹，那小草还一晃一颠，一摇一摆，就像是特意在向他点头致意，对他的光临表示热忱的欢迎，更有那阵阵异香扑鼻而来，使他感到格外的心旷神怡，喜不自胜，没追上野兔的那小小的不快，也就很快全都烟消云散了。

秦始皇身为一国之主，什么样的稀世珍宝没见过，可就是没见过这等馨香扑鼻、长相特异的山间野草。于是，他便令随从官员小心翼翼地将这株小草连泥带土挖了出来，带回到了他所乘的龙船之上。较之广袤的山野，龙船的体积显然是小了许多，因此这小草在船上也就显得益发的芬芳浓郁，香气四溢，直引得船上的人无一不连声赞道："好香，好香，实在是太香了！"

　　秦始皇见老天爷今天特意赐给了一株他从未见过的异香扑鼻的奇草，心里就别提有多高兴了，于是便乐滋滋地对大家说："这山上长有此等奇异的香草，朕以为此山不该叫香炉山，必须叫'香山'才更为贴切恰当！"皇帝金口一开，自然是掌声立马响起，一片热烈的应和之声："万岁言之有理，此山理当就该叫'香山'！"此事不胫而走，一传十，十传百，"香山"之名很快就在当地的民众中广泛传播开来。从此以后，香炉山也就自然而然地被更名为香山了。

# 歪头石狮哈哈笑

　　不知你留意过没有，在许多寺庙的大门两旁，通常都蹲着两只石狮子，它们的模样也十分相像，全都歪着个脑袋，张着嘴巴在哈哈大笑着。这事儿可有什么讲究和来历？嘿，你还别说，这里边还真有一个非常有趣动人的故事呢！

　　宋朝祥符年间，江苏江阴香山（现属张家港市管辖）东麓有个陈家庄，庄上有个富户陈员外，家有仆人二十多个，其中有个小伙子名叫赖力，虽说生着个光光的癞痢头，人却长得高大魁伟，臂长腿壮，办事也特别精明能干。陈员外见赖力聪巧过人，办事有方，免不了常在家人面前夸上几句。没想到他那长得如花似玉的女儿翠翠听得多了，出于好奇，便对赖力格外地留意了起来。这么着过了些日子，赖力那魁伟英俊的长相，和超群出众的才干，当真让翠翠从心底里折服了，她也就顾不得赖力的低微出身和癞痢光头，偷偷地喜欢上了他。翠翠是陈员外的掌上明珠，对于她的要求，陈员外从来都是百依百顺，没有一样不答应的。可这婚姻之事，一个千金小姐怎好意思自己先向父亲去开口呢？于是，她便叫赖力先托媒人到她父亲那里去求婚，如果她父亲硬是不肯应允，再由她亲自出面也不为迟。赖力久居陈家，深知陈员外的品性为人，晓得凭自己的出身和长相，陈员外是断然不会应允这门婚事的，但是由于爱情有着巨大的魔力，更由于翠翠不断地在给自己壮胆和撑腰，所以他也就鼓足勇气，硬着头皮，请了个媒人去向陈员外说亲了。

陈员外平日里对赖力虽也另眼相看，但那纯粹是出于利用，并非真心喜欢，现在见赖力竟然想娶自己的女儿为妻，心中不由嘿嘿冷笑起来："哼，这可真是癞蛤蟆想吃天鹅肉了！"

不过，此人城府极深，喜怒并不露于形色。他那眼珠子骨碌碌转了几转，便不冷不热地对媒人说道："赖力想娶我女儿，这事蛮好么，不过得有三个条件：第一，他那癞痢光头实在不太雅观，必须马上长出满头黑发来；第二，得有金砖两块，每块九斤九两，日后好用它们来创建家业；第三，须送上会啼的金鸡一对，作为娶我女儿的聘礼。条件三个，限时五天，如果赖力能一一办妥，翠翠就是他的人；若是到期不能办到，就请免开尊口，休怪我陈某人势利。"媒人听陈员外这么一说，知道此事万无成功的希望，只得起身告辞。没想到脚还没有跨出大门，陈员外又郑重其事地补上了一句："赖力既然想做我的女婿，那便不能再这么屈居我的门下了，请他立刻去另谋高就吧！"

媒人碰了一鼻子灰，回去将说亲的经过情况一五一十地告诉了赖力。赖力虽早已料到事情难成，但万万没有想到陈员外会如此绝情，竟然要将他扫地出门，一股怨怒之气顿时涌上了心头。他很想找翠翠商议个对策，谁知陈员外已抢先下手，叫夫人将翠翠成天缠在了闺房之中，根本就无缘得见。"此处不留爷，自有留爷处！"一气之下，不愿受人之辱的赖力，便孑然一身离开了陈家门。

天地虽大，但此时此刻，父母早亡的赖力却已无家可归。薄暮时分，他只得来到香山脚下的一座破庙里，打算在这里暂时歇息栖身，待天明之后再作道理。男儿有泪不轻弹，只因未到伤心处，入夜以后，赖力孤身一人坐在观音菩萨的佛像前，想起苦难的身世，念及眼前的境遇，不由鼻子一酸，眼泪"吧嗒吧嗒"直往下掉。"小伙子，为何这等悲伤？"正伤心不已的赖力，忽听有人这样发问，不由大吃一惊：怪了，这夜深人静之时，这孤独破庙之中，怎来这问话之声呢？他起身环视四周，不见有人；再到门口望望，门也关得好好的，没有丝毫动静。"唉，也许压根儿就没有人问我，全是我自己脑子想糊涂了。"赖力这么想着，就又回到了原来的地方。可他刚刚坐定，那问话声便又响了起来。他飞快地抬头一看，只见跟他说话的不是别人，竟然就是那尊观音菩萨。自小为生存活命而辛苦劳碌的赖力，一来是没有钱财，二来是没有时间，从来就没有去拜过佛，敬过神，想不到在这穷困潦倒之中，菩萨却突然显了灵，这遭遇使他惊，使他喜，也使他情不自禁地来了个竹筒倒豆子，将自己的身世遭遇全都告诉了观音菩萨。听完赖力悲悲戚戚的一番诉说，观音菩萨柔声细语地安慰道："小伙子，你先别伤心，只要你心诚志坚，我再帮你个忙，你与翠翠的婚事兴许还真有成功的希望呢！"观音菩萨这几句话，像一阵和煦的春风一样，一下子吹散了弥漫在赖力心头的层层乌云，他便一个劲儿地向观音菩萨讨教起解决三个难题的具体办法来。

"若想长黑发，记住两句话：庙后有棵同名草，相克相生见奇效。"观音菩萨仅仅点拨了这么几句，就闭口不语了。这可真让赖力感到犯难了："这'同名草'可从来没有听说过，究竟是长啥模样呢？这'相克相生'，内中又有啥奥妙呢？"他思来想去，想去思来，整整动了一夜的脑筋，也没有想出什么名堂来。

第二天一早，赖力就急匆匆去到了寺庙后。放眼四顾，只见那里长满了野草，可那些草他都能叫得出名儿来，哪有什么"同名草"呢？他来来回回一棵一棵地细细察看着，依然是一无所获，他正想泄气长叹，忽然一棵癞蛤蟆草跃入了他的眼帘，他的眼睛顿时一亮，一下子福至心灵，有所领悟：这癞蛤蟆草与癞痢头都有个"癞"字，这"同名草"莫非就是说的它吗？"相克相生"，又莫非是说癞蛤蟆草能克癞痢头，使它长出满头黑发来么？想到这里，他当即拔下了那棵癞蛤蟆草，回到庙里把它的枝叶捣烂，然后挤出浆汁，将它全都涂到了自己的头上去。嘿，这一涂还真是见灵，到了第二天一早，那光秃秃的癞痢头上便当真长出了乌黑发亮的头发来。

黑发既生，娶妻有望，赖力满心喜欢，便用自己多年积攒的工钱去街上买了些香烛和供品，一来是答谢菩萨使他再生黑发之恩，二来是祈求菩萨再以神力相助，帮他去化解另外两个难题。香烟缭绕，烛光闪闪，赖力一脸虔诚，对着观音菩萨一拜再拜。大慈大悲的观音菩萨似乎当真被他感动了，终于又开口说道："金砖是我庙的镇庙之宝，若得我庙金砖，须振我庙门庭，你得了这两块金砖，能全数用来修缮我们的寺庙吗？"赖力马上接口应承道："我得了金砖，若有半钱移作他用，定遭五雷击顶！"观音菩萨见赖力发了这等重誓，便叫他近前一步，轻声告诉他说："弥勒佛脚下踩的两块黄乎乎的东西，就是两块金砖，每块正好是九斤九两。你别看那两块小不点儿的东西毫不起眼，可要在平时，任你千斤大力士也休想移挪得动，定要到子夜时分，待弥勒佛入睡歇息了，方才可以取得。"夜深人静之时，赖力依言而行，果然将弥勒佛脚下踩的那两块黄乎乎的东西取了下来，放在手里掂一掂分量，沉甸甸的确实非寻常之物。

三个条件已经具备了两个，赖力的高兴劲儿就简直难以形容了。到了第三天，他便买了更多的香烛，更厚的供品，更加虔诚地向观音菩萨不停地叩拜行礼，希望由此能得知获取会啼的金鸡的地点和方法。观音菩萨将赖力仔仔细细地盯视了好一阵子，说道："会啼的金鸡远在天边，近在眼前，不过要取得它，却有性命危险哪……"

"为了迎娶翠翠，就是拼得一死，我也心甘情愿！"不等观音菩萨把话说完，赖力就抢先接过了话头。

观音菩萨见赖力这样一往情深，志坚不移，便毫无保留地给赖力指了迷津，说是你只要明天如此这般果断行动，两只会啼的金鸡就定然会落入你的手中。临了，观音菩萨还特别叮嘱道："取时别惊慌，动作要快爽，双手若被咬，性命难保障！"赖力不仅听得十分认真，而且还字字句句都牢记在心上。

这一夜，赖力通宵未眠，只盼着五更天能早一点到来。四更时分，他就来到了庙门前的一对石狮子旁，两眼一眨不眨地在那里静静地等候着。等呀，候呀，候呀，等呀，东天好不容易渐渐地发出了道道豪光，五更天终于来到了，只见两只石狮子同时张开了大口，接着就从里面传出了"喔喔"的鸡啼之声。原来，一对会啼的金鸡，竟然就藏在这两只石狮子的身子里！说时迟，那时快，赖力早已伸出双手，分别插进了两只石狮子的口中。读到这里，一些看官定然会提出这样的疑问：寺庙门前的两只石狮子一般都相距较远，赖力怎么可能将双手同时插进两只石狮子的口中呢？此问固然有理，但此庙的情况有点特殊，因为未卜先知的观音菩萨早就预料到如今会发生这样的传奇故事，所以在建庙之初，她就特意暗示此庙的住持，让他将庙门建得稍稍窄一点。再加上，赖力又人高马大，手臂超长，所以将双手同时伸进庙门前两只石狮子的口中，也就完全不是什么问题了。接着再说那两只石狮子突然遭这意外的袭击，全都凶相毕露，双目喷火，令人十分恐惧。赖力虽说早有思想准备，但还是免不了心中一惊，双手也就抖抖的，情不自禁地迟疑了一下。谁知这一迟疑可就误了事，待他抓到金鸡想要往外抽手时，石狮子已经合上嘴巴，将他的双手牢牢地咬住了。这时，赖力虽然疼痛难熬，无法脱身，但他的双手还是死死地抓住了金鸡，说什么也不肯轻易放手。

正当赖力呼天天不应，喊地地不灵的时候，说来也巧，陈员外家的一个女佣正好从庙门前经过。赖力一见，急忙大声把她唤到跟前，将事情的根根梢梢全都竹筒倒豆子一般，说了个一清二楚，并央求她即刻回府禀告小姐，叫小姐无论如何前来会上一面。那样，他赖力即便是死了，也就能闭上双眼了。

赖力不辞而别，翠翠正急得要命，现在听女仆回来这么一说，便瞒过父亲，坐上轿子，急匆匆来到香山脚下的庙门前。这时天色渐渐放亮了，四周已有了一些围观的人群。心急火燎的翠翠，不等轿子停稳，就要紧跨出轿门，没料想一个踉跄，竟直往赖力身上跌了过去，赖力一见，便顺势往前一靠，两人正好来了个脸贴脸的零距离亲密接触。围观的人们见此情景，全都不由得大声哄笑了起来。更让人意想不到的是，两头石狮子竟然也跟着"哈哈哈哈"地发出了一阵狂笑。而正因为石狮这一笑，赖力被紧咬住的双手顿时有了松动，赖力得此千载难觅的良机，便赶紧将抓住金鸡的双手"呼"地一下从石狮子口中抽了出来。没料想，这时两只石狮子却仍然在哈哈地笑个不停。赖力本就被它们咬得苦不堪言，现在又见它们如此狂笑不已，不免余怒未息，便正手在右面石狮子的脸上狠狠地打了一记，又反手在左面石狮子的脸上重重地揍了一下，将两只石狮子的头统统打歪了。可两只石狮子却仿佛并不知疼，也不见恼，依旧乐开了嘴巴在哈哈地笑个没完没了。赖力和翠翠见了这等情状，一时间也就忘却了这几天来遭遇的种种烦恼，禁不住一起欢畅地开怀大笑起来。

刚来到庙门前时，翠翠只关心心上人的安危，其他的情况自然也就什么都无暇顾及，现在见赖力已转危为安，她就禁不住开始对他作细细的打量。而当她定神细看赖力时，只见原本癞痢光头的他，眼下竟然已变成一个满头黑发、英俊潇洒的美男子了，这自然就更让她喜出望外。爱美之心，人皆有之，而漂亮女孩或许尤为甚之，所以一见赖力头形的这一巨大变化，翠翠心里就更是狂喜不已，禁不住脱口问道："嗬，你这光头怎么会眼睛一眨，老鸡婆变鸭，转眼间就变成满头黑发了呢？"赖力见问，就绘声绘色地跟翠翠讲述了光头变黑发和获取两块金砖的具体过程，直听得翠翠时而忐忑，时而释怀，心情起伏不定，表情不断变化，而到了最后，则是对赖力更增无限爱意地开怀大笑。

眼见三个看似比登天还难的条件现在已一一具备，他俩也就喜不自胜地拿着一对金鸡、两块金砖，一起向翠翠家昂首走去。势利的陈员外做梦也没有想到，赖力会有这么大的神通，三个原先看来根本无法实现的苛刻条件，竟然都被他轻而易举地一一兑现了，更何况自己的宝贝女儿又是那样真心爱着赖力，他也就哑巴吃黄莲，有苦说不出，只得无可奈何地顺水推舟，答应将翠翠许配给了赖力。这可真是：千难万险无所惧，有情之人成眷属。

老实厚道的赖力如愿以偿，满心欢喜地娶了翠翠之后，当然不会忘记在寺庙中向菩萨许下的诺言，他立即就将那两块金砖兑换成钱币，悉数用来修缮那座寺庙。没过多久，便将那座破旧寺庙装修得金碧辉煌，焕然一新，人见人夸。从此，人们对庙中的观音菩萨无疑就更加敬重有加，前去寺庙的香客就更是源源不绝，寺里的香火也就越发鼎盛了，连庙门前那两只歪头石狮子，似乎也乐呵呵地笑得比先前更加欢畅了。

正因为那座寺庙门前的两只歪头石狮子笑容可掬，体态可爱，特别惹人喜欢，所以后来众多寺庙门前的石狮子，人们也就都把它们雕刻成了那活泼可爱、歪头大笑的模样。

# 苏东坡与梅花堂

　　北宋元祐年间的一个腊月天，香山采香径上远远走来一个人，只见他身材颀长，眉疏目朗，长须飘飘，气质儒雅。此人不是别人，正是北宋大才子苏轼苏东坡先生。他此行来到香山，一来是应延陵郡暨阳城东老友葛次仲父子的邀请，来与他们喝酒叙旧，二来呢，他也正好有一事要请葛次仲父子援手相助，可以说是一举两便吧。

　　走了约半个时辰，东坡先生气喘吁吁地来到了与老友碰头的老地方——香山顶上一座废弃的庵堂前。此堂进五楹，高三丈，虽谈不上雕梁画栋，但经葛氏父子的认真整理清扫，而且又在四周遍植了多株梅树，环境显得颇为优雅，加之又正好时值腊月，故而更觉馨香扑鼻，清爽宜人。老苏正想抬腿进去，小葛却已迎了出来，说道："老父有事晚来片刻，先生里面请。"两人一前一后进得厅堂，只见厅堂正中挂着东坡先生上回在此画的一幅竹梅图，两侧的对联"虚心竹有低头叶，傲骨梅无仰面花"，乃是老葛后来补上的。两人分宾主落座后，小葛并没有按常理沏上香茶，而是从堂后拎出老大一只紫砂壶，只见壶口热气腾腾，飘出阵阵酒香。你可别小看这壶，它乃是东坡先生在阳羡（今江苏宜兴）亲手所做，现今有个专业名词叫"东坡提梁壶"，它本是老苏送给老友泡茶用的，却不知小葛啥时想到用它来温酒了。

闲话少说，小葛替老苏满满斟上了一杯酒，自己也倒上了一杯，又端出早已准备好的几个下酒菜，两人便对饮起来。既是朋友，也就不会太拘礼节，老苏杯到手中，很快就一饮而尽，连称"好酒"。说来也有趣，这老苏官可以不做，位可以不争，但有两样东西不能少：第一是朋友，第二是吃的，而这吃的中间，又当首推老酒。若是没有老酒，我等晚辈恐怕也就欣赏不到"明月几时有？把酒问青天"这样的旷世佳句了。你可别小看眼前这壶中之酒，它乃香山当地产的黄酒，比老苏在杭州任通判时喝过的女儿红更好上口，它绵中带甜，后劲却丝毫不弱。两人喝得正带劲，老葛从门口走了进来。老友重逢，老苏自然是越发高兴了，不等老葛开口，他又先饮了一杯。你可别以为老苏酒喝多了会犯糊涂，他脑子可一直清醒着呢，借着酒兴，他便絮絮叨叨地向老友道出了自己近来的苦衷。

原来老苏考虑到自己年纪已经老大不小，长年奔波在外，该有个养老之所了。老家四川眉州已无父母亲朋，住着也没意思，都城汴京新旧两党明争暗斗，更不是久留之地。思前想后，他最终决定在宜兴安家：一来那里的山水像极了他故乡眉州，二来那里有他不少的老朋友，其中两位还是同科进士——蒋之奇和邵民瞻，这样平时喝酒赋诗也就有了对手。这么着决定之后，老苏便马上向宋神宗打了个申请报告叫《乞常州居住表》，并很快得到了批准。地还没买，房子当然也未盖，不过房子的名字老苏却早就起好了，叫"蜀山草堂"。老苏虽然曾经高中榜眼，才智过人，没料想这次在买地的小事上却吃了个哑巴亏：他第一次看中的地块合同签好了，钱也付了，谁知卖地的是当地有名的混混，他是瞒着老娘跟老苏签的合同，钱到手后没几天便花光了，而他全家吃喝全靠这块地，当老大娘找到老苏，一把鼻涕一把泪地诉说事情的原委后，作为性情中人的老苏，自然不愿干那缺德之事，于是当场便把地契撕了，结果地没买成，钱却打了水漂。这次老苏又选中了一块地，怎奈他虽然出道后一直在各地为官，可除了帮当地百姓办了不少实事外，口袋里却没有多几个钱。为官之余，他兴致广泛，手艺倒学了不少：在杭州任通判时把猪肉煮得有滋有味，现称"东坡肉"；在黄州（今湖北黄冈）时把山坡上一亩三分地种得是有声有色，还得了个"东坡"的大名；在宜兴又学做起茶壶来了，而且技艺甚是精湛，倘若放到现在，"东坡提梁壶"只要申请个专利，恐怕就够买栋别墅了。可所有这些，他全都是用来愉悦心情的，绝没有把它们作为致富的手段。这不，上次买地上当后，老苏囊中已所剩无几，无奈之下，他不得不老着脸皮，到香山找老葛父子借钱来了。

老葛听罢老苏的一番述说，也不言语，只是哈哈大笑，言下之意，你老苏好歹也一直在朝中为官，怎会落到这般田地，向我这一介草民来借钱呢？他心中虽这么想着，可口中却还是非常爽脆地说道："这样吧，我借还是不借，就全看你老苏喝酒的态度了。"老苏是何等聪明之人，对方的意思他早就心领神会，于是乎接着又是几杯老酒下肚，喝得整个人都感觉有点飘飘然了。这时候，老葛开口了："老兄，你上次画的竹梅图我已挂在正厅，你倒是看看这里还缺了点什么？"老苏摇摇晃晃地站了起来，环顾四周，桌椅、字画和老酒是一样不缺。他又来到厅堂前，被夹杂着腊梅清香的山风一吹，顿时清醒了不少，他一抬头，嘿嘿，对了：这门楣之上还少了个匾额呢！事情就这样明摆着，一切都尽在不言之中，于是小葛磨墨，老葛准备宣纸，老苏当即提笔凝神，一气呵成，"梅花堂"三个字就顷刻间跃然于纸上。怎奈老苏今天酒毕竟喝得多了点，"堂"字的最后一横由于用力过猛，也就写得有点歪斜了。可酒已微醺的葛氏父子，在一旁依然是连声叫好。这老葛可真是个爽快之人，他双手一抱拳，便对老苏说道："老兄，承蒙你看得起小弟，这钱你就不用还了，权当润笔吧。"老苏见老葛如此重情，也就不客气了："这事就天知、地知、你知、我知哦！"说罢，两人一起对视着哈哈大笑起来。

从此，"梅花堂"匾额就一直静静地挂在那里，默默地注视着每一位来往过客。此后，凡来香山的人，包括徐霞客、文征明、祝枝山和徐文长等诸多名家，全都慕名前来观赏这块苏轼写下的匾额，可是一个个左瞧右看，却谁也始终没能想明白，这堂堂大学士苏东坡，怎会将那"堂"字的一横，写得如此之斜呢？

岁月流转，时过境迁，而今梅花堂早已重新修建，"梅花堂"匾额亦已并非旧物，乃是由东坡先生的遗墨拼凑而成。不过，尽管事物已有所变化，我们却仍能从中读出东坡先生那"春随香草千年艳，人与梅花一样清"的铮铮傲骨，耳畔也仿佛仍能听到东坡先生那爽朗悦耳的响亮笑声。

（丁春雷搜集整理，丁品森稍作润色）

# 狐泪眼

相传，大明朝开国功臣刘伯温是个神人，他右眼一睁，便能上观天文、下察地理，并看透世间所有的人和事，本事当真是十分了得。那么，他怎么会长了这样一只神眼呢？有这么一个传说故事，就正好道出了其中的奥秘：

刘伯温父母早亡，他单身一人住在由里山下的一间草屋内。他早晚都在家发愤苦读，那满肚子的学问，不仅邻里无人不晓，就是方圆数百里外的众多百姓，也老老少少全都知道。白天他还去私塾里教孩子用功读书，不管是教哪个孩子，他都循循善诱，得法引导，所以也就受到民众的一致称夸。

深秋的一个雨夜，刘伯温正在屋里就着昏暗的油灯攻读《孙子兵法》。读着读着，忽听得外面隐隐传来一位妇人的哭声。刘伯温好生奇怪，急忙打开门一看，只见一个浑身白衣白衫的女子，正向自家门前的池塘里纵身跳去。刘伯温素来急公好义，乐于助人，现在一见这等情景，自然就更是不敢怠慢，立即就飞身赶了出去。说时迟，那时快，只见他一个箭步猛抢上前，一下子就跳进了池中，对那个女子进行紧急营救。

待等将那女子救上岸后，他心里却不禁犯起了难来：秋风阵阵，秋雨沥沥，这女子浑身湿淋淋的，若是留下她吧，这孤男寡女的同在一屋，毕竟多有不便；可如果不留她吧，这深更半夜的，一时又叫她去何处安身呢？想到这里，他不得不把自己的为难之处，跟女子照直说了出来。

那女子蓬头垢面，神色黯然，有气无力地低声回答说："既然是你救了我的命，我现在又无处可去，我想就先到你的屋里去待一待吧。"

刘伯温听了，觉得一时之间也确实没有什么别的办法，就遵从那个女子的意愿，将她扶进了自家的屋里。烧了碗生姜红糖水给女子喝过后，他便把女子安置在自己的床上睡了，他自己则到灶门口铺了点柴草，将就着过了一宿。

由于受了风寒，那女子第二天竟发起了高烧，神志恍惚，卧床不起，精神也就越发显得萎靡了。刘伯温囊空如洗，自然没钱给那女子请医抓药，不过他也懂一点医道，便去由里山上寻找了一些草药，熬煮了给那女子服用调养。在刘伯温的精心调理下，那女子的病终于慢慢有了好转，脸上也开始显现出了一点儿精气神。这时刘伯温细细一瞧，才发现她竟然是一个年轻的绝色女子。

经过了几次细细的攀谈，刘伯温渐渐搞清了这女子的身世经历，以及那晚她投河自尽的原因。原来这女子名叫胡玲媛，不久前父母先后病故，家贫无靠，只得一人在家艰难度日。就在这个当口，年已六十的地方恶霸张吊眼见她貌美出众，便想乘人之危，纳她为妾。孤苦伶仃的一个弱女子，如何敌得过如狼似虎的恶霸张吊眼？眼见自己孤身一人，呼天天不应，叫地地不灵，胡玲媛在无计可施的情况下，只得在夜间纵身跳河，想就此干干净净地了却自己的一生。听完了女子这一番自述，刘伯温唏嘘不已，对她更增添了几分同情之心。

又过了些时日，胡玲媛的病终于完全痊愈了，刘伯温便询问她今后的去向和打算。胡玲媛见问，莞尔一笑，含羞答道："你的救命之恩，我这一辈子也报答不尽，我既然已无家可归，还能到哪里去安生呢？"

刘伯温自然听出了胡玲媛此话的弦外之音，可他担忧凭自己目前的处境，难以给她带来幸福的生活，便很坦率地说道："可我现在家里这么穷，怎么能连累你呢？"

"你能教书，我有双手，只要咱俩今后你勤我俭，难道还怕饿死不成？"胡玲媛的目光里溢满了情意，语气里透露出坚定。这一切都深深地打动了刘伯温的心，再细思胡玲媛的经历以及她来家后的种种表现，觉得这女子还确实有许多可取之处，所以也就点头应允了。就这样，两个情投意合的年轻人，终于结成了一对恩爱的夫妻。

春去冬来，岁月如流，小夫妻俩甜甜蜜蜜的，一转眼已在一起生活了三个年头，却还没有生下个一男半女来。刘伯温自己倒也并不怎么在意，可周围村子里的大婶们却为刘伯温着急了起来，一个个都催他去由里山上的寺庙中求求仙方。

经不住那些大婶们的反复劝说，这一天刘伯温便来到了由里山上的寺庙中。他正想跪下烧香，庙里的方丈符言和尚却忽然来到了他的身旁，把他悄悄地叫到了一边。两人寒暄几句后，符言和尚便跟刘伯温说，胡玲媛并非凡间女子，而是狐狸妖精所变。刘伯温听了，眼睛瞪得像铜铃似的，脑袋摇得像拨浪鼓一样，说什么也不肯相信。符言和尚知道刘伯温不会轻易相信，便十分正色地对刘伯温说道："僧无戏言，不信，你可以在每晚子夜时分细细察看，她酣睡时口中总有黄豆大一粒绿珠子似吞似吐，这就是她是妖精的最好凭证。"稍顿了一会儿，符言和尚接着又说，"现在你和她虽然夫妻恩爱，但终久好景不长；你只有吃了她口中的那颗绿珠子，她才能真正成人，并为你生儿育女传子孙。"临了，他还反复叮嘱刘伯温，说是天机不可泄漏，此事千万不能让胡玲媛知晓，如若不然，那么由妖变人的事儿就会完全泡汤的。

符言和尚的这一番话，让刘伯温平添了一桩心事，他香也没有顾得上烧，就满腹狐疑地下了山。和尚的话到底是真还是假，他想也只有亲自去试一试，看看情况再作定夺了。当晚子夜时分，待妻子熟睡了，他就开始细细地察看了起来。不一会儿，果然见她口中有一颗绿珠子在似吞似吐，微微转动。他唯恐自己的脑子昏了，眼睛花了，便轻轻地拍拍脑门，揉揉眼睛，然后再认认真真、仔仔细细地察看着。可横看竖瞧，竖瞧横看，都的的确确看到有那么一颗绿珠子在她的口中吞吐转动着。这么一来，刘伯温不得不有点儿相信符言和尚所说的话了，可还是不敢百分之百地完全相信。此后，他又这么接连察看了三天，都跟第一天所见的情况一模一样，这时他终于觉得，和尚的话语看来并非是虚妄之言。由于望妻成人之心的急切，到了第四天的晚上，刘伯温本想只要一见那颗绿珠子，就抢上前去一口把它吞了，可他转念又想：让妻子由妖变人，此乃正大光明的好事情，料想贤淑的妻子也一定是非常乐意的，何不先跟她商量了再作道理呢？

第五天晚上临睡之前，刘伯温便决心将此事与妻子谈个小葱拌豆腐——一清（青）二白。

"娘子，你到底是哪里人氏？父亲又究竟姓甚名谁？"

这突如其来的问题，真让胡玲媛感到有点丈二和尚摸不着头脑，便说："你今天这是怎么啦？这些事情，我不是早就跟你说得清清楚楚，明明白白了么？"

"可是，你所说的那些，果真都是大实话么？"

胡玲媛听刘伯温这么一说，心里"咯噔"一跳，觉得事情有些蹊跷，于是就微笑着娇嗔地说："你啊，我把整个人都交给你了，还能不对你说大实话么？"

刘伯温两眼一动不动地紧盯着胡玲媛，并紧追不放地继续说道："虽说你事事都不瞒我，可有一件事，你却始终将我蒙在了鼓里，你说是还是不是？"

"什么事？没有呀……"胡玲媛有点受不了刘伯温那咄咄逼人的目光，不由得微微低下了头。

"明人不必细说，到底是什么事儿，我想你自己心里最清楚。"刘伯温淡淡一笑，故意箭在弦上，引而不发。

胡玲媛估摸自己的身份或许已被刘伯温知晓，所以也就含而不露地答道："我是个受恩必报之人，扪心自问，三年来我对你绝没有半点亏待之处，你既然说我有什么事瞒着你，那你为什么不直言相告呢？"

"你的心地，你的人品，我刘伯温确实没有二话可说，可你每天半夜时分口中含着颗绿珠子，这究竟是怎么回事呢？"眼见到了这个份上，刘伯温也不得不打开天窗说亮话了。

胡玲媛听刘伯温这么一说，明白刘伯温已经知道了自己的真实身份，再想隐瞒恐怕是瞒不过去了。这时，她的脑子里飞快地在进行着盘算：一方面，她觉得事到如今，看来除了照实说明情况外，或许是没有更好的办法了；可另一方面，她又感到这事儿实在是太大了，要是照直摊了底牌，刘伯温接受不了，那又该如何是好呢？她犹犹豫豫，迟迟疑疑，一时之间还当真是难下决心。不过，她转而又想，刘伯温襟怀豁达，心地宽厚，又跟自己有了如此之好的三年夫妻情份，即使是知道了事情的真相，想来他也绝不会拿自己怎么样的。这样一想，她也就鼓起了勇气，竹筒倒豆子一般，毫无保留地亮出了自己狐狸精的真实身份，并把自己因仰慕刘伯温的善良厚道、博学多才，相信他将来必能大有作为，自己甘愿为他未来的发展助一臂之力，于是便设下了雨夜跳河之计的经过，原原本本地讲述了出来。说到最后，她情真意切地倒在刘伯温的怀里说："我原本以为我们能相亲相爱，白头偕老，一生幸福美满，可是谁会想到……唉，事已至此，现在要骂，要赶，一切都听由你的处置吧！"说着说着，她更是止不住悲从中来，呜呜地哭了起来。

刘伯温听罢妻子这一番掏心掏肺的话语，不禁思绪万千，心潮涌动，件件往事顿时映现眼前，绵绵深情顷刻涌上心头。他使劲地搂着胡玲媛的身子，疼爱地亲着胡玲媛的面颊，十分动情地说道："看你说哪里的话来，即便你真是妖精所变，我也依旧认你，我也一生爱你，更何况现在我已有法子让你变成一个真正的人了呢！"

"你有法子让我变成一个真正的人？"胡玲媛听刘伯温这么一说，完全不知所以，不明就里，不由得陷入了一片迷惘之中。

"是的，我听人说，只要我吃掉了你口中的那颗绿珠子，你就可以变成一个真正的人！"

"啊？你听谁说的？这……这可使不得，绝对使不得！"胡玲媛听刘伯温那么一说后，紧张焦急得不由自主地一下子挣脱了刘伯温的手，高声大喊起来。

"使不得？挺好的一件事情嘛，为什么使不得？"这回轮到刘伯温迷惑不解了。

"使不得，使不得，绝对使不得！"胡玲媛边说，边在思索着该如何来打消刘伯温想吃自己口中绿珠子的念头。她脑子里就像风车似的急速旋转了一阵后，终于对刘伯温说："要是你吃了我口中的绿珠子，你就将会全身瘫痪，终身不能自由动弹！"

一听这话，刘伯温不由一愣，但他转而就果断地说道："只要你能够变成一个真正的人，就算全身瘫痪，我也心甘情愿！"

听了刘伯温这番表白，胡玲媛既是感激，又是着急。感激的是，刘伯温对自己竟然是如此的忠贞不渝，情深似海；着急的是，要是刘伯温吃了她口中的那颗绿珠子，那就会断送了她的性命，这可绝对非同儿戏。那么，这究竟又是为什么呢？原来她口中的那颗绿珠子，名叫道行珠，是她六百年修炼的结晶，也是她全部身家性命之所在。可是有关这一点，她又断然不能同身为凡人的刘伯温直接言明，因为一旦说穿道明了，那就是泄漏了天机，她将就此前功尽弃，永远也不能真正变成人形。怎么办？怎么办？这一回胡玲媛可真是没有了主意。没办法，她只得言辞恳切地对刘伯温说："夫君，你英才盖世，日后还将有一番莫大的功业，可千万别为了我一个妇道人家，而耽误了自己的远大前程！"

"不，我既不要功，也不要名，为了你我的这份挚爱深情，我愿意献出我的一切，甚至我的生命！"刘伯温语气斩钉截铁，态度果断坚定。

"夫君啊，不行，绝对不行！"胡玲媛急得再一次扑倒在刘伯温的怀里，大声说道："要是你吃了我口中的绿珠子，非但你自己会全身瘫痪，而且还将断送了我的一条性命！"

刘伯温先入为主，对符言和尚的话已完全信以为真，他只相信吃了胡玲媛口中的绿珠子，可以使妻子变成真人，因而对胡玲媛的末了一句话，也就没有去细细加以掂量。此时的他只是想着，反正自己吃那颗绿珠子的心意已决，眼前又何必将妻子惹得这么着急呢？于是，他就缓了缓口气说："好，好，现在咱俩就不说这件事情了。"

"不吃了？当真不吃了？"胡玲媛误以为刘伯温已接受了她的意见，不过她还是并没有完全放下心来，所以就又敲钉转脚地这么追问了一句。

这时，刘伯温的头微微地动了动，像是点头，又像是摇头，而胡玲媛满以为刘伯温已完全答应了她的要求，终于长长地吁了一口气。

从那以后，刘伯温虽然嘴上不再提吃绿珠子的事，可每到子夜时分，他还总是设法去寻找下手行动的机会。不过，说来也怪，一连好几个夜晚，他却再也不见妻子嘴里有绿珠子出现。你道这又是为何？原来，胡玲媛也是外松内紧，每晚子夜时分她虽然表面上装作呼呼入睡，可实际上却一直在小心翼翼地提防着刘伯温，唯恐他会采取不当的行动。

过了一些日子，见一切如常，胡玲媛便渐渐地放松了戒备之心。一个深夜，刘伯温终于瞅准了时机，来了个突然袭击，将胡玲媛口中那颗绿珠子一口吞入了自己的肚中。没想到其后果竟然真是非同小可，远远超出了他的意料，只听得胡玲媛"痛死我也"的一声惨叫，直震得小茅屋都瑟瑟抖动。随后，又见她满头是汗，杏眼圆睁，大声责问道："夫君，我与你夫妻三年，对你可算是一片真心哪，你为什么非要结果我这条性命呢？到底是谁给你出了这么个鬼主意？"

刘伯温见事态这么严重，知道事情大为不妙，这才把符言和尚跟他说的话向胡玲媛和盘托了出来。胡玲媛闻听此言，连声叹道："唉，你这冤家，你是中了那贼秃的奸计了！"接着，她便将符言和尚先前跟自己作对的事儿，以及他所犯下的种种恶行，都细细到到地一一抖落了出来。原来符言和尚也非凡人，同样是精怪所变，过去他曾经跟胡玲媛在一起修道，因见胡玲媛长得美貌异常，几次想调戏她，却都遭到了严辞拒绝和厉声痛斥，因此也就始终怀恨在心，一直想暗算胡玲媛。那天刘伯温去到了由里山上，符言和尚见机会来了，便略施小计，用编织的一番花言巧语，诱使刘伯温上钩，给他当枪使，以致造成了今天这样一个不堪收拾的局面。

事情终于真相大白了，刘伯温得知竟然是自己听信恶人谗言，为虎作伥，害了自己爱妻的性命，不由跌足长叹，悔恨得无地自容，便"扑通"一声跪在胡玲媛的脚下，声泪俱下地说道："娘子，都怪我瞎了眼睛，看错了人，误信那贼秃的鬼话，害得你遭此灾难，我实在是罪不可恕啊，要打要罚，全听你的，我决无怨言！"

"夫君，我知道你完全是受了蒙骗，并非存心要害我的性命，你又何必要说什么打呀罚呀的这些话语呢？不过，那恶行累累的贼秃暗中害我，一心要拆散我们夫妻的这一深仇大恨，你可不能不报啊！"说到这里，一向温柔无比的胡玲媛，眼睛竟然瞪得比铜铃还大，牙齿也咬得"格格"作响。

"什么？拆散我们夫妻？难道你，你……"

"我……我不行了……"胡玲媛终于把那颗绿珠子是自己修行六百年的结晶，一旦失去了它，自己的生命也将就此终结的事情，原原本本地告诉了刘伯温。

说罢，两人不由得抱头痛哭起来。过了一会儿，刘伯温擦干了眼泪，两眼冒火地对胡玲媛说："娘子，这深仇大恨不报，我死不瞑目！可那贼秃本领高强，我该如何才能对付他呢？"

胡玲媛缓缓说道："那贼秃有八百年道行，每月十五日晚，他都要到玉皇大帝那里去参加聚会，那时他的灵魂就将离开他的躯壳而去，你只要事先去拜访香山寺的恒远道长，将那贼秃用阴谋手段害我性命、拆散我们夫妻的恶行细细向他禀告，向来以嫉恶如仇、行侠仗义而闻名于世的恒远道长得知以后，就一定会倾力援手相助，加上他的本领又特别高强，在大江南北和大运河两岸都声名远播，而且他还握有一柄令所有妖魔鬼怪都闻风丧胆的镇妖宝剑，所以平素就喜爱剑术的你只要有他的鼎力相助，就准定可以断送那贼秃的狗命，报这害我性命、拆散我们夫妻的深仇大恨！"

刘伯温将妻子的嘱咐一一牢记心头，表示到时候一定会依计而行，将那贼秃送去那鬼门关，以告慰爱妻的在天之灵。言谈之间，眼见已到了三更时分，胡玲媛不禁悲痛万分地对刘伯温说道："夫君，我们的夫妻情份很快要到尽头了，拂晓之前，我就将现出原身，永远离你而去。你快去搞一只木盒，拿一把钉耙，跟我一起去到后山，等会儿将我妥善安葬，也不枉我俩夫妻一场……"

刘伯温闻言，泪如雨下，心如刀绞，他知道事情已无可挽回，也就只得去搞了一只木盒，拿了一把钉耙，扶着妻子一步一步向后山挪动前行。到了半山腰上，见有一块平阳之地，两人就在那里坐了下来。坐定，胡玲媛又对刘伯温深情地说道："夫君，待会儿我现出了原身，将掉下两滴眼泪，这眼泪对你将是非常非常的有用，你可以将我右眼的眼泪擦你的右眼，将我左眼的眼泪擦你的左眼，这样你就将眼更亮，心更明，看人看得更准，办事办得更妥，将来就定能赢得一个更光辉灿烂的前程。夫君啊，虽然我马上就要离你而去了，可我还得竭尽自己最后的一点能量，设法助你一臂之力啊！这以泪擦眼之事，你可一定要切记在心，千万别忘！另外，以泪擦眼之后，一时间眼睛会非常疼痛，你一定要咬牙挺住，尽快睁开眼睛，切不可因痛而误了大事。"刘伯温听到这里，更是五内俱感，心潮翻滚，泪流满面地频频点头，一一应承。

片刻工夫，东方就露出了鱼肚白，胡玲媛一声凄厉的惨叫过后，果然就现出了她狐狸的原身，两颗白亮白亮的大泪珠随即便从她的眼眶里流了出来。刘伯温一见，就飞快地用手去蘸了她右眼的泪珠往自己的右眼上擦。谁知这么一擦，右眼就火烧火燎似的，感到痛得实在难以忍受，刘伯温便不由自主地将双眼紧闭了起来。待等疼痛稍稍缓解了一点，他才将眼睛重又睁了开来。没想到睁开眼一瞧，奇迹就顿现在了他的眼前：地上和地下许多先前从未见过的东西，此时竟然都一一看得了了分明。这一切简直把刘伯温惊呆了，他愣了一会儿神，方才想起妻子临别时反复叮咛和嘱咐的话语，可当他再急忙去蘸胡玲媛左眼的泪珠时，那泪珠却已经全都干掉了。刘伯温连连顿足，好不懊恼，但已经悔之不及，一切都无法挽回了。于是，刘伯温只得强忍着极度悲痛和懊悔的心情，将妻子的遗体装进了木匣里，选择了一方理想之地，将妻子作了妥善的安葬。最后，他才迈着十分沉重的脚步，走走停停，非常吃力地踱回了自己的家中。

等呀盼呀，眼见月半就快要到来，十三那天，刘伯温就遵照妻子的临终嘱咐，特地去拜访了香山寺的恒远道长。恒远道长对满肚子学问且又喜爱剑术的刘伯温亦早有耳闻，听了刘伯温的一番诉说后，他既对刘伯温一家的不幸遭遇表示了深切的同情，更对符言和尚的恶行显露了切齿的痛恨，所以他当即就非常慷慨地将那柄镇妖宝剑借给了刘伯温，并郑重其事地对刘伯温作了这样的提醒：只要心志坚定，镇妖宝剑始终紧握手中，不被符言和尚的花言巧语所迷惑，那就一定能如愿以偿，报了爱妻被害的深仇大恨。恒远道长这番叮嘱，使刘伯温更增强了战胜符言和尚的信心和勇气。返回家中，一切准备就绪后，刘伯温就在月半那天的深夜里，悄悄地潜入了由里山的寺庙中。来到殿堂之上，果然见符言和尚正闭目盘膝端坐在法台上，刘伯温上前呼唤，他毫无反应，靠近推搡，他依然纹丝不动，于是刘伯温也就更壮着胆子，把那家伙的衣服鞋袜全都扒了个精光，并干脆将那家伙的躯体一把拖了下来，将它丢到了寺庙后的茅厕里。然后，他就手执镇妖宝剑，大模大样、正气凛然地端坐在了法台之上。

十六日清晨天亮之前，符言和尚的精灵果然忽忽悠悠地由仙界返回到了寺庙中。跨进大殿，一眼向法台望去，他见上面端坐的不是自己的躯体，而是被他怂恿和捉弄过的刘伯温，并见他满脸怒色，手中还握着那柄寒光闪闪的镇妖宝剑，知道自己的阴谋已经败露，不由吓得魂飞魄散，慌乱得一时不知如何是好，便连连向刘伯温磕头下拜，满嘴花言巧语地求情告饶。原来那符言和尚尽管道行长，本领高，无奈他的魂灵现在不附在自己的躯体之上，再大的功夫也无法施展出来，更何况刘伯温手中还握着那柄令所有的妖魔鬼怪都闻剑丧胆、见剑丢魂的镇妖宝剑呢！所以，他也就只能在刘伯温面前装起孙子来，低声下气地哀求刘伯温放他一马。而此时的刘伯温，自然是仇人相见，分外眼红，万千恨意直涌心头，断然不肯轻饶这阴险毒辣的恶贼的性命。只见他挥动着手中的镇妖宝剑，怒火中烧地厉声喝斥道："你这贼秃，就爱妖言惑众，伤害无辜，真可谓是天良丧尽，罪不可恕！现在的你，已恶贯满盈，死期来临，若不速速将你的道行珠吐将出来，我就叫你死无葬身之地！"

"贫僧不敢，还望刘公能开一线之恩，给我一个安身立命的处所。"符言和尚的精灵眼见东天就要发白，自己若再无躯体可附，就将顷刻化为一缕青烟，消失得无影无踪，所以他急得要死，怕得要命，只得乖乖地吐出了修炼了八百年的道行珠。

刘伯温接过那颗道行珠，一口吞入了肚中，一脸威严地朗声说道："妖贼听着，善有善报，恶有恶报，你害死我妻子，拆散我夫妻，此仇不报，我岂不就枉活在这人世了嘛！而今我叫你殿后茅厕终一生，遗臭万年传恶名！"

那和尚的精灵听了此言，只得慌不择路地急匆匆去到了殿后的茅厕中，一头钻进了被丢弃在屎尿中的躯体之中，现出了他乌龟精的原形。他垂死挣扎着，拼命地翻上落下折腾了一会儿，也就一命呜呼，不再动弹了。

刘伯温报了符言和尚的害妻之仇，解了郁积胸中的锥心之恨，接着便去到半山腰胡玲嫒的墓前，朝着墓碑深深地鞠了三个躬，以告慰亡妻的在天之灵。随后，他又将镇妖宝剑原物奉还给了香山寺的恒远道长，并向恒远道长表示了至真至诚的谢意。

　　大家都知道，刘伯温后来成了辅佐朱元璋打下大明江山的头号功臣，而他何以能有那么大的能耐呢？除了他具有高尚的人品和丰博的学识之外，还有至关重要的一点也不能不提，那就是：他先后吃下了他妻子以及符言和尚的两颗道行珠，并用他妻子的泪珠擦亮了自己的右眼；要是他同时能用妻子两眼的泪珠擦亮自己的左右两只眼，那他的能耐和功劳或许还将更大呢！

（徐根生口述，丁品森整理加工）

# 香山侠士吴乐田

　　明朝末年，香山东麓七房庄出了个侠义之士，姓吴名乐田，此人修文习武，不仅学识渊博，武艺精湛，且又行侠仗义，爱打抱不平，故而人称"香山侠士"。

　　二十岁那年，吴乐田满怀报国为民的宏愿，去到南京赶考。谁知一到南京，他就听众考生议论纷纷，说是今年的考卷费比往年贵了两倍。到底是怎么回事呢？吴乐田一打听，才知道因为宦官专权，朝政腐败，大小官员都混水摸鱼，大捞油水，连主考官也趁机敲起竹杠来。吴乐田见朗朗乾坤，堂堂考场，竟如此鬼魅横行，乌烟瘴气，不由怒从心头起，便决定与主考官斗上一斗。

　　考试的日期到了，吴乐田不动声色地走进考场，坐到了自己的位置上。说来也巧，他的座位刚好在靠门首的第一张。考卷发到手中，吴乐田乘人不备，只用手轻轻一捏，那张考卷就破得不成了样子。"咦，这考卷怎么是坏的？"吴乐田故作惊讶地说道。

　　主考官见考卷确实是坏的，只得同意调换。

　　"那就让我挑上一挑，免得再弄一张坏的。"

　　"挑就挑，反正也碍不了大事。"主考官这么一想，就将一大叠考卷放到了吴乐田的桌子上。吴乐田见时机已到，就静心屏气，运足内功，用手在这一大叠考卷上使劲地抚摸了一下，然后再将考卷一页页慢慢地揭将开来。揭一页，只见考卷是坏的，又揭一页，只见考卷又是坏的，再揭一页，只见考卷还是坏的……

"怎么搞的，这考卷因何张张都是坏的呢？"吴乐田又一次提出了疑问。

"咦？这……这……"主考官一见，顿时惊得目瞪口呆。

"哼，花我们这么多钱，却用坏考卷来哄弄人！"

"考卷张张都是坏的，叫我们还怎么考？"

众考生一齐嚷嚷起来，考场里顿时乱作一团。主考官见状，就像那掐去了头的苍蝇，急得团团乱转，一时间没了主意。趁着众人一片混乱之际，吴乐田便哧溜一下离开了考场。他将一张纸片往空中一抛，纵身一跃，使起了轻身功夫，片刻之间就到了苏州城里。

再说主考官好不容易让众考生安静下来后，发觉独独少了个吴乐田，又把吴乐田刚才的举止行径联系起来细细思考了一番，终于肯定是吴乐田从中捣了鬼。眼见一场考试就这样被吴乐田闹了个不堪收拾，他好不恼怒，于是便急匆匆赶到了道台衙门。跟道台大人紧急商议了一阵后，立马就做出了通缉吴乐田的决定。

而这时，吴乐田却早已来到了在苏州开碗店的姑夫家。他将南京考场的情况跟姑夫讲了一遍，并说估计不日就将有捉拿他的告示下来，请求姑夫帮他渡过难关。姑夫听了，说是事发于南京，即便要帮，也是鞭长莫及、爱莫能助呀。吴乐田笑了笑说："你的表兄不是苏州知府吗，有了他，事情岂不就好办了吗？"随后，他便胸有成竹地跟姑夫耳语了几句，姑夫听后果然就点头同意了。

不一会儿，便听得吴乐田和他姑夫大声吵闹了起来，而且声音越吵越高。店里这么一吵，周围邻居及来往过客便一齐围了过来，有的上前相劝，有的帮店主数落吴乐田。这时，吴乐田便假戏真做，不仅越骂越火，而且还接连将两只碗摔在了地上，只听得店内"乒乓"作响，地上撒满了瓷碗的碎片。见吴乐田在店内如此"大闹天宫"，他姑夫也就来了个默契配合，不仅大骂不止，并让下人立刻去苏州府报案。苏州知府得知表弟店内出了状况，马上派人前来追查。可当他们来到店内时，吴乐田却早已脚底抹油，溜之大吉了。来人便问打店人姓甚名谁，何方人士，姑夫连连摇着头，说是一概不知。后来好不容易发现了打店人掉下的一把雨伞，他们便说这倒可以作为追查的线索，待带回去研究后再设法顺藤摸瓜。知府接过手下人带回的那把雨伞一看，只见伞柄上刻有"香山人士"四个字。知府毕竟见多识广，一看便知此乃香山侠士吴乐田特有的标记，不由暗自思忖道：吴乐田素有侠士之名，从来不轻易胡闹，今天的事情内中定有蹊跷；再说，吴乐田的功夫何等了得，轻易惹他不得，怎能因为这点小事就对他兴师动众呢？思前想后了好一阵，他就决定来个缓兵之计，派人去向表弟招呼道："一时情况难明，待本府细细追查后再作道理。"

再说吴乐田离开了姑夫的碗店，又从袋中抽出张纸片往空中一抛，施展轻身功夫向江阴飞奔而去。一到江阴，他又找到了他那开酒店的舅舅。跟他舅舅如此这般述说了一番之后，他便在酒店里狂饮烂喝，并故意寻衅闹事，将店里的一只酒瓮也打破了。不过，这一回他没有溜之大吉，而是佯作酩酊大醉，让他舅舅将他扭送到了县衙门。县官见是吴乐田，又见他已醉得不省人事，只以为他是酒后误事，也就从轻发落，只叫他赔偿损失就算了事。

　　没过多久，道台衙门通缉吴乐田的告示果然下来了。苏州知府一见，不由得诧异起来："这就奇了，那天吴乐田不是在我们苏州的一爿碗店内大打出手的吗，怎么会在南京的考场里弄坏考卷呢？"江阴知县见了，也不由得纳闷起来："这就怪了，那天吴乐田不是在我们江阴的一家酒店内醉后闹事的吗，怎么会在南京的考场里将考卷弄坏呢？"于是他们便都将情况如实向道台作了禀报，说是他们辖区内的吴乐田那一天决没有大闹考场的可能。道台根本就没有料到吴乐田的轻功那样了得，智慧那样超群，只以为或许是有谁冒了吴乐田的名头去考场闹了事，也就被吴乐田的巧计蒙混了过去，不再追究了。

　　此后，吴乐田又为伸张正义干了许多的奇事，好事，有趣事，在这里我们就不去一一细表，而只说一说一直为人们津津乐道的他智斗耍猴贼的故事。

　　且说有一天，香山北麓的港上村来了个耍猴的，拉了片场子耍起猴子来。那猴子特别大，也特别灵，耍猴的说什么，它就做什么，甚至只要使上一个眼色，它就会给众人作一番精彩的表演。此事一传十，十传百，越说越神，越传越奇，很快就传到了吴乐田的耳朵里。吴乐田对这类事本不太感兴趣，这一回听人家说得那么神乎其神，不免也有些心动，加上家中近日来了个因失去儿子而抑郁不欢的苏北朋友，他觉得正好趁此机会带朋友出去散散心，于是就同那个朋友一起去港上村看耍猴子了。

　　场子上里三层，外三层，黑压压的挤满了人。众人见吴乐田到来，都恭恭敬敬地请他到里面前排就座。吴乐田和苏北朋友坐定，只见那猴子跑跳翻滚，机敏过人，喜怒哀乐，神情逼真，不由越看越喜，越看越乐，心想果然是名不虚传，不枉此行。吴乐田和苏北朋友正看得出神,忽见那猴子突然一反常态,向苏北朋友疾奔过来,那神情似时而有说不完的高兴,又似时而有道不尽的哀伤。正当那猴子将要扑到苏北朋友怀里的时候,那耍猴的却已先一步窜到跟前,将那猴子轻轻地截了回去。吴乐田见了,不由得既怪又惊,怪的是那猴子怎么会突然向苏北朋友扑来,惊的是想不到那耍猴的竟有那么好的轻身功夫。再转身一看,又见苏北朋友也双眼直勾勾地望着那猴子在那里出神。正当吴乐田既怪且惊,苏北朋友双眼发直的时候,忽听得耍猴的却已在大声地跟大家打招呼说:"因有特殊情况,今天的耍猴就此结束,请各位多多原谅!"

尽管吴乐田和苏北朋友今天是满怀兴致来看耍猴的,没料想竟然遇到了这一突发情况,也就只得无奈地扫兴而归了。事出意外,蹊跷异常,一回到家中,满腹狐疑的吴乐田便问苏北朋友刚才到底是发生了什么情况。谁知这一问,竟勾起了苏北朋友强烈的思子之情,只见他泪眼汪汪地说:"我觉得,这猴子的身段和长相,跟我那失去的儿子都十分相像,特别是它向我奔来的一刹那,它那眼神跟我儿子的眼神更是一模一样!"

"老兄,这恐怕是你思子心切,一时间产生的一种幻觉吧?"

"不,不,一开始我不是也好端端地跟你一起在看耍猴的吗,不瞒你说,那时我还当真暂时忘记了失子的痛苦呢!"苏北朋友越说,越显出心里的难受。

"喔,那究竟是怎么回事呢?"再联想起耍猴的刚才又突然宣布停演的决定,吴乐田更觉得疑点重重,有必要将这一切好好破解,彻底弄明白究竟是怎么回事。经过一番沉思,他终于想出了一个主意,便对苏北朋友说:"你也不必过分悲伤,待等晚上我去将那猴子弄来，岂不就能将事情搞个水落石出了吗？"吴乐田的话，正好说到了苏北朋友心脉上，他自然是连连点头赞同。

天黑以后，吴乐田就来到了耍猴人的住处，想瞅个机会把那猴子劫回家去。他贴近窗口从缝隙中往里一瞧，只见那耍猴的正在训斥着猴子："你这混蛋，刚才为什么突然向那看客扑去？"

那猴子低沉着头，没有吭声。

"别装什么呆，快如实给我写来！要不，我就抽你的筋，扒你的皮，让你知道我的厉害！"

那猴子万般无奈，只得用颤颤巍巍的手提起了笔，在纸上慢慢地写了起来。

耍猴的凑上去看了看，又责骂了起来："什么？脑子一时错乱？哈哈，老子是你戏弄的么？你给我老实说，你是不是见到了什么熟人？"

那猴子连连摇着头，接着又在纸上写着什么。

"嗯，这倒也是，你家在苏北，料想这里也不会有你熟悉的人。"耍猴的看了看纸上的内容，说道，"不过，你今天的形迹总使我十分生疑，明天我们不能在这里表演了。"

吴乐田在窗外看得分明，听得真切，心里禁不住咯噔一跳，心想：莫非这猴子果真是苏北朋友的儿子么？那他又怎么会变成了猴子模样的呢？

那耍猴的看看实在逼问不出什么名堂，也就喝了一口闷酒，倒头睡了。不一会儿，屋内就传出了"呼噜呼噜"的酣睡声。一看机会来了，吴乐田便闪身进屋，拔出佩剑，"嚓"的斩断了猴子脚上的链条，背起猴子就直往家里奔去。那耍猴的猛听得斩断链条的声音，一下从睡梦中惊醒了过来，便尾随着吴乐田向七房庄飞奔而来。论脚头功夫，吴乐田要胜耍猴的一筹，可他今晚背了只猴子，行动就多少有点不太利索，所以那耍猴的也就越追越近。

待他奔到家中时，苏北朋友早已候在门口，吴乐田便从背上放下猴子，想交给苏北朋友后再转身去迎敌，却不料苏北朋友因为过于激动，动作迟缓了些，竟被那耍猴的抢先一步，窜到了他们两人的中间，将那猴子先接了过去。随后，耍猴的又厉声责问吴乐田道："你是何人，因何劫夺我的猴子？"

"敝人姓吴名乐田，因为觉得你的猴子里面大有文章，所以就想弄回家来研究研究。"

"猴子就是猴子，有什么文章可以研究？你分明是劫我宝猴的盗贼，休要再巧言相辩！看鞭！"说着，就挥鞭向吴乐田抽去。

吴乐田见他如此蛮横，不由怒从心起，拔出利剑，直向耍猴的刺去。两人你来我往，直杀得难解难分。三十多个回合一过，吴乐田剑剑紧逼，耍猴的渐渐不支，眼看就要抵挡不住，那家伙一个燕子穿云，猛的往旁一闪，左手挥起鞭子，右手呼啦一下从左胁下提起猴子作为武器，又跟吴乐田斗了起来。吴乐田投鼠忌器，剑锋虽然凌厉，却也不敢下杀手向对方刺去。耍猴的就此且战且退，妄想溜之大吉。吴乐田是何等机灵的人物，耍猴的这一如意算盘岂能瞒得过他那双犀利的眼睛？他步步紧逼，一把利剑舞得密不透风，有如一团白光将那耍猴的团团包围，使耍猴的欲进不得，欲退不能，只能勉强地苦苦招架着。又十多个回合过后，耍猴的只觉得气喘吁吁，浑身汗水直冒，他自知若再这样苦战下去，必将丧身于吴乐田的剑锋之下，情急之中，他便心生一计，说声"看宝"，竟将手中的猴子朝吴乐田掷了过来。吴乐田压根儿就没想到他会出此一招，便急急地收住了手中的利剑。耍猴的就趁此机会，飞快地跳出了打斗圈子，说了声"三年后再见"，便使出浑身解数，夺路逃命而去。

再说吴乐田虽然飞速将利剑收转，无奈耍猴的抛掷之势极猛，因此猴子的胸膛还是被剑尖刺着了，顿时鲜血直流，当场昏了过去。吴乐田和苏北朋友急忙上前帮它包扎，然后又将它移放到屋中歇息。一切安置妥当，吴乐田就把刚才的所见所闻一一跟苏北朋友说了，苏北朋友由此而越发确信那猴子就是他的儿子，眼泪扑簌簌地直掉下来，双手更是扶着那猴子的身子，连声呼唤着："孩子，快快醒来，快快醒来！"

大约过了一袋烟的工夫，那猴子慢慢苏醒了过来。当它微微睁开眼睛，见自己的父亲就站在跟前时，眼泪就像泉水一般直涌了出来。苏北朋友一见那眼睛和神情，不由声泪俱下地说道："孩子，孩子，你怎么会变成如今这个模样的？"

那猴子张了张嘴，尽管急得不成样子，可就是说不出话来。

"孩子，你……你怎么啦？快说话呀！"苏北朋友一个劲儿地摇着猴子的身子，不断地催促道。

猴子艰难地抬起它的前脚，指了指张开的嘴巴，苏北朋友和吴乐田一起往里一看，终于一切都明白了，原来它的舌头已经被割掉了。吴乐田这才恍然大悟：怪不得刚才猴子只写不说呢！于是，他就急忙拿来笔墨纸砚，叫猴子速速把遇害的经过写将出来。那猴子提起笔来，慢慢吞吞、颤颤巍巍地写下了这样几行字：

爸爸：那坏蛋将我拐骗去山东之后，就设法将猴皮粘到了我的身上，并天天对我拳打脚踢，逼迫我练功和演出，我受尽了他的折磨，你可要替我报……

一个"仇"字还没有写完，"猴子"的手就停住不动了，眼睛也慢慢地闭拢了起来。苏北朋友一下子扑到"猴子"的身上，直哭得死去活来。吴乐田的眼眶里，也同样闪动着晶莹的泪珠。

将"猴子"安葬好后，苏北朋友又在吴乐田家里住了一阵，待心绪基本平复了，方才回转家门。

转眼三年过去，又到了当年看耍"猴子"的日子。这天一大早，就见吴乐田家的正厅里停放着吴乐田的灵柩，厅内哀乐声声，家人全都披麻戴孝，在灵柩旁哀哭守灵。

日上三竿时分，那耍猴的果然来了。他来到吴家门前，一眼瞥见正厅中央停放着灵柩，很吃一惊。一问周围的人，方知死者就是自己的仇人，心里虽然高兴，但也多少有点懊丧。为什么呢？因为他没能亲手将吴乐田杀死，一报三年前的落败之仇。按理而论，死了死了，既然人已死了，也就一切全都了了，即便有天大的仇恨也无需再耿耿于怀。可这个心地极端狠毒的耍猴的，却偏偏不肯善罢甘休。只见他整了整身上的衣衫，一步跨进了吴乐田的家门，自称是吴乐田昔日的朋友，今日特来哭灵吊丧的。说着，他就来到灵柩旁，边用双手使劲地抚摸着灵柩，边连连跌足长叹："唉，想不到老天爷竟然不从人愿，吾来晚也，吾来晚也！"看上去似乎当真是个重情重义、一往情深之人。

没料想就在这时，身后传来了一个洪亮的声音："你来得不晚，应该说还来得正是时候！"紧接着，就见从帷幕后闪出一个人来，此人不是别人，正是香山义侠吴乐田。耍猴的做梦也没有想到今天会遇上这么一出，一时惊得目瞪口呆，竟不知眼前的吴乐田究竟是人，还是鬼。

这时，只见吴乐田边将灵柩的盖头轻轻揭将开来，边声色俱厉地揭露耍猴的毒如蛇蝎的心肠："我的这位'老友'，不是声称特意赶来哭灵吊丧的吗，现在，就请众位一起来看一看他的这一片'深情厚意'吧！"

众人向棺材里一望，只见装在里面的一层完好的鹅卵石，现在已经大多破碎了。原来那耍猴的以为吴乐田当真已经死了，可他连吴乐田的"尸体"也不肯轻易放过，因此便在刚才抚摸灵柩时运足了内功，想让吴乐田死无完尸，以解他的心头之恨。

这时吴乐田接着又说："我今天设这假死之计，就是想看一看此人的心地究竟有多狠毒。他既然这样心狠手辣，丧尽天良，那休怪我吴乐田不留情面了！"话音才毕，利剑出鞘，一场恶斗眼看就将开始。

而事实上，吴乐田设这假死之计，不仅是为的试探耍猴的心肠有多狠毒，同时也为了试探他的武功究竟有了多少长进。他刚才见耍猴的抚摸棺材时那样使劲用力，就知道那家伙的武功虽比三年前确实有所长进，但毕竟还远没有达到一流的水平。对敌情既已了然于胸，他从帷幕后从容不迫地来到了耍猴的面前，一针见血地揭穿了他欺人的假面，并亮出了他雪亮的宝剑。

吴乐田的宝剑虽已出鞘，但他并没有急于下手。这次耍猴的是特意为报仇而来，那肯定是来者不善，这就决定了今天即将展开的较量，必定是一场十分艰巨的恶斗。为此，自己一定得既要斗勇，更要斗智，不能一上来就一味示强，使耍猴的轻易被吓退了阵，而是必须先以示弱的方法作为诱饵，将对方引入对自己最有利的战斗阵地，并以自己最擅长的战略节奏，使对方的举动完全为自己所掌控和制约，直到最后的关键时刻，再祭出一剑封喉的绝招，彻底地致敌于死命，以确保取得这场斗争的完胜，使耍猴的绝无侥幸逃脱，日后再继续去干那些祸害他人坏事的机会。主意打定，在刚开始与耍猴的交手时，吴乐田就故意示弱，仅以自己的八分实力与耍猴的对阵。那耍猴的不明就里，便误以为吴乐田虽然是武林高手，但这三年间似乎并没有明显的长进，不由得心中一阵暗暗窃喜，满以为自己今天前来，必定能如愿以偿，一举报得前仇，凯旋而归。正因为这样，见吴乐田十余个回合后就开始且战且退，耍猴的就喜不自胜，当真认为自己判断精准，料事如神，便步步紧逼，穷追不舍，一心想着以最快的速度大获全胜，一雪前耻。见耍猴的使出浑身解数，一个劲儿地追个不停，吴乐田知道自己所设之计已开始奏效，便更有意识地做出边战边退的姿态，以将耍猴的向香山老虎背上面的那段陡峭山路一步步引将过去。

香山素以妩媚著称，上面的山路大多比较平缓，有一些地段甚至还可以任人在上面悠然自得地闲庭信步，而唯独老虎背上的这段山路，却显得特别的陡峭和凶险，人们在上面行走时甚至都会有点担惊受怕。可吴乐田为了使自己的武功能练得超凡脱俗，独树一帜，他就特别看中了这段陡峭山路，平时就专挑这段山路作为自己的练功场地，一年三百六十五天，几乎是天天都到这里来刻苦训练，这就使他的剑术练到了炉火纯青的高超境地。正因为如此，现在当吴乐田巧妙设计，将耍猴的一步步引诱到香山老虎背上的这一段山崖上后，吴乐田与耍猴的两人的武功水平，也就顿时高下立判：吴乐田依然是如履平地一般，身轻如燕，从容自如，一招一式全都随心所欲，出神入化；而耍猴的呢，因为平時都是在平地上练的功，现在突然遇到了这样的地理环境，不免顿时就显得心中发怵，手忙脚乱，片刻间就冷汗直冒，完全乱了方寸。此时此刻，机敏过人、善抓战机的吴乐田，就更是加快了出剑的频率，越发增强了出剑的力度。吴乐田的剑术一经显露了庐山真面目，那耍猴的就一下子觉得脚底发颤，身子发晃，心头发毛，即便是他的鞭功再好，也完全失去了招架的能耐。尽管此时他已经如梦方醒，知道今天是中了吴乐田的计，处于了绝境之中，可像他这样的奸诈狡黠之徒，是断然不肯就这样乖乖地被吴乐田逼上绝路的，他还想作最后的垂死挣扎，与吴乐田拼个鱼死网破，于是就来了个狗急跳墙，使尽自己仅剩的一点力气，来了一个纵身一跃，以乌云盖顶之势直向吴乐田扑将过去。吴乐田是何等机灵的人物，他眼明手快，避实就虚，一个鹞子翻身，就急转到了耍猴的身后，猛的一剑直向耍猴的咽喉处刺去，名副其实地使出了一剑封喉的绝命之招。紧接着，只听得耍猴的发出了一声惨叫，就转眼间从悬崖中部摔到了山脚下面，得到了他应有的下场。

随后，吴乐田特意将这一消息告知了那位苏北朋友。苏北朋友听到了这一佳音，伤痛的心灵终于稍稍得到了一些安慰，身体也渐渐地有所恢复。

而自此以后，智勇双全、武功卓绝、威风八面的香山侠士吴乐田，在香山周围和江南一带，也就更是威名远扬，妇孺皆知了。

（卢瑞林口述，丁品森加工整理）

# 除妖避邪的银杏树

相传在明朝末年，有个云游和尚来到了香山北麓，他见此处南傍香山，北滨长江，是块不可多得的宝地，便在这里安下身来，化缘建造了一座观音庙，而他也顺理成章成了这庙中的长老。送子观音，人人皆敬，前来朝拜的人络绎不绝，庙中的香火自然就越来越盛。

谁知过了不久，庙中便出现了怪事，香案上的贡品常常在夜间不翼而飞。"难道果真是观音菩萨显灵了不成？"长老心里很是纳闷，便于夜间隐藏在案桌后细细察看。可是，接连察看了三个晚上，却一无所见。疲惫不堪的长老再也支撑不住，终于渐渐睡着了。迷迷糊糊中，长老做了一个梦，梦见一条大蛇张开血盆大口，吞下了所有的贡品，并凶神恶煞地威胁说："如果不献上更多的贡品，我就将血染山村，让这里的老百姓全都遭殃！"长老惊出了一身冷汗，醒来一看，果见所有的贡品又一扫而光，案桌上还留下了一股刺鼻的蛇腥味。

出家人慈悲为本，长老不愿让周围的百姓遭难，就每天增献了大量的贡品，并暗暗祝告观音菩萨多多保佑。香烟袅袅，祝告声声，直飘仙界，观音菩萨得知了此事，十分震怒：这蛇精五百年前就曾因作恶受罚，至今仍不思悔改，还扬言要伤害无辜百姓，实在是天理难容，绝不能再让它存留于世！她眉头一皱，灵机一动，很快就想出了一个帮助长老除掉蛇精的好办法。

这一天，长老正在殿内喃喃念佛，忽听得"嘎嘎"两声，两只白鹤扑棱棱飞进了大殿，口中各衔着一颗闪亮的丹丸。然而，两只白鹤只在长老的头顶上转了一圈，便又马上飞了出去。长老感到好生奇怪，也就紧跟着出了佛殿。他才到庙前，就听得"啪啪"两声，两颗白丹丸一齐落地，并顷刻间不见了踪影。长老再抬头向上空望望，只见两只白鹤向他点了点头，便向云端里疾速飞去了。这到底是怎么回事呢？长老左思右想，怎么也解不开这个疑团。

第二天清晨，长老打开庙门一看，只见两颗白丹丸落下的地方，竟然同时长出了两棵高大的银杏树。第三天，便见银杏树上结满了许许多多银杏果。到了第四天，就见一条大蛇死在了银杏树旁，那蛇的长相，跟他梦中所见的可说是一模一样，它的嘴微张着，里面还有几颗没有来得及吞咽下肚的银杏果。"看来是这银杏果送了那大蛇的命。"长老见这两棵神奇的银杏树帮他杀灭了蛇精，心里悬着的一块石头终于落了地。

自此以后，庙中果真就安然无事。长老念念不忘两棵银杏树杀灭蛇精的功劳和恩德，对它们的照管也就格外精心周到。没多久，这两棵银杏树已高达七丈有余，粗需五人合抱，全都长得枝繁叶茂，郁郁葱葱，浓荫几乎覆盖了整个寺庙。

转眼一年多过去了，一天，有个长得异常俊朗的白衣秀士来到庙中，他两眼紧盯着庙门前两棵高大葱郁的银杏树，对长老说道："此树乃宝，双木成林，佛地可称'宝林寺'，不知长老以为如何？"长老听了，觉得甚是入耳，便连声应道："妙哉，妙哉，施主所言极是！"但话音刚落，他又觉得不妥，便随即改口说，"不过，若轻易改名，对观音菩萨就有失敬意了，看来还是冒失不得。"白衣秀士呵呵一笑道："白鹤本是观音遣，丹丸原为仙术炼，银杏从此参天起，杀灭蛇精庙平安。此树本就是观音菩萨所赐的镇庙之宝，将此庙更名为'宝林寺'，岂不正合观音菩萨的心愿么？长老尽可放心，不必多虑！"长老闻听此言，忆想起先时的种种情景，觉得白衣秀士的话字字合情，句句在理，心想此人既然能知天上人间、过去未来之事，那就决非凡人，便说："如此说来，恭敬不如从命，贫僧就遵施主之言，将此庙改名为'宝林寺'，只是这殿上的匾额……"不等长老把话说完，白衣秀士已接口道："这个不难，如不嫌弃，小生愿意献丑。"此时此刻，长老哪还有不允之理，他当即就拿出了文房四宝。白衣秀士一见，立马就提笔在手，凝神运腕，一挥而就，"宝林寺"三字便赫然在目，一个个铁划银钩，神光四射，直耀得殿中四壁生辉。长老久久审视着，越看越喜，越看越爱，正待高声叫好，却不料白衣秀士已如一缕清风，飘然而去，瞬间便不见了踪影。"这可真是鹤奇，树奇，人奇，字奇，诸多奇事全都集中于我这个小庙之中了，我可真是好运气啊！"长老这么想着，整个身心全都沉浸于巧遇奇事的莫大喜悦之中了。

此事一经传开，远远近近，江南江北，成千上万的人蜂拥前来看树看匾，进香拜佛，宝林寺也因此而名声越来越大，香火越来越盛了。

　　香山附近的许多寺庙听说银杏树可以除妖避邪，纷纷跟着在庙门前种起了银杏树。正因为这样，江南一带就几乎所有的寺庙门前，都有那挺拔的银杏树参天而立。而香山北麓宝林寺的遗址上，那两棵银杏树直到现在还依然高高地屹立在那里呢！

# 徐霞客香山品茶

明末清初，45 岁的徐霞客结束了一次长途旅行，归乡南旸岐（今江苏江阴市马镇）稍作歇息后，便又兴冲冲登船，经黄田港折转东横河上岸，随后即抵达香山，拜访其堂兄雷门。久别重逢，倍感亲切，当晚雷门便设宴接风，两人对饮甚欢。

第二天一觉醒来，已是日照东山。徐霞客觉得有点头晕，嘴里也有点苦涩，知是自己昨晚太过兴奋，多贪了几杯。吃过雷门早已备好的可口米粥，徐霞客顿觉神清气爽了许多，便在室内雅玩起雷门的茶炉和茶具来。案桌上的茶叶，也随着一一映入他的眼帘：松罗茶、黄山毛尖、庐山云雾……品种还真是不少。见到那新上市的碧螺春，他更是拣了几芽用舌头舔了舔，只觉甘凉生津、浑身舒服，同时十多年前跟雷兄叔侄四人一起畅游九江、庐山、鄱阳湖、祁门和黄山的情景，又一一重现在他的面前，使他的心头更感到了暖意融融。

"这等出神，想什么呢？"雷门问了一句，随后又说道，"今天游山，品你刚送来的蒙山茶，可好？"

"雷兄，蒙山茶你就留着慢慢喝。我们今天上山，茶炉、茶具、茶叶三不带。"徐霞客边说边朝雷门神秘一笑。

"这……"雷门虽带着一脸狐疑，但出于对徐霞客的极度信任，他还是极为顺从地跟随着徐霞客一前一后出门走上了山去。

漫步在徐霞客 20 岁时参与种的竹林和植的梅树间，瞻仰过苏东坡当年亲笔题写的"梅花堂"，两人没多久就来到了桃花涧。走到了一块平整的大石头旁，徐霞客就说道："今天我们就在这里品茶。"

雷门听了，双眼定定地盯着徐霞客，丈二和尚摸不着头脑地反问道："茶炉、茶具、茶叶什么都没有，这茶怎么个品法？"

徐霞客并不言语，只是从腰间取出早已准备好的镰刀，在桃花涧边砍起了嫩竹来。雷门不知徐霞客葫芦里卖的究竟是什么药，所以也不上去帮忙，而只是自顾自地唱起了古老的山歌："嗯唷斫竹，嗬唷嗨。嗯唷斫竹，嗬唷嗨。嗯唷弹石、飞土，嗬唷嗨。嗯唷逐肉，嗬唷嗨……"

徐霞客听着听着，也随着唱起了古老的劳动号子："斫下青竹头啊，吭唷。削下青竹头啊，吭唷！"反复几遍后，雷门也跟着同声唱了起来："吭唷，吭唷，吭唷，吭吭唷……"

歌声唱完，雷门见徐霞客斫竹、抬竹、削竹时，动作有些缓慢，而且一脸的清瘦，远行帽也显得有点儿陈旧，不禁想起自己的家族也是名门望族，绝不比苏州潘氏家族、常熟翁氏家族和无锡东乡安氏家族差，可现在却有些中落，不免有些惆怅，刚才的童趣雅兴一下子就去了大半，于是便轻轻地吟起了李贽的《茶夹铭》："我老无朋，朝夕唯汝。世间清苦，谁能及子？逐日子饭，不辨几钟。每夕子酌，不问几许。夙兴夜寐，我愿与子始终。子不姓汤，我不姓李。总之，一味清苦到底。"

可徐霞客对这些并不甚理会，只是一心在制作竹杯，修边，刮光，去屑……一道道工序完成后，他起身将几片嫩竹叶放入一个个竹杯中，再用竹杯在涧边盛上落差较大的溪水，也不盛满，不过六分左右，然后便将它们一一放在那块大石头上。一切就绪之后，徐霞客便让雷门跟他一起去山上游玩。石虎门，飞来石，洗砚池，采香径，圣过潭，钓鱼台……一路走来，只觉佳景迭出，美不胜收，心里顿觉舒畅了许多。

走走停停，停停走走，待等折回桃花涧的那块大石边时，约已过去了两个时辰。这时太阳已经西斜，两个人的口中也确实有了点干渴，于是便一起坐在大石上开始品起茶来。真想不到，经过太阳两个时辰的蒸晒，这竹杯中添加了竹叶的溪水还当真成了可口的茶水。端起青青的竹杯，只觉它古色古香，一尘不染，青青的竹叶浮在杯中，气定神闲，悠然自得，煞是可人，那青青的茶水，似有似无，且里壁没有一点水痕。闻一闻，竹香扑鼻而来，啜一口，水的甘甜和花的馨香，一起直沁心脾，还真是人间难得一见的绝佳香茗。

徐霞客边喝，边跟雷门聊着他多年品茶所得的一些感受，说是跟香山茶相比，杭州的龙井茶配虎跑泉，固然有一种淡淡的幽香，却没有香山茶醇厚的甘味。无锡茶用二泉水冲泡，虽无泥土、沙土之气，且有一种独特的甘味，但缺少香山茶的香气。蒙山茶配扬子江中水，虽是好茶，但人生难得，不可奢求。唯独香山茶，处于扬子江畔，香山之上，气候温润，山青水甜，花香四溢，可谓天时地利，一一占尽，实在是妙不可言。当年吴王夫差偕西施一起至香山品茶，且留下声名远扬的采香径，看来自有其必定的道理。

雷门听得入神，顿觉大长见识，连连称说"有理，有理"。

徐霞客喝了几口茶，润了润嘴，接着又继续说道："雷门兄，你刚才吟的李贽的《茶夹铭》，是李贽一生思想的写照。他对整个宇宙，对古人的思想，都做过认真的思考。他推崇儒学，但指出强调人的个性。他欣赏道教，说它既有出世之仙，又有入世之俗。他信奉王艮的泰州学派，认为他主张学以致用，确实乃至情至理。是啊，大凡好的学识，就应该像这杯中的茶一样，让人越品越有滋味，越品越感到心旷神怡。"

雷门听到这里，顿觉如醍醐灌顶，汗微微渗出，心想："既品茶，又明理，今天我可真是大开眼界了！"

折返时，雷门走在前，徐霞客随其后，他见雷门背已微驼，腿脚也不如年轻时灵便，想到雷门中年丧妻，看破红尘，即来香山结庐，归隐终老，不由慢慢吟出："幻出烟萝傍玉京，须知片石是三生。春随香草千年艳，人与梅花一样清。混沌凿开云上下，崆峒坐倚月纵横。峰头且莫骑黄鹤，留遍江城铁笛声。"由此，徐霞客"春随香草千年艳，人与梅花一样清"这两句脍炙人口的经典名句一直流传至今，受到人们的广泛追捧。

下山的路上，两人相随而行，默默无言，香山也静静无语，只有那涧边欢蹦乱跳的溪水，一路满满情意，潺潺相送。

（徐金宝搜集整理，丁品森加工修改）

# 香山百哥鸟

　　清朝乾隆年间，香山脚下王家村东梢的一间小茅棚里，住着一个年轻小伙子，姓王名德宝。他十二岁那年，因邻村恶霸地主周卜贤强行逼租，夺走了他家的全部田产，他父母双双含恨而死，从此就剩下他孤身一人，终年以打柴为生。

　　一天，德宝从香山上打柴回家，在山路旁的一棵大树下歇息，忽听得一声悦耳的鸟鸣，抬头一看，只见树上正停着一只漂亮的百哥鸟。那百哥鸟见了德宝，不但不飞不跳，反向他频频点头微笑，德宝便倏地爬上树去，将那鸟抓到了手中。德宝心灵手巧，一到家便制作了一只精致的鸟笼，将百哥鸟养在了里面。

　　那百哥鸟可真是聪明伶俐，在德宝的精心调教之下，没多久就能通人情讲人话了。就这样，德宝和百哥鸟相亲相爱，相依为命，生活倒也增添了不少乐趣。谁知好景不长，没多久就发生了重大的变故。一天德宝去香山上打柴，淋了一身冷雨，回家后竟一病不起，家里的生计也就此成了大问题。德宝无奈中不得不忍痛割爱，决定将百哥鸟放回山林中，可百哥鸟却连连摇头说："德宝哥，你的养育之恩我至今未报，如今你重病在身，我怎能丢下你不管呢？现在我不但不能离你而去，还必须设法尽快治好你的病才行。"

"治好我的病？钱从何来？"德宝不解地反问。

百哥鸟附耳跟德宝说了几句，德宝觉得也有道理，就点头同意了，并把周卜贤家的地理位置和周卜贤的长相特点，一一向百哥鸟作了详细交代。

第二天一早，东方拂晓，德宝打开鸟笼门，百哥鸟朝德宝点了三点头，便向周家大宅飞去了。这天清晨，歪脖子周卜贤正伴着打扮得妖里妖气的姨太太，倚在窗前欣赏后花园的景色，百哥鸟看得分明，便轻轻振开双翅，神不知鬼不觉地飞到周卜贤的跟前，朝他的右眼猛力啄将过去，直啄得周卜贤眼中鲜血直流，口中哇哇乱叫，待姨太太惊醒过来，弄清是怎么回事，连声惊呼"百哥鸟"时，百哥鸟早已飞得不见了踪影。

周卜贤右眼被啄，周家顿时乱作一团，合家大小一齐涌向了周卜贤的房间。他女儿心里一急，连头也没来得及梳好就要紧赶下楼去，将一只金钗也掉在了梳妆台上。再说机灵的百哥鸟早已飞来此处，一见此等良机，它就一下飞了进去，将金钗衔了起来。正待转身飞出时，没料想楼梯上匆匆上来一个丫头，那丫头一见此状，禁不住失声惊呼："金钗，金钗……"可是未等她的"金钗"之声完全落地，百哥鸟已出窗凌空飞走了。

不多一会儿，百哥鸟便飞回了家中，将金钗交给了德宝，并将得钗的经过绘声绘色地告诉了德宝。德宝听后，心头一乐，病也仿佛减退了一半。第二天，德宝便拿着金钗去街上兑成了现钱，买了些米回家，填饱了自己和百哥鸟的肚子。此后他又去请医生看了几次，身子骨也一天比一天硬朗了起来。

周卜贤被啄坏右眼和衔走金钗之后，怒火万丈，马上派人去酒肆茶馆四下打听，探问是谁家养的百哥鸟。当得知百哥鸟的户主就是王德宝时，他就更是怒不可遏，当即就去江阴县衙（香山地区古属江阴县管辖）告了一状。江阴知县知道周卜贤树大根深，怠慢不得，便火速派两名公差前去王家村捉拿王德宝。两名公差凶神恶煞似的来到王德宝家中，不由分说，便将王德宝绳捆索绑，押往县衙去。

德宝一到县衙，知县就立即升堂问案，他将惊堂木一拍，喝令德宝跪下如实招供，周卜贤在一旁见了，乐得屁颠屁颠好不神气。谁知还不等德宝下跪，便听窗口飘进一句话来："一人做事一人当，此案与王德宝无关！"知县和周卜贤听了，一齐向窗口望去，却并不见人影，再仔细一瞧，方见是一只百哥鸟站在窗台之上。周卜贤见了，顿时怒从心起，连连狂叫道："就是这该死的百哥鸟，打死它，快打死它！"百哥鸟双翅一展，飞到了屋梁之上，冷笑着对知县说道："请问大人，现在这堂上究竟是谁作主？"知县和周卜贤听了，全都面面相觑，他们万万没想到百哥鸟竟然会说人话。这一来，周卜贤不得不有所收敛，知县则暗自想道：这百哥鸟不但能啄人衔钗，还能说话打官司，绝非凡鸟可比，我万不能轻易得罪，要不然就定将会自讨苦吃。主意拿定，他便说道："今天这堂上，自然由我这个知县审案。"

"既然是由你知县审案，你就必须将无辜良民王德宝立即松绑，马上放他回家。"

"这个……"知县的舌头一下子打了结。

"不能放，绝对不能放！"周卜贤更是气急败坏，竭力从旁阻拦道。

"哼，不能放的不是他王德宝，而是你这恶贼周卜贤！你强行逼租，逼死人命，不要说捆绑关押，就是开刀问斩，也难解百姓心头之恨！知县大人，就冲着堂上这'明镜高悬'四个大字，你也得无私执法，秉公断案啊！"百哥鸟理直气壮，句句掷地有声。

周卜贤见百哥鸟揭了他的老底，不敢再嚣张放肆，知县则搔着头皮，苦苦思索着对策，过了好一阵才急急巴巴地说："周乡绅先前的那些事情，都是前任知县所理，与本官无涉，今天我所要办的，仅只是'啄瞎眼，偷金钗'一案。"

"既然如此，周卜贤的眼睛并非王德宝所啄，那金钗亦非王德宝所衔，为何将他绳捆索绑，押到大堂上来？"

"这个么……"知县的舌头又一次失了灵。

"知县大人，别再这个那个了，今天你要是放了王德宝，我让你顺顺当当了结此案；倘若你有眼无珠，不明事理，当心我也啄瞎了你的细眼睛！"说着，百哥鸟展开双翅，做出了俯啄之势。

知县闻声见状，吓得两腿筛糠，慌忙答应道："好……好，这就放……这就放！"

周卜贤岂肯轻易依从，便声嘶力竭地在公堂上咆哮起来："王德宝纵鸟伤人偷钗，焉能无罪释放？大人若不明断此案，放他回家，那我就只得上府台衙门鸣冤告状了！"

听周卜贤说要去府台衙门告状，知县不由吃惊起来。你道这是为何？原来府台大人是周卜贤的堂房兄弟，他要是怪罪下来，自己怎么能吃得消呢？于是他便来了个见风使舵，顺水推舟："王德宝纵鸟伤人偷钗，这倒说的也是，那就罚王德宝五十大板！"

百哥鸟心想，德宝哥重病刚愈，怎经得起那五十大板，所以要紧插嘴说："王德宝无罪，岂能受刑？要罚要打，自有我百哥鸟独自承当！"

周卜贤一听，正中下怀，可知县却不这么想，他觉得这百哥鸟能言善辩，且敢作敢当，定是神灵所变，如何能随便打得？可要是就这样放了王德宝，饶了百哥鸟，周卜贤又岂肯善罢甘休？他的脑子里像风车似的转了好一会儿，终于想出了这么一个主意："百哥鸟啊，你这小小身子，别说打五十板了，恐怕一板也挨不起呀，所以本官决定，就由你自己拔下两根最长的翅膀毛吧！"

百哥鸟救德宝哥心切，便当即应承了下来。待知县叫公差将德宝松绑释放后，百哥鸟也就自己啄下了两根最长的翅膀毛。就这样，案子就算有了个了结。

回家以后，在德宝的精心照料下，百哥鸟的伤势很快就有了好转。三个月后，翅膀毛重又长足，百哥鸟又能腾飞如初了。这一天，他告别了德宝，飞到了江阴的城隍庙内，趁人不备之际，倏地钻到了城隍菩萨当胸口一个不太惹人注意的凹陷处，对看庙人大声喝令道："速去知县衙门，唤知县官马上前来见我！"

看庙人见城隍菩萨突然开口说话，吓得魂不附体，急匆匆赶到知县衙门，向知县如此这般述说了一番，知县虽将信将疑，可又不敢不去，只得快马加鞭来到城隍庙。一进庙门，他便俯伏下拜道："城隍老爷在上，卑职奉命拜见老爷，不知老爷有何吩咐？"

只听城隍菩萨威严地说道："知县听着，你是阳官，我是阴官，你这阳官没有做像个阳官，我这阴官今朝要来勾销你这阳官！"

知县闻听此言，吓得屁滚尿流，磕头如捣蒜，连连求饶道："卑职所犯何罪，还望菩萨明示。"

"地方官要为百姓作主，周卜贤鱼肉人民，残害百姓，作恶多端，天理难容，你为何包庇纵容，不加惩治？"

知县虽知周卜贤并不好惹，但毕竟自保最为重要，所以他也就不敢怠慢，马上叫两旁的公差将周卜贤捉拿到城隍庙中，将他结结实实地打了五十大板，直打得他皮开肉绽，喊爹喊娘。众百姓听说周卜贤遭打，全都争着前来围观。"好，打得好！""使劲打，打死这贼恶霸！"一个个喜形于色，连连拍手叫好。

打罢周卜贤，只听城隍菩萨又说道："知县官，看你还能知错认罪，今天就权且饶你一命，只是死罪可免，活罪难饶，还得叫公差将你的胡须全都拔光了才能过关。"

此时此刻，知县活命要紧，哪还顾得上什么胡须，便乖乖地伸长了脖子，叫两旁的公差快点动手来拔。

"拔老爷的胡须，奴才可万万不敢！"右边的公差"扑通"的一声跪了下去。

"要是日后老爷怪罪下来，奴才如何担待得起！"左边的公差也像得了软骨病，跟着跪到了地上。

知县怕这么拖拖拉拉惹恼了城隍菩萨，只得央求两位公差道："求求你们快点动手，今天你们为本官拔须，不仅无罪，反而有功，如若我日后翻脸无情，定遭五雷轰顶！"

两个公差听知县这么一说，这才从地上爬起，壮大了胆子你一根胡须我一根胡须地拔了起来，直拔得知县额头上冷汗直冒，下巴上鲜血淋漓。

待等知县的胡须全部拔光了，百哥鸟这才从城隍菩萨当胸口的凹陷处飞将出来，朗声笑道："知县官啊知县官，昔日你拔我两根翅膀毛，今朝我把你的胡须全拔掉。今后你为官清正便罢，若再欺压良民，小心你的脑袋搬了家！"说完，便振翅高飞而去。

众百姓亲眼目睹了这样的情景，无不啧啧称奇，并随即响起了一片欢呼之声。知县官这才如梦方醒，知是中了百哥鸟的计，禁不住长长地叹了一口气，痴呆呆地一下子瘫在了庙堂上。

# 桃花仙子与放牛娃

　　这是不得不说的一个动人故事，因为这故事与我眼前香山脚下的这片桃林有着非比寻常的关系。

　　相传当年齐天大圣偷了王母娘娘的蟠桃后，在返回花果山水帘洞的途中，路经风光旖旎的香山，因留恋这里的秀美景色，竟不慎将一只蟠桃遗落在了香山脚下。

　　在这香山脚下，住着一个穷书生，天天以放牛砍柴为生。他父亲早亡，家里只有一个瞎眼的娘亲，母子俩相依为命。穷书生无钱上私塾，却嗜书如命，放牛的时候，也常常在桃树下看书习字，以大地为纸，树枝为笔，学得异常刻苦。日复一日，年复一年，他便和桃树产生了深浓的感情。一有时间，他就为桃树松土除草，施肥浇水，使那桃树越长越见精神。每当春暖花开，便见一树繁花，香飘数里，而到繁花落尽时，则有累累果实缀于枝头。就这样，放牛娃也就又多了一条生计。渐渐的，他对桃树越亲越近，越近越亲，俨然将桃树当作了自己一生的知己，只要有什么心里话，他就会一股脑儿全都掏出来，对桃树尽情地倾诉。

　　花开花落，花落花长，桃树在香山脚下汲取了日月精华和天地灵气，渐渐便有了灵性，并能幻化成人形。那一日，夜凉如水，蝉鸣田野，西窗烛影，放牛娃正在伏案夜读。而西窗外边，桃树摇身一变，但见一妙龄少女，眉目如黛，婀娜多姿，莲步轻移，来到了放牛娃的门外，轻扣柴扉，柔声问道："公子，小女子赶路错过了客栈，可否在公子家借住一宿？"放牛娃心生同情，便开门将女子迎入屋内，带到了母亲床前，让她与母亲同榻而眠。

次日天明，早餐用毕，那女子却仍无半点离去之意，倒是帮着瞎眼的娘亲干起了家务活。放牛娃不明就理，便去询问母亲。母亲言道："她是孤女，无家可归，看上去心地倒也蛮好，我们不如就收留了她。你如今已年纪不小，眼看就到谈婚论嫁的年龄了，可凭我们现在的家境，正儿八经地娶妻恐怕非常困难，我看你们就先在一起处处吧，若能有缘同枕共眠，倒也了了为娘的一桩心愿；若无缘结成夫妻，我就收她做个义女，你们兄妹相称，也同样是一桩好事嘛。"

数月过去，放牛娃与桃花仙子在一起相处融洽，互相倾慕，感情日益深笃，便在母亲的操持下把婚事正式定了下来。大婚前一天，放牛娃带着桃花仙子来到桃树下，焚香点烛，请桃树见证她们的婚姻大事。没想到正叩首时，忽然一阵大风袭来，但见花朵纷纷飘落，一树繁花瞬间无存。桃花仙子心中一颤，隐约间预感到一场灾难马上就要降临。

果然，那阵大风是王母娘娘派来寻找桃花仙子的天神刮起的。话说当年齐天大圣偷走蟠桃后，天庭便断了蟠桃的根，此后王母娘娘便一直在寻找这蟠桃根的下落。前几日太上老君屈指算得，这蟠桃根就在香山脚下，于是便派天兵天将来到此处，只要桃花仙子一出现，他们便立马将她带回天庭，以使天庭的蟠桃盛宴日后能够继续举行。

洞房之夜，桃花仙子知道危险正一步一步向她迫近，眼见自己将不得不离开这个地方，离开这个家，离开他心爱的人了，心中不由涌起诉说不尽的痛苦和不舍。一阵辗转反侧之后，她便运足真气，吐出一颗珍珠般大小的桃核，然后轻轻唤醒放牛娃："相公，我不是世间凡人，我本是王母娘娘身边的蟠桃仙子，当年因齐天大圣大闹天宫而遗落此地。也许是天生的缘份，让我在这里遇到了你，在你的精心照管下，我吸收日月精华，恢复了功力，于是便幻化成人形，来报答你对我的浇灌培育之恩。谁知老天还是不从我愿，如今天兵天将已找到我了，我即将被他们带回天庭。可我实在不忍心离开你和母亲，更不忍心在我离开之后，你们继续过着那衣食不周的穷困日子，因此我运足我的真力，孕育出了这一颗桃种，现在我就将它交付给你。在我离开之后，你换个地方将这桃核种下，你们娘儿俩以后的生活就有靠了。我走以后，你就把我忘了，重新娶个贤妻，过几年太平安稳的好日子。相公，来带我的天兵天将马上就到，眼看我们只能缘尽于此了，你就带着母亲上路吧，有缘来生再见……"一阵剧烈的咳嗽之后，桃花仙子吐出了一口又一口殷红的鲜血。原来刚才运足真气孕育桃种时，她已伤了真身，身子骨已极端虚弱，毫无精神了。放牛娃见此情状，紧紧地抱着桃花仙子，泪流满面地说道："不，娘子，我不要桃种，我不管你是仙还是人，你就是我放牛娃的娘子！我不走，我们生要生在一起，死也要死在一起，天兵天将我来挡，凶神恶煞我来敌，我不走……我就是不走……"说话间，外面狂风大作，乌云密布，桃花仙了知道大兵天将已在不远处，便运尽最后一口真气，双手合十，将放牛娃和他母亲一掌送出："相公，为妻尽力了，能送你们多远就多远吧！记住，永远不要再回来，以免遭遇不测……"

天兵天将来到屋内，看到的是躺在血泊中的桃花仙子，她的真气已完全散尽，转眼就化成了一缕轻烟。眼看一切都已无法挽回，天兵天将也就只得无奈地徒手而归了。

多年以后，在桃花仙子流下血泪，香消玉殒的地方，又长出了一棵桃树。每到春季，只见那满树桃花，鲜艳夺目，美不胜收。然而，桃花虽美，果实却并不丰腴。为什么呢？原来当初桃花仙子把所有的真气都给了放牛娃，让他带到了凤凰山下。

再说那放牛娃，自从被吹送到凤凰山下后，一时间就几乎失去了记忆，看见手里握着一颗桃核，他便随手种到了凤凰山脚的山地里。没想到种下不久，地里就果真如桃花仙子所说，长出了一株连着一株的桃树，而且很快就连成了一片桃林。来年花开，繁花压枝，香飘四野，花谢结实，硕果累累，摘下细细品尝，全都味美可口，齿颊留香。放牛娃从此以桃林为生，辛苦劳作，数年以后，竟然富甲一方。然而，他却终身未娶，记忆力有所恢复后，他就常常在月朗风清的午夜，手持横笛，独坐桃林，吹奏出一曲曲悠悠笛音，寄托他对桃花仙子的无限相思之情。而每当此时，香山脚下的桃林便无风枝也动，似乎在做出相同的回应。

天长日久以后，桃花仙子与放牛娃的故事渐渐被人淡忘，而凤凰水密桃却很快出了名，香山桃林呢，也同样成了游人如织的赏景胜地。

如今，桃花仙子可还在？放牛娃儿尚健否？衷心祝愿他们俩个，尽管是天上人间遥相隔，却始终是两情相悦意绵绵，时时刻刻心相印，无论遭遇什么样的风雨，都永远恩恩爱爱不分离。

（钱宇搜集整理，丁品森稍作润色）

# 桃红灼灼桃花山

人们普遍认为，香山是因春秋时期的吴王夫差携美人西施上山采香而得名的，而其实呢，香山还有两个别称，一为卧牛山，二为桃花山。称其为卧牛山，是因为其状有如伏牛。称其为桃花山，那是因为这中间有着一段凄美动人、撼人心魄的故事。

故事具体发生在什么时代，已经说不太清楚了。当时的香山脚下，就是滔滔江水，茫茫大海。每当朝阳升起，波面如金，朝霞就给大地山川披上灿烂的锦绣；而月圆时分，大江横流，就展现出一泻千里的博大气势。

在香山的东麓，有一个小小的渔村，村人以捕鱼为业，生活大多穷苦。在香山的南麓，有一个较大的村落，人口众多，生活富足，族长袁氏，拥有良田百顷，高房画宅，是一地之主。袁氏有一宝，非金非玉，却比金玉珠宝更加珍贵，那就是他的女儿。据说袁氏50多岁才得此女，出生时正好是桃花盛开时节，所以他便给女儿取名桃花。桃花刚出生的时候，面白桃红，两只水灵灵的大眼睛，总是骨碌碌的转个不停，人见人夸，人见人爱。桃花少小聪慧，而且善良，对下人从不摆小姐的架子，对乡邻也是知书识礼，友善相待。逢到灾年，更是常劝父亲开仓接济乡邻。

到了十五六岁的时候，她已经出落成一个远近闻名的大美人了。

沉鱼落雁，闭月羞花，讲的是我国古代四大美人的美，她们的美貌，人家还说得出，而桃花的美，大家却无法用语言来表达。十里八乡的年轻人，哪个要是被桃花看上一眼，就是叫他上刀山，下火海，他也立马愿意。所以，远近有点地位和声望的人家，前来提亲的人络绎不绝，几乎踏破了袁家的门槛。

但桃花对那些上门来提亲的公子哥儿，连正眼也不瞧一下，因为姑娘的心尖尖上，已经有了一个人的身影，但女孩儿家的心事，怎么去跟家人说呢，桃花常常为此苦恼，为此暗暗生自己的气，生心上人的气，以致有时候，常常一个人在背地里又是哭来又是笑的。这一切，被一个人看在眼里，疼在心里，她就是桃花的奶妈张氏。当年桃花出生，亲生母亲落下了病，不久就离开了人世，所以桃花基本上是在奶妈张氏的抚养下一天天长大的。两人虽名为主仆，感情上却胜如母女。桃花的那一点心思，怎么能逃得过奶妈张氏的眼睛呢？

张氏长相清秀，丈夫是个渔民。有一天，丈夫早晨出去打渔后，就再也没有回来。江水凶险，而淹死的常常是会水的。张氏那时已经怀孕，遭此劫难，痛哭了三天三夜，不仅大病了一场，而且还流了产。此后为了生计，经人说合，她就在袁家当起了奶妈。转眼间，十多年过去了，当初的小不点儿，已经出落成人见人爱的大姑娘了。

张氏有个嫡亲的侄儿，小名叫阿牛。说起来，这阿牛也真是命苦，五岁大的时候，父母一起出洋打渔，遇上了黑风暴，狂风卷起海浪，把小船撕扯得粉碎，阿牛就此成了孤儿。虽说是吃百家饭，穿百家衣，倒反而无病无灾，小小年纪就长得人高马大，还在江水里练就了一身凫水的好本领，用脚踏水，在江面上如履平地，并且还可以长时间地潜入水中，捕鱼捉虾，摸蟹抓鳖，其技可以说无人可比。他为人憨厚善良，常常接济村里的孤苦人家。农忙时帮人干活，从不偷奸耍滑，加上力大无穷，一个人能干几个人的活，所以全村老少，没有一个人不喜欢他的。小时候，张氏曾把阿牛带在身边，和桃花做伴，两人自然也就青梅竹马，两小无猜。后来年龄大了些，两人的来往渐渐少了许多，但每次张氏在桃花面前谈起阿牛的趣事来，桃花总是感到听不够，两只大眼睛也显得特别的亮。

又是一年春来到，春雨绵绵，春草默默地滋生着。桃花和阿牛的爱情，也像春草一样破土而出。这爱情就像朝阳下青春的藤蔓，缠缠绕绕地把两颗心死死地缠绕在一起，再也分不开来。

幸福总遭人眼红妒忌，美好的事物常常被风雨侵扰。阿牛和桃花的爱情，迅速传到了族长袁氏的耳朵里，他得知后恼怒异常，马上命人把桃花关在家里，并派人严加把守，不许桃花和阿牛再相见。他以为只要时间长了，桃花就一定会改变主意，因为这十里八乡的，有多少公子哥儿，都想讨得桃花的芳心啊。

和所有爱情中的女主角一样，桃花开始了以泪洗面的日子，梨花带雨的脸庞，憔悴而忧郁的眼神，越发地惹人怜惜。桃花痛恨一向疼爱自己的父亲，竟然如此绝情，不理解女儿的心意，决意用绝食来为自己的自由和幸福抗争。

看着女儿茶饭不思，一天天消瘦下来，袁氏很是烦恼。这天刚刚对下人发了一通火，一个人坐在大堂里生闷气，忽然从门口闪进一个人来，只见他身形猥琐，两眼如豆，拖着双破鞋，穿着件褐色的道袍，手里摇着一把一年四季从不离手的羽扇。此人就是乡里出了名的老江湖，号称赛神仙，平时靠算卦混吃混喝。族长一见是他，眼神里露出了鄙夷之色。可赛神仙也不在意，依然自顾自的在一旁坐了下来。

"族长可是在为桃花姑娘的事儿烦恼吗？"赛神仙端起一旁的茶杯，呷了一口茶，小眼睛骨碌碌地转着，"桃花可是个好姑娘啊，十里八乡的谁个不夸，哪个不赞啊，可惜啊可惜……不过，此事也不是没有办法解决啊。"一句话触到了族长的心事，听说有办法可以解决这烦心事，族长收起怠慢之心，拱手问道："先生有何良策，不妨道来。"赛神仙诡秘一笑，凑过身来，在族长耳朵边叽叽咕咕了一番，最后说道："族长，凡事宜疏不宜堵啊，哈哈，哈哈哈……到最后，我保你把这块心病彻底去掉。"

"是啊！"族长一拍大腿，兴奋地吩咐下人备酒款待赛神仙，一面便赶快派人去把阿牛叫来，自己则来到女儿的闺房，对女儿好言劝慰了一番，最后说道："天下的父母，哪个不疼惜自己的儿女啊，这么多年来，为爹的心意，女儿难道不明白吗？看你对阿牛如此重情，我也不阻拦你了，这不，我来的时候就已派人去找阿牛了，说不定人家就要到了呢。"

"什么？这是真的吗？"桃花几乎怀疑起自己的耳朵来。

"爹什么时候骗过你啊，傻孩子，你娘死得早，你可一直是我的心头肉啊。"族长稍停了一停，又继续道，"快吃点东西，梳洗一下，也好像像样样去见阿牛嘛。"

桃花面对这突然而降的幸福，一下晕了。待父亲离去了一会儿，她才从幸福的云雾里回过神来。

阿牛来到袁氏宽大的客厅里时，神情有点局促。赛神仙酒足饭饱，打着大大的饱嗝，从后堂摇摇晃晃地走了出来。阿牛见了，不觉心生疑惑：谁个不知这赛神仙是个骗吃骗喝的货啊，今天怎么会在这里出现呢？

这时，族长也来了，阿牛上前施礼毕，心下不免有点忐忑。"咳……咳……"族长咳了两声，说道，"贤侄啊，说起来我们两家也是乡里乡亲的，你和桃花也算得上是青梅竹马，两小无猜。可是，自古以来，男女婚姻，必须得有个父母之命，媒妁之言啊，比如聘礼，也是必不可少啊。想我家桃花，十里八乡，有哪个不夸，有哪个不赞啊……"

"就是，就是！"赛神仙一旁插话道，"桃花是什么身份啊，又有谁家姑娘比得过桃花啊！小伙子，族长大人可是宽宏大量，不计较你的家境，同意你和桃花的婚事，但聘礼总该有吧？"赛神仙说到这里，缓了缓，学着斯文的样子呷了口茶，让人感到有点不伦不类。

阿牛万没有想到，平日里嫌贫爱富的族长，今天竟能同意他和桃花的婚事，不由得脸色通红，十分激动地站起身来。

"别忙，别忙，还没有到行礼的时候啊。"赛神仙出言拦阻道，"你要知道，这聘礼可有点难办啊。"赛神仙卖了个关子，看着阿牛的反映。

阿牛的脸更红了，想想自己，家徒四壁，确实拿不出什么好东西出来，这族长要的聘礼，究竟是什么呢？

赛神仙真是个老江湖，阿牛的心思一点也没有逃脱他的老眼。他见自己的计划已经实现了一半，心底暗暗高兴，呷了口茶，继续说道："不过，小伙子，聘礼难办也要办啊，这可是个千载难逢的好机会，别人是连这机会也没有啊。说起这聘礼，也难也不难，就是三颗南海明珠嘛。"赛神医说完，便嘿嘿冷笑了两声。

因为在他看来，此地离南海路途数千里，那南海明珠又是稀世珍宝，一颗都难求啊，更何况是三颗呢！

原来先前赛神仙和族长叽叽咕咕商量的，就是这件事，他们的如意算盘是：第一步，他们要让阿牛知难而退，别再癞蛤蟆想吃天鹅肉。第二步，就算阿牛头脑发昏同意了，那三颗南海明珠也断然弄不到，这样在桃花姑娘那里也就有了说法，不是为爹的不同意，而是阿牛自己没有出息。第三步，即便阿牛铁了心去觅三颗南海明珠，要办成也不知要到猴年马月呢！两人长时间不见面，慢慢的心不也就淡了吗？

听了赛神仙提出的聘礼，阿牛的脸色忽青忽白，一时未作对答。族长和赛神仙相视一笑，得意之情溢于言表。

"爹，这对阿牛不公平！"一声惊呼中，躲在一旁窃听谈话的桃花闪身进来，扑通一声，跪到了父亲面前，憔悴的脸上，泪珠横流，"爹，求求你看在死去的母亲份上，成全女儿和阿牛吧！"说罢，已是泣不成声了。

"桃花姑娘，快起来吧，族长也是为你好啊。只要阿牛答应这个条件，你们的婚事，包在我身上。"赛神仙动作夸张地抿了口茶，嘿嘿地笑了起来。

"我答应！一年后，我一定会带着三颗南海明珠来到这里！"阿牛面色坚毅，伸手把桃花从地上扶起来，深情地凝视着桃花姑娘，"相信我吧，我心爱的姑娘。为了我，你可要好好地保重自己，照顾自己！"阿牛说到这里，虎目含泪，凝视姑娘片刻，便咬咬牙转身出门而去。他不敢回头，怕再看到那双美丽哀伤的泪眼。

桃花泪眼朦胧，失神地目视着阿牛远去的背影，心如刀绞。

第二天一早，阴郁的云层低低地压着大地，山川无言，草木无语。阿牛打点好行囊后准备出发，就在他再次深情地凝望笼罩在薄薄雨雾中的渔村时，从雨雾中闪现出一青一红两个身影，那就是张氏和桃花。

"阿牛哥！"

"桃花！"

没有多余的话，两人紧紧地相拥在一起。此时，语言是苍白无力的，一个深情的眼神，就足以铭记一生一世了。分别的痛苦，一如江海那样无边无际，爱的幸福，也如江河那样绵延不绝。

怀里揣着带着桃花体温的玉坠儿，阿牛登上小船出发了。那小小的玉坠儿，白绿中带着一点胭红，那是一颗心，一颗为爱而跳动的少女的心。从此，它将伴着阿牛走过天下最难走的路，趟过天下最难趟的滩。面对茫茫江海，它是力量，是希望，是人生最可珍惜的真爱。阿牛在心中喃喃说道：桃花，我最亲的亲人，相信我吧，我一定会回来的，等到桃红再次绚烂的时候，我一定会回到你的身旁！

冥冥中，仿佛真有什么神灵，在主宰着茫茫众生的命运，桃花沉浸在对阿牛漫长的思念和苦苦的等待中。除夕一过，眼看着新的一年又来了，可希望却没有来到她跟前。这一年的春天特别的寒冷，好像春天已经遗忘了这个地方。到了三月，桃红刚刚浅浅的一点，草尖儿才若有若无一抹时，没有能见到阿牛的身影。到了草长莺飞、桃红谢了的时候，阿牛依然没有回来。春去夏来，秋去冬往了，阿牛还是没有能回来。

在白浪滚滚的江畔，在兰香阵阵的小径，在幽然宁静的山涧，在松涛阵阵的山巅，在落英纷纷下，在雨雪靡靡中，善良的人们都能看到一个忧伤的美到极致的身影，她一直在等待着，等待着，等待着她最贴心最亲爱的阿牛哥。然而，当天地再次被白雪覆盖的时候，桃花终于走了，走得那么不甘，走得那么不愿，因为她最亲的人还没有回来。她的心头没有怨，也没有恨，只有那浓得化不开的爱。

风儿哭了，草儿哭了，善良的乡人哭了，全都伤心欲绝地把桃花安葬在了香山之巅。这里有花草为伴，有清风吟唱，有鸟雀飞舞，有明月朗照，还有那不绝于耳的阵阵松涛……但最为重要的，还是登高望远时，她能第一个看到心上人的归来。

阿牛最后有没有回来，已经不知道了，族长却是真真切切地疯了。让村人惊讶的是，到了第二年春天到来的时候，整座香山，无论是在山坡、峡谷，还是在涧畔、山巅，一下子全都开满了桃花。桃红灼灼，那么绚烂，那么多情，似朝云，若晚霞，不，都不是，那是玉坠儿上的一点胭红。

各位看官，故事到此就结束了。下次，到那春暖花开的时节，你可一定要前来桃花山——香山，欣赏一下那桃红灼灼的美景哟！

（陈勤生搜集整理，丁品森稍作润色）

# 圣过潭与无尾螺

圣过潭，又名舜过潭，位于香山顶峰的中部，大体呈圆形，直径约两米光景，四周皆由山石围成，看上去就仿佛是一口大井一般。此潭下有泉眼，水甚清澈，常年不涸，相传当年舜南巡时曾亲饮过潭中的泉水，后人为纪念此事，所以就特名之为"舜过潭"。

圣过潭潭水的清澈味醇和常年不涸，固然为人们所津津乐道，而潭中的无屁股螺蛳，却更是闻名遐迩，妇孺皆知。螺蛳而无屁股，确为天下之一奇，于是围绕着它也就生发出一个美丽动人的传说。

每逢农历三月十五这一天，香山上都要举行一年一度的盛大庙会。庙会上有各种各样的游艺活动，诸如踩高跷，玩狮子，调龙灯，舞钢叉，茶酒担……可以说是五花八门，应有尽有，各具特色，精彩纷呈。在这一天中，山上山下，山前山后，熙熙攘攘，密密匝匝的，到处都是前来游香山的人。

相传姜子牙未遇文王之前，闲着无事，听说香山有如此盛会，不免心里痒痒的，也想来看个究竟，图个热闹，娱乐娱乐心情。十四那天上午，他就兴冲冲地赶来了，先在山脚下的一爿小客店内安顿了下来。

姜子牙有个嗜好，就是喜欢用清蒸螺蛳下酒。然而如果只是一个人在小店内独饮独酌，毕竟没有多大乐趣，于是他便想找一个可以边喝酒边游乐的去处。跟店家一打听，得知香山顶上有个圣过潭，潭边绿树披拂，修竹倒插，景色极美，于是他便拿了一只大酒葫芦和一碗剪去了屁股的清蒸螺蛳，喜孜孜地来到了圣过潭边，坐在一块山石上，边喝酒边观赏起香山的秀色来。

心里一快活，酒也就喝得格外来劲，"咕咚咕咚"的，不知不觉间，姜子牙就把那一大葫芦酒喝得所剩无几了，一碗无屁股螺蛳也吃去了大半。谁知不一会儿，酒力便发作起来，他只感到头晕目眩，天旋地转，有点儿支撑不住，刚想挪动一下身子，却已身不由己地"扑通"一声掉到了圣过潭里。凉水一浸，他渐渐地醒了过来，要想挣扎着爬上岸去，不料双脚却被潭里的不明物件缠住了，硬是动弹不得。没有办法，姜子牙只得大声呼救。喊声惊动了潭中的螺蛳精，他摇身一变，装成了一个白发老人模样，对姜子牙说道："姜尚，要我救你不难，不过得依我一个条件，不知你能否答应？"这时，姜子牙活命要紧，哪还顾得了其他，就说："别说一个，就是一百个条件，今天我也依了你！"螺蛳精便说："我也别无他求，只要你今后不再吃螺蛳就行。"姜子牙一听，连连应道："此等区区小事，我一定照办就是了。"

螺蛳精知道姜子牙日后还要干一番轰轰烈烈的事业，现在他既然已答应了自己所提的条件，那就得赶快相救才是。于是，他随即伸出双手，毫不费力地将姜子牙轻轻托出了水面。姜子牙上得岸来，重又坐到了那块石头上面，稍稍定了定神，见了那碗吃剩的清蒸螺蛳，口水竟又下意识地流了出来。但他转念又想，为人在世，信义第一，决不能自食其言，失信于人，因此一下狠心，端起碗来，把那吃剩的无屁股螺蛳"哗啦拉"全都倒进了圣过潭中。

说也奇怪，那些倒进潭中的螺蛳，顷刻间竟又全都重新活了过来，在水中慢慢地向四处游去，那紧粘在螺肉上的小盖片还一开一合的，好像是特意在给姜子牙道谢，感谢他的放生之恩呢。

从此以后，香山上的著名古迹圣过潭中，就又多了无屁股螺蛳这样一种小生物，而且它的繁殖能力极强，没多久就越来越多，几乎满潭可见了。

# 姜太公钓鱼台

　　香山北山头靠近山脚处，本有一块又大又平的岩石，人称"姜太公钓鱼台"。岩石上还有一个清晰可见的脚印，据说那就是姜太公在此垂钓时留下的。《旧经》就曾有这样的记载："江阴东外二十里有石广一丈三尺，是姜太公钓鱼之所。"

　　也许有人会说，放眼四顾，香山的北麓乃是一片广袤的良田，姜太公怎么有可能在香山的北山头上钓鱼呢？此说乍看似乎很有道理，而其实却是只知其一，而不知其二。因为在遥远的古代，香山就紧靠着那滚滚的长江，它北边的那些良田，乃是经过岁月的长期积淀，由长江中的泥沙向南岸不断冲刷，而逐渐淤积形成的。既然古时候香山就濒临着长江，那么在香山北边一个低矮的山头上垂钓，岂不也就是顺理成章的事情了吗？

　　且说商朝末年的一天，尚未被周文王重用的姜太公身如飘蓬，浪迹江湖，正巧从香山北麓经过。他站立船头，放眼四望，只见长江气势磅礴，辽阔无边，江水滔滔东去，江上渔帆点点，又见香山横卧岸边，山花吐艳似锦，绿树连碧若云，不禁连夸山水之壮美，并顿生在此垂钓之情怀。于是，他就拢船登岸，想在香山的北山头上寻找一个合适的垂钓位置。当他来到香山北边一个低矮的小山头时，一眼就瞧见山头上长着一株粗大繁茂的古柏，挺拔的躯干高高地耸入云间，葱茏的枝叶遮蔽了当顶的骄阳，树下还有一块大石平展展地铺在那里，好像是特意为他提供的一方理想的钓鱼台。姜太公一见，心中大喜，便撩起衣衫，在大石上坐了下来，并取出随身携带的钓鱼竿，悠闲自得地把钓钩抛入了江中。他头戴斗笠，脚穿草鞋，眯着双眼，乐开嘴巴，右手握住长长的钓竿，左手捋着齐胸的银须，活脱脱像是一位老渔翁正全神贯注地在等鱼上钩呢。

姜太公钓鱼，本只是为的从山水中取乐，遣散他怀才不遇的郁闷心绪，其意并不是真在钓鱼。可是，钓了个老半天，竟连一条小猫鱼都没有钓到，他心里毕竟也难免有点儿不悦，他那左脚便下意识地在大石上稍稍蹬了一蹬。可就是他这不经意间用脚的稍稍一蹬，大石上就留下了一个清晰的脚印，因为经过多年不间断的刻苦修炼，他身上毕竟也多少具备了一定的功力。他正为此而感到有点儿扫兴，没料想紧接着钓钩上却突然有了一点儿分量。他心中一喜，悠然地往上一甩，嗬，鱼钩上竟然是一条活蹦鲜跳的大鲤鱼！姜太公钓鱼，用的是直钩子，而且从来不安放钓饵，所以人们都说"姜太公钓鱼，愿者上钩"。那么，现在怎么会有大鲤鱼轻易来上钩的呢？原来八仙之一的吕洞宾去赴蟠桃会，刚巧从上空经过，他在祥云里向下一望，见姜太公因没钓上鱼而脸色凝重，一向乐善好施的他不禁动了恻隐之心，便施展仙术，念动真言，让一条大鲤鱼乖乖地上了姜太公的钩。姜太公无意中得了条大鱼，自然是喜出望外，方才那一丁点小小的不快，一下子烟消云散了。看看天色已经不早，他便收拾起钓竿，重又登上来时乘坐的舟船，继续向东漂游去了。

姜太公虽然离去了，可那块留有他脚印的大石却一直留在了香山北麓。人们怀念姜太公曾来此处垂钓的往事，便将那块大石叫做"姜太公钓鱼台"。

读完上文，一些对姜太公钓鱼台顿生雅兴的读者一定会问：岁月流逝，沧桑巨变，姜太公钓鱼台如今还安在吗？回答是这样的：20世纪70年代，在"靠山吃山，靠海吃海"的巨大声浪之中，香山采石业蓬勃兴起，再加上那时的人们还普遍缺少应有的环境保护和文物保护意识，因此姜太公钓鱼台在炸石开山的隆隆炮声中，渐渐地消失殆尽了。而今登临香山望江亭，向下方俯视，那陡峭壁立的山崖处（这些陡峭的山崖并非天然生就，纯因开山采石而形成），就曾经是姜太公钓鱼台的所在地。逗人情思的姜太公钓鱼台，而今虽已不见了踪影，但人们对它的怀想却绵绵不绝，不减当年，所以在新建的香山公园里，今人就特意修筑了一座钓鱼亭，以寄托大家对姜太公钓鱼台的深切怀念之情。

# 西施采香径

　　古时候，张家港境内的香山上景物众多，景色宜人，曾招来了许多名人，留下了不少古迹，像与舜、姜太公有关的圣过潭，与姜太公有关的钓鱼台，与苏东坡有关的梅花堂和洗砚池，与徐霞客有关的桃花涧，与乾隆皇帝有关的圣清池，等等，而最为家喻户晓的，那还得要数与西施有关的采香径。

　　公元前5世纪，吴国灭掉越国以后，一时称霸江南，春风得意的吴王夫差携西施等乘船溯江而上，去黄池会盟，路过香山脚下时，特意拢船靠岸，登山游玩进香，稍作逗留歇息。上得山来，尽管一路上山花烂漫，树木葱茏，怪石林立，鸟雀啁啾，佳景层见叠出，令人目不暇接，但一心思念着自己故国的西施却始终紧锁着双眉，没有一丝游兴，不露一点笑容。西施不快，夫差等人的兴致自然也就削减了许多。

　　到了香山顶上，跨入了禹王庙的庙门，敬上香火，拜过菩萨之后，庙中的智空长老热情邀请吴王和西施一行去客厅里小坐。几杯香茶献上，走渴了的西施感到正合心意。她那纤纤素手端起茶杯，樱桃小口刚抿了一下，便觉一股异香直透心头，五脏六腑就像熨过了一般，有着说不出的舒坦。终于，西施那紧锁着的眉头渐渐舒展了开来，她微微地笑了一笑，柔声软语地问道："长老，这茶是哪里产的，怎么这么香？"智空长老答道："回禀娘娘，此茶就产在我们香山，它叶嫩，片小，色绿，味香，可算得上香山一宝。""好茶，果真是好茶！"吴王夫差也意兴盎然地击节称赏道。

正说着，阵阵山风又飘送来缕缕异香，西施深深吸了一口，说道："茶香风也香，请问长老，此香从何而来？"智空长老接口道："香山虽不大，满山都是宝，此香乃草香，草名马蹄香。"吴王夫差听了，也笑着问道："除香气扑鼻之外，此草可还有什么长处？"智空长老双手合掌，微欠身子，恭恭敬敬地回答道："回禀大王，此草学名杜衡，不仅馨香馥郁，还可入药，有散寒止咳和祛风止痛的妙用。"西施听智空长老如此一说，更是喜形于色："喔，能够'祛风止痛'，那可实在是太好了！我们快去山上看看，采些马蹄香和香山茶回去。"你道西施因何这等高兴，原来她患有心痛病，虽服用过多种药物，却均未见大效，现在听说马蹄香有"祛风止痛"的妙用，叫她怎能不喜从中来呢？

见西施要亲自上山去采摘香山茶和马蹄香，这可慌坏了智空长老，他急忙拦阻道："山路崎岖，且又荆棘丛生，行走很是不便，娘娘还是不去为好；您所要的香山茶和马蹄香，我们定会设法奉上的。"西施心想自己出身农家，走走山路又有什么值得大惊小怪呢？她口中说声"无妨"，站起身来就要步出客厅去。深知西施脾性的夫差情知阻拦不住，就顺势说道："好，好，也可趁此机会，活动活动筋骨，呼吸呼吸新鲜空气！"随后便吩咐下人及庙中众人一起拿了锄头、镰刀，在前面开路，自己和西施则随后而行。

　　西施自进宫以后，一直没有摸过锄头，今日见了，不禁手痒起来，便从下人手中拿过一把，举起玉臂，频频挥动，奋力斩断那拦路的荆棘，铲除那挡道的砾石。众人见了，先是一惊，随后便一齐拍手叫好起来。干了个把时辰，西施硬是和大伙儿一起，辟出了一段前去采摘香山茶和马蹄香的小径来。

　　从那以后，吴王夫差为讨得西施的欢心，每年都要派宫女来到香山，沿着西施亲自辟出来的这条小径，去采摘那可以"祛风止痛"的马蹄香和沁人心脾的香山茶。走的人多了，这条小径也就慢慢变长变宽，几乎贯通了整个香山。因为这条小径是西施亲辟，又与采摘香草和香茶有关，所以有人便把它称作"西施采香径"。久而久之，这名称也就越传越开，越叫越响了。

# 老虎嘴的传说

　　站在张家港市境内张杨公路的三省大桥上西望香山，香山就酷似一头猛虎：南面是虎头，中部为虎背，北部即虎尾，而且，那虎尾还潇潇洒洒地往东北方向一甩，甩成了大、小镇山（惜乎前些年因采石业蓬勃兴起，致使大、小镇山而今已夷为平地）。所以，香山在民间又有伏虎山之称。倘欲细睹虎头风采，可从香山烈士陵园北侧处登山，一路逶迤前行，攀越而上，首先跃入眼帘的便是半山腰上的老虎嘴。老虎嘴由几块裸露的棱角分明的岩石簇聚而成，上面一巨石突向前方，稍上翘，颇似虎嘴上唇；下面一巨石平伸向前，略下倾，跟老虎嘴下唇可以说极为相像；下唇上面覆贴着一扁平狭长的条石，与虎舌几无二致。上下唇相距约1.2米，嘴宽约2米，深可达3米左右，活脱脱像虎嘴正大大咧咧张开着，要多神气有多神气，要多威风有多威风。

　　说起这老虎嘴的来历，还有一段神奇的传说故事。

　　远古的时候，中原地区气候反常，连年遭灾，地里几无收成，百姓常受饥寒。于是，玉皇大帝便派文殊菩萨率青龙和白虎二神，来到香山北面开辟新的耕地，以招纳中原地区的灾民来此定居，解除他们衣食不周的痛苦。

文殊菩萨受命之后，当即跨上她的青狮坐骑，带着青龙、白虎二神，飘然来到了香山之上。她一跨下狮背，就双眼微闭，念动真言，作起法来，青龙、白虎二神也一起大显神威，施足法术，从旁鼎力相助。三位神仙的法力果然非同寻常，不一会儿，香山北边的海水就渐渐退去了。海水退尽以后，文殊菩萨又从腰间摘下一把拂尘轻轻向下一抖，那拂丝就纷纷洒落到了海水退尽的沙土上面。说来也奇，拂丝洒到之处，沙土上顷刻就长出了嫩绿可爱的小草。

文殊菩萨完成了退水造地的使命之后，便跟青龙、白虎二神一起回宫复命去了。三天过后，文殊菩萨这才发觉，那日退水辟地时，紧张匆忙间竟将那把拂尘忘在了人间，不由得连呼"糟糕"。可这一天玉皇大帝正有要事跟她商量，她自己实在脱不了身，于是只得唤来跟她一起去退水造地，熟悉香山地形的白虎神，嘱他速去人间，代她找回那把拂尘。

仙界才几天，人间已数年，中原地区一些过江逃荒的难民发现了文殊菩萨开辟的香山脚下的这块土地以后，早已在此定居下来，并将这里建成了富饶的鱼米之乡。为了感谢开辟这块宝地的神仙，人们特意在香山顶上建了一座寺庙，大殿中塑了一尊高大的文殊菩萨全身像，那把文殊菩萨忘在人间的拂尘也被供奉在神像下面的祭盘之中。

却说白虎神来到了下界，便摇身一变，化作了一个须发花白的老人。他本想在上次落脚的地方先搜寻一番，不料这一天正逢香山庙会，烧香的人比肩接踵，你推我拥，根本就无从着手。白虎神看看无法，只得先随众人去到了文殊庙中。谁知才进入殿内，就一眼瞥见了自己所要寻找的拂尘正插在祭盘之中，不由心中大喜。他刚想伸手去取，但旋即又转念道：眼下人头济济，众目睽睽,贸然去取很可能要触犯众怒,倒不如待会儿等人少了再动手不迟。主意打定,他便去山上信步漫游起来。一路之上,但见峭崖壁立,怪石偃卧,山花烂漫,青松挺拔,更兼人山人海,花团锦簇,愈觉风光奇秀,美不可言,致使他游兴大发,一下竟忘却了道路之远近,时间之早晚,完全沉醉在香山的美景之中了。

不知不觉间,天色已快近傍晚,白虎神顿感饥肠辘辘,浑身乏力,这时他不由得想:别说眼下拂尘还没有到手,就是到了手中,我也无力再飞回天宫去了,这可如何是好?这么一想,他心里就不免焦急起来。而心中一急,他便失去了自控能力,一下显出了原形,发起兽性来。人们见一个白发苍苍的老人忽然间变成了一只猛虎,全都吓得面如土色,四散奔逃。有一个逃得稍微慢一点的香客,一眨眼就成了白虎神口中的美餐佳肴。此人被它吃下了肚去,白虎神陡然来了精神,野性更发作起来,直朝那些逃跑的游客穷追猛赶,追上一个吃一个,赶上两个吃一双,一会儿工夫,就被它吃了好几个人。

且说文殊菩萨跟玉皇大帝商议完事情后,左等右等还不见白虎神回去交差,正感到奇怪,忽听得凡间人声鼎沸,大哭小喊,不禁诧异起来,心想莫非是这白虎神又在人间撒野不成?她便跟玉皇大帝打了个招呼,急忙驾起祥云从天而降。当她来到香山顶上时,只见白虎神正张开血盆大口,想吞下一个十二三岁的小男孩,气得文殊菩萨一股无名火直冲脑门。她杏眼圆睁,玉手一指,厉声呵斥道:"大胆孽畜,如此兽性不改,败坏仙界名声,实是十恶不赦!今天我叫你就地变为顽石,永世不得超度!"她的话音刚一落地,那白虎果真就变成了一堆山岩,那虎口还大大咧咧地张着呢!这,就成了到现在还保留在香山虎头峰的老虎嘴。

# 香山宝泉

俗话说："无宝不成山。"此话一点不假。相传在很久很久以前，香山上有一眼"水急湍声成虎吼，泉喷清响作龙吟"的宝泉，无论是春夏，还是秋冬，从不枯竭；即使遇上田地龟裂的大旱之年，它也汩汩不绝，照样流淌。那泉水清澈甘美，据说喝了不仅可以爽心明目，而且还能延年益寿，所以宝泉四周经常游客不断。每逢农历三月十五的香山庙会，那就更有成千上万的游客要来到这里，争着喝一口那碧波爽清、甘美可口的宝泉水。

青山带雨，绿树含春，又一个春天来到了人间，香山也披上了美丽的春装，以它最亮丽的色彩，最优美的姿容，迎接着一年一度中最盛大的节日——香山庙会。

且说三月十五这一天，在众多的游客中间，忽然挤进了一个测字占卜的牛鼻子道人。此人五十多岁年纪，既有一张随机应变、能把死人说活的八哥嘴，又有一手超凡入神、能识奇珍异宝的江湖技。现在他正挤在人群之中，举着占卜招牌有腔有调地喊道："测字算命，能知过去未来，可测凶吉祸福，人人说灵，个个叫好，包你满意哟！"尽管他的喊声很悦耳动听，言辞也充满诱惑，可游人却没有一个理睬他，而只是一个劲儿地朝西山头涌去。牛鼻子道人生平从未遭过这样的冷遇，心中好生纳闷，便扯住身旁一位老者问道："贫道这厢稽首了，敢问老爹，众人都这么像潮水一般往西山头直涌，到底是怎么回事儿呢？"

那老者将牛鼻子道人上上下下细细打量了一番，问道："道长谅是第一次来到香山吧？"

"是啊，是啊，贫道祖籍江西，这贵方宝地，我是初来乍到，还望老爹多多指教！"

"岂敢，岂敢！"老者谦虚和悦地说道，"此山雄踞江左，山顶有宝泉一眼，名闻四方，上得山来，谁个不想前去一饱眼福和口福呢？"说着，老者又不无夸耀地将那宝泉的妙处绘声绘色地描述了一番。

牛鼻子道人听了，脸上顿时掠过一丝令人难以觉察的微笑，心中不由暗暗说道："要是果真如此，这番又该轮到我发财了！"这么想着，他便草草收起了招牌，停止了呼叫，随着人流急匆匆地向西山头赶去。

来到西山顶上，穿过一片树林幽径，果见一眼碧波爽清的泉水在汩汩翻腾。四周到处是密密层层的游客，有的在观赏，有的在喝饮，有的在品评，啧啧称夸之声不绝于耳。牛鼻子道人使劲挤到泉边，对泉流认认真真地看了看，将泉水仔仔细细地尝了尝，但见它亮闪闪似飞珠溅玉，只觉它甜津津如玉液琼浆，不由得脱口赞道："果然名不虚传，确实是眼宝泉！"说着，他就绕着宝泉兜起了圈子来。一圈，二圈，三圈……只见他时而双眉紧锁，时而两眼溜转，时而笑意微露，神态倏忽变化，令人难以捉摸。原来，现在摆在他面前的，乃是他生平从未见过的十眼宝泉，泉源深邃难测，奥妙无穷。他一面为今天的奇遇感到兴奋，一面又为摸不透十眼宝泉的来龙去脉而焦虑不安，他不得不使出浑身解数，动足脑筋要想解开这宝泉的谜。五圈，十圈，二十圈……一直到兜了六六三十六圈，他这才一拍大腿，重又在泉边停了下来。你道这是为何？原来此时他对宝泉的构成情况已经了如指掌，对宝物的隐埋处所也已全盘掌握，于是他脸上开始洋溢着得意的笑容，他眼中射出了贪婪的目光，打起了将那宝物捞到自己手中的如意算盘。待到一切算计停当，他便折回山下，先找个地方暂作歇息和准备，以待天黑后采取行动。

夜静更深时，突然狂风大作，飞沙走石，似乎要把世上的一切全都掀翻似的。牛鼻子道人一见，心想：遇此天气，行人绝迹，寺庙里的和尚也一定闭门不出，这可真是天赐良机，此时不动手，还更待何时呢？于是，他便拿起已准备好的一把铁锹，偷偷溜到山上，来到宝泉旁边，对准了第三个和第四个泉眼，使劲地挥锹挖掘起来。挖呀，掘呀，掘呀，挖呀，挖掘了七七四十九锹之后，只听得"轰隆"一声巨响，泉水顷刻间不见了踪影，山头转眼间出现了一座剑坛，坛上两柄宝剑，射出闪闪寒光，这就是香山的镇山之宝——雌雄龙泉剑。牛鼻子道人一见，立即抢上一步，两手分别拿起了那两把宝剑，左看右看，横瞧竖瞧，越看越喜，越瞧越爱，禁不住得意忘形地哈哈大笑起来。谁知乐极而生悲，他狂笑时一不留神，右脚被泉边的一块巨石绊了一绊，一个踉跄，一下摔了个狗吃屎，那削铁如泥的雌雄宝剑正好直刺他的胸膛，还不等他呼喊出声，便已一命呜呼，去见了阎王。这可真是：善有善报，恶有恶报，莫道作恶有利图，老天有眼罪难逃。

牛鼻子道人刚刚倒地，天空中就发出一声震耳欲聋的劈雷，倾泻下一场瓢泼似的大雨来。刹那间，天昏地暗，剑坛崩塌，雌雄龙泉剑重又埋入了宝泉之中。

第二天，雨过天晴，香山宝泉依旧飞珠溅玉，汩汩流淌着，而且似乎比以往流淌得更为欢畅了。

# 东坡洗砚池

　　我家住在香山南麓的新村子，出门向北 50 米就是小香山。小香山是座很小的山，占地仅有 500 多亩，山高也不过 60 多米，站在山头四顾，不仅周围的袅袅炊烟历历在目，青砖黛瓦的村落清晰可见，而且北面妩媚秀丽、风景如画的香山亦近在眼前，仿佛触手可及。小香山虽然单独命名，其实它与香山是紧紧连在一起的，关系的亲密非同寻常，就好比是一个温顺的孩子，亲昵地偎依在慈祥的母亲身旁一般。

　　小香山上漫山遍野长着青翠的松柏，嫩绿的野草，鲜艳的山花，所以成了我们儿时放牛割草和嬉戏玩耍的最好去处。不过，小香山上最令我们神往的，却要数那神奇有趣的"东坡洗砚池"。由顶峰往北，下行约 20 米，便见有一块巨大的崖石巍然屹立，它南连山体而又高出许多，北边的崖面却似刀切一般，平平整整，齐齐崭崭，突兀高耸，笔直垂立。崖石高约 5 米开外，宽约 20 米，其下端往内深凹 2 尺，看上去活脱脱就像一方超级大砚台，且有一泓泉水从其底部汩汩而出，积聚在崖石前的低洼地内，形成一自然的小池。小池四周青松翠柏，遮天蔽日，加上崖壁背阳朝北，池水便呈墨绿颜色，且常年不涸。这鬼斧神工、佳境天成的小池，就是声名远播的"东坡洗砚池"。

也许有人要问，这池明明是在小香山的北坡上，怎么会叫"东坡洗砚池"呢？实话告诉你吧，这里的"东坡"，并不是说的香山的东坡，而是特指的宋朝大诗人、大书法家苏东坡，相传苏东坡当年曾常在这池里洗砚滤笔，因此人们也就将此池取名为"东坡洗砚池"。那么，苏东坡又是因为什么渊源与小香山这小水池联系在一起的呢？原来苏东坡自宋熙宁四年（1071年）因官运不畅，请调杭州起，至建中靖国元年（1101年）从海南北归止的三十多年官场沉浮生涯中，先后有九次南来北往，其中因其学生葛延之邀去江阴途中，他就曾数度来小香山的梅花堂小住。

梅花堂四周，广植梅竹，环境幽静，景色奇佳，苏东坡每到这里，便觉心旷缘空，雅兴勃发，或吟诗填词，或运笔挥毫，一任自己的才情恣意发挥。《红梅三首》等著名诗篇，古朴苍劲的楷书"梅花堂"匾额，遒劲洒脱的行书"海阳苏氏"石额等，就都是他在梅花堂中书写而成的。而每当挥毫泼墨之后，他又总是会趁着余兴来到小水池旁，边凭空揽翠，边洗砚滤笔，以将胸中郁积多年的块垒一扫而尽。而正因为这个缘故，苏东坡就与小香山这小水池发生了密切的关系，这小水池也就自然而然地成为了"东坡洗砚池"。

以上所说，绝非凭空杜撰，有史书和前人诗作可以为证。《江阴旧志》就有过这样的记载："洗砚池，相传乃北宋诗人苏学士在梅花堂作书洗砚滤笔之所。"明进士何澄在《画蒲石》一诗中亦曾对洗砚池作过这样的吟咏："帘幕春寒渑露蕤，一泓泉水侵石矶。香消宝鸭琴书静，翠景闲看落砚池。"清代文人包煦在游览了东坡洗砚池后，更是以追怀先贤的崇敬之情，写下了这样满怀深情的诗句:"望古思古人,欲以淘胸臆。不见古人形,试寻古人迹……此地一徜徉,千古思履舄。溶溶半池水,照人尚凝碧。"

由于洗砚池旁有奇特崖石,风景绝佳,民间还为它涂上了一层神秘的色彩,沸沸扬扬说它就是"仙人池",以至游客们到此,都要捧上里面的"仙水",咕嘟咕嘟喝个够,附近的村民更是常常携带着盆盆罐罐,装满了带回家去慢慢享用。人们说它是"仙人池",其实也并非完全是空穴来风,内中自有其一定的道理:崖石峭壁上有两道笔直的石缝,它们平行相对,夹着中间的一方崖石,而这被夹的崖石据说就是一扇石门;崖石顶部有八个小坑,相传就是八仙饮酒的碗,那清澈的池水呢,自然就是八仙们享用的琼浆玉液了。还有人说得越发神乎其神,说是八仙们饮酒醉后,就会开启那扇石门,进到里屋去小憩;还说有时遇上迷雾天气,八仙就会驾云而来,尽情畅饮一番。听大人们说得如此有鼻子有眼的,儿时的我们自然也就信以为真,只要一遇上雾天,我们这些放牛娃就常常会蹲伏在洗砚池周围,凝神屏息,瞪大眼睛盼望着八仙前来。可左等右等,横盼竖盼,直蹲到太阳高升,雾气散尽,却依然不见石门敞开,更不见八仙的踪影,心里就不免有点儿扫兴;好在有百灵鸟在头顶上婉转高唱,听来别具一番悦耳的滋味,那种失望烦躁之情也就在顷刻间全都化解了。

随着时光的流逝,昔日奇特诱人的洗砚池已在20世纪八九十年代的开山采石浪潮中被开挖一空,荡然无存,就连那风景秀美的小杳山也只剩下了断崖残壁,业已面目全非。然而所有这一切,都冲刷不去我对东坡洗砚池的深深记忆。在我的脑际,至今仍时时浮现出苏东坡去洗砚池洗砚滤笔的潇洒身影,他那朴茂苍劲的书法更是常常使我梦牵魂绕，激发起我热爱书法的浓烈情怀。正因为此，自从退休以后，十年来我每天都握笔练字，乐此不疲，兴之所至，还草拟一联，聊作自慰：月沉日升，门前栽几分禾苗；冬去春来，案左积三千废纸。

（程瑞如撰写，丁品森稍加润色）

# 圣清池的由来

在香山顶上圣过潭西侧不到二百米处，又有一数平方米的泉潭，名叫"清池"。你别看这泉潭是个小不点儿的东西，可它却颇有点儿来头，名声非常之大，凡是登上香山的人，可以说谁都想一睹它的芳容。一个小小的泉潭，何以有如此的魅力呢？且听我细细道来：

清乾隆十二年（1747 年）二三月，爱新觉罗·弘历率文武侍卫，出京城顺大运河南下，第二次巡察江南。他素闻江阴有座香山（香山原属江阴管辖，现隶属于张家港市），山上有条采香径，乃春秋时美人西施采香的地方，所以他也就一直心里痒痒的，想前去看个究竟。正因如此，此次出行他便特意取道江阴，为的就是要驾幸香山，亲眼目睹一下他心仪已久的采香径的风采。

江阴县令得知这一消息后，顿觉遇到了一个难题：采香径位于香山峰顶处，而乾隆的龙舟却停在香山南麓的横河边，这么长的山路，叫他如何攀爬呢？思来想去，最后他终于想出了一个办法：在香山的南坡也辟一条山道，亦名之为采香径。计划一定，他就即刻下令组织民工连夜辟山筑路，从土地堂到祖师殿之间重新辟出一条山路，一律用砖石铺设，且呈现高低阶梯之状，并在两旁种上奇花异草。这样一来，就不仅能让皇帝舒适地登上香山，而且还可以悠闲尽兴地观赏沿途之美景。

那一日，风和日丽，山上桃花又正好盛开，乾隆皇帝来到香山脚下一见，自然就更是兴致勃勃，游意浓浓。他沿着新辟的采香径石阶缓步向上，边走边观赏着两旁的景色，不知不觉间便渐近山顶了。这时，他忽见山道旁有一个泉潭，澄如明镜，绿如翡翠，潭水清澈晶莹，潭边还长了不少芦苇，山风吹过，芦叶轻轻摇曳，更是飘来缕缕的山野清香。乾隆见了，心中不由得想：这香山之景，果真还名不虚传嘛！此时已近中午时分，乾隆不免觉得有点口渴乏力，即令下人从潭中汲水煮茶。茶水煮好后，品之于口，他只觉清冽甘甜，疲乏顿消。

抵达山顶后，乾隆便步入采香禅院歇息。他一边喝茶，一边还在惦记着刚才所见的那个泉潭。他在这么寻思着，自古芦苇都长在浅滩河塘之旁，想不到在这山顶之上，竟也长有如此葱郁的芦苇，实乃一大奇景，加之那潭水又是那样的清澄甘甜，就越发让他备感欣喜。想到这里，平素一直颇爱书法的乾隆，顿觉手痒起来，马上吩咐左右递上笔墨纸砚。一切准备就绪后，只见他大笔一挥，御笔亲书的"清池"两字，也就赫然呈现在了大家的眼前。

乾隆皇帝走后，地方官员便请名匠将乾隆的亲笔御书刻成石碑，竖在那泉潭旁边。由于泉潭之名系皇上赐封，所以此潭便唤作"圣清池"；又因为是皇上亲临，圣德庇荫，所以当地乡民又称此泉潭为"圣德池"。

（王春松搜集整理，丁品森修改润色）

# 后记

　　近些年，我已养成了这样一个习惯：大凡书稿初成之后，总喜欢通过微信先发给亲友们看阅，以便广泛听取众人的宝贵意见，对书稿作进一步的加工修改。而每一次，我也确实都由此而获益良多。正因如此，《香山名人风采和民间传说》一书的初稿草成后，我便如法炮制，依然陆续将书稿中的一些篇章发给亲友们，以及所写文章的传主或是与传主相关的人。

　　尽管我只是在池塘里投掷了一块小小的石头，但还是产生了圈圈涟漪，反馈的意见便随之接踵而来。我市南沙中学原副校长王根兴、我市审计事务所会计师吴顺兴、中国作家协会会员周清、江阴三刘研究机构的刘茂松、保税区金夕文学交流群成员吴剑雄等人，就都从书稿的思想内容、结构布局、遣词造句等不同的视角，指出了我书稿中存在的诸多问题。我市图书馆原馆长缪建新为了跟我探讨文中的两个问题，竟然接连给我发来了20多条微信，还专门给市史志办和市档案馆去电，详细进行了咨询。保税区金夕文学交流群成员刘俊生，则对我的一篇文章就提出了50多条意见，这既使我感到极度讶异，又令我十分感动，当时我不由得想，如果她没有埋首案前进行认真细致的阅读，没有侧头凝想加以深入透彻的思考，那是断然不可能对一篇文章提出这么多意见的。于是，我也就对她提出的每一条意见都进行了极为审慎的思考，并一一加以了认真的回复。凡言之有理的意见，我都慨然接纳，凡有所偏颇或确实难以成立的意见，我就逐一细细地跟她耐心解释。这样做尽管相当花时费力，但取得的效果却相当不错，这有她在微信上给我所作的回复可以为证："丁老师，这次研讨后，所得出的结论，让我心服口服，也特别感谢您采纳了我几句喜欢的词句。"这样的研讨使我俩之间建立了应有的互信，所以此后见了我在微信上发送的多篇文章，她都能直率地提出许多的意见。至于保税区金夕文学交流群的另一位成员施明伟同志，则更是将我在微信上发他的文稿特意打印了出来，加以了极为细心的阅读，并驱车登临我的家门，将他所提的 50 多条意见一条一条地当面给我做了细细到到的述说，其用心之苦，情意之真，确实令我五内俱感，难以言表。《二胡大师刘北茂》一文的传主刘北茂之子刘育熙教授，《"精密合金"柳菊兴》一文的传主柳菊兴，也都不厌其烦地分别为我提出了 10 多条和 20 多条的修改意见。所有这些同志提出的意见，都为我的修改工作提供了很大的帮助，使我的书稿或纠正了差错，或避免了失误，或拓展了思路，或增强了可读性，有时甚至还因此而陡然增添了一些彩头。要言之，因为吸纳了众人的意见，书稿质量得到了大幅的提升。

在潜心为我的文稿提出意见的同时，也有不少同志在发来的微信中，满怀真情地对我的文稿加以了首肯，对我的写作精神做出了热情的鼓励：

刘育熙教授就曾这样写道：丁老师，来信和几篇大作均收到，深为您治学严谨，谦逊包容的学者与君子之风感动！细读修改稿，全文酣畅淋漓，感人至深，臻于完美。衷心感谢您为弘扬我们父辈"刘氏兄弟"业绩所贡献出的一腔赤诚与辛劳！

湖北省黄石市原市委常委、宣传部部长柳菊兴，在三次阅读了我撰写的《一块熠熠闪光的"精密合金"——记优秀复合型人才柳菊兴》一文的送审稿后，除颇有见地地提出修改意见外，还每次都热情地表达了他对修改稿的总体感受：第一次，他说："丁老师，您好！全篇看毕，非常佩服您的勤奋和坚毅，佩服您生花的妙笔和郁郁乎文哉的文采！承蒙垂爱采访我，深表感谢！第二次，他说："丁老师，您好。遵嘱，又将文章读了两遍。作为您作品的第一读者，本人甚感荣幸。您的写作精神和精彩文笔，值得我佩服和学习。只是我自己还未达到应有的高度，看了您的大作，个人还是心存一丝不安。对您的作品本身，我已经说不出什么意见了，只是感觉文如其人，丁老师的文品人品之美感染了我。再次向您致意，表示感谢！"第三次，他说："……您刚才微信所述（指我在发给柳的微信中所表述的对文稿中两处内容的修改设想），我同意。您定稿的文章，我也都同意。这么长时间的交往交流，使我认识了家乡一位学识渊博水平高的老师，更使我结识了一位文品人品俱佳的作者。在此说两个词：钦佩，感谢！"

我市德积街道党工委书记孙惠芳：丁老师是老有所为，老有所乐，为大金港留下了一笔宝贵的财富。

张家港保税区党政办副主任严海燕：孜孜不倦，向你致敬！

我市退休教师协会原会长过介初：丁老师，你笔耕不辍，这一篇篇大作为故土的人杰留下了详细的记录，功德无量！丁老师，真了不起啊，为家乡的贤达名人著书立说，留存珍贵的历史记载，功在千秋。丁老师的杰出贡献将彪炳史册。祝老师健康长寿！

我市作家协会副主席周成新：丁老师辛苦了！您为张家港优秀的人文历史做出了重要贡献，这本书的价值和意义不仅在于记录历史，更重要的是使刘氏三杰等才俊的精神得以传承和弘扬。向勤奋且有才华的丁老师学习！

我市南沙中学文学社指导老师王晓东：丁老师好！文稿已收到。昨晚初步拜读了一下，非常好，今天又拜读了几遍，确实好！从青少年思想道德教育的原野，到习近平中国特色社会主义思想理论的研究探索，再到撰写家乡风土人情、杰出乡贤，丁老师的每一次写作转型，无一不是既关注时代热点，又回应大众的期待，始终在为我们这个港城和家乡鼓与唤。这次集中写的有关家乡南沙现当代乡贤的文稿，我不知道在我们张家港其他乡镇有没有类似的书稿，至少在我们保税区范围内，可以说是破天荒的第一次，这本书丰富并充实了南沙乡土人文历史的内容，为我们家乡后人尤其是青少年学生提供了非常全面和详细的阅读资料，也是同学们学习和效仿的榜样，这足见年已耄耋的丁老师背后所花的心血和工夫，令人敬佩，也令我感动……

我市常青藤中学副校长邬建芳：丁老师严谨认真的治学精神，令晚辈汗颜，致敬，致敬！香山文化的缔造者丁老师，功劳赫赫！丁老师，我认真读完了您发来的文稿，深受感动！原来我们家乡这块土地上，真的出了不少令人敬仰的人物，丁老师为他们作传，功德事啊！丁老师，昨天我已经在群里学习，并首发了评论，向丁老师致敬！

我市特级教师谢步时：2022年是您勤奋劳作的一年，也是喜获丰收的一年。您的勤奋笔耕令我敬佩！愿您在新的一年里，注意劳逸结合，保养身体与写作兼顾，相得益彰，有了健康的身体才能更好地写作。共勉之！后来，他又这样写道：丁老师是香山人，有心收集整理香山人物故事，积累积淀香山文化，丰富香山文化底蕴，弘扬香山精神，传承香山基因，进而厚积中华民族优秀文化，鼓励广大青少年成为国家栋梁，真是功德无量啊！

中国作家协会会员周清：丁老师您好！认真拜读了您发来的文稿，您的治学精神值得称颂，是我辈学习的楷模。

我市作家协会主席蔡克荣：一次说，丁老师好，拜读，拜读，并学习您治学严谨的作风。又一次说，丁老师好，大作拜读，很OK，读之令人享受，嚼之有滋有味。

南沙中学原副校长王根兴：时光无限岁月增，一晃四季过秋分。借今虎年国庆日，遥祝好友永青春。

我市保税区金夕文学社成员凤鸣朝阳：语言朴实，用白描手法叙述香山，以"爱"字为主线，围绕一个"香"字，引经据典，深入浅出，透现一个"美"字，大师手笔，好文章！丁老师，感谢你为香山地区的历史人物留下传记，你的付出具有不可估量的历史价值和意义！为此，我情不自禁地写下了这么一首小诗：昔日孩童今老翁，时光无情岁月匆。年虽耄耋神矍铄，彩霞满天夕阳红。

金夕文学社成员吴剑雄：拜读大作，受益匪浅。以前对于殷念乔、孙泐群两位先辈的事迹只有一个粗浅的了解。通过学习您的文章，对于这两位先辈的生平事迹有了更深入、详细、全面的了解。对于家乡近代历史上杰出人物有了更多的认识，谢谢丁老师，您也不要太辛苦了！

20 世纪 50 年代的老同学陈永熙：品森，拜读大作，每次都惊叹你的精力过人，耄耋之年了，仍然博览群书，广集资料，所花之心血与精力，青壮年也力不能支啊！更惊讶你的记忆能力，你的大脑好像是一个神泉，有喷涌不息的知识泓流，挥洒于笔端，汪洋恣肆，汇聚成一篇篇鸿文，积聚成一部部巨著！望你注意劳逸，爱惜身体，顺颂时绥！

20 世纪 60 年代门生马连洪：老师心系香山，情念故乡，为中华才俊立传，功德无量。写此等人物传记，老师一定用很多时间和极大精力搜集了大量资料，深为老师笔耕不辍的精神所感动，您无私奉献之精神令学生钦敬。

20 世纪 80 年代门生、保税区老年协会通讯组副组长施明伟，在微信上见到了我《香山人物风采和民间传说》一书的初稿后，就更是情难自抑，挥笔立书，写就了一篇较为精粹的短文：丁老师，欣悉你的新作《香山人物风采和民间传说》业已完稿，谨向你表示诚挚的祝贺和崇高的敬意！新作以翔实的历史资料和深厚的文字功底，深入挖掘了香山悠久厚重的历史文化，展现了香山无穷的文化魅力和精神力量，堪称为一部摄人眼球、扣人心弦的上乘之作。"香山名人"这一板块，记录了香山地区众多俊彦的不凡业绩，不仅颂扬了他们爱祖国爱家乡爱人民的崇高精神，而且还由此凸显了中华民族所有杰出人物所共有的自强不息、厚德载物的价值追求，出色地弘扬了真善美，传播了正能量，为广大民众补充了足够的精神之钙。

"民间传说"这一板块，体现了香山所特有的丰厚人文资源，它集文学性、教育性和趣味性于一体，既立足于坚实的大地，又放飞想象的翅膀，这就益显意蕴深厚，雅俗共赏，让人在击节称赏的同时，愈觉余韵袅袅，回味无穷。一句话，这一新作展示了一个真实、立体、魅力无穷的香山，可谓是为香山乃至为张家港市打造的一张亮丽名片。

面对这些同志对我文稿的首肯，对我在写作方面所作努力的认可，初始时我的心头确实也涌起了股股暖流，然而静思细品之后，又觉得其中有一些话不免过誉了，令我当真是愧不敢当，难以领受。该怎么办呢？经过一番认真思忖，我终于悟出最好的办法就是：将这些同志对我的厚爱视作为对我的激励，对我的鞭策，从而努力遵循习总书记的指示，在"讲好中国故事、传播好中国声音"的征程中，更加抖擞起奋力拼搏的精神，越发加快前行的步伐，以期在自己的有生之年，真能为国人奉献出货真价实的好作品。正是基于这样的认识，故而在此书行将画上最后一个句号的时候，我特向所有为我的作品提出宝贵意见和做出首肯认可的同志，谨致最深挚的鸣谢：谢谢你们了，至真至诚地谢谢！

香山朝阳

香山湖秋景

香山梅岭

香山溪瀑